Dados Internacionais de Catalogação na Publicação (CIP)
(Câmara Brasileira do Livro, SP, Brasil)

Rumos [do] Jornalismo Cultural / Felipe Lindoso
(organizador). – São Paulo : Summus : Itaú
Cultural, 2007.

Vários autores.

ISBN 978-85-323-0368-4 (Summus)
ISBN 978-85-85291-62-4 (Itaú Cultural)

1. Jornalismo I. Lindoso, Felipe.
07-0444   CDD-070.4

Índice para catálogo sistemático:
1. Jornalismo cultural 070.4

Compre em lugar de fotocopiar.
Cada real que você dá por um livro recompensa seus
autores e os convida a produzir mais sobre o tema;
incentiva seus editores a encomendar, traduzir
e publicar outras obras sobre o assunto;
e paga aos livreiros por estocar e levar até você livros
para a sua informação e o seu entretenimento.
Cada real que você dá pela fotocópia não autorizada
de um livro financia um crime e ajuda a matar
a produção intelectual em todo o mundo.

RUMOS [do] JORNALISMO CULTURAL

Rumos [do] Jornalismo Cultural
Copyright © 2007 by autores
Direitos desta edição reservados por Summus Editorial e Itaú Cultural
Edição: Felipe Lindoso
Assistência de edição: Joana Rodrigues
Projeto gráfico: Taciana Barros e Luciane Pisani
Assistência de arte: Bruno Thomaz
Ilustrações: Marcelo Garcia
Revisão: Marcelo Tápia
Fotos: Cia de Foto
Impressão: Geográfica Editora Ltda.

Summus Editorial
Departamento editorial:
Rua Itapicuru, 613 – 7º andar
05006-000 – São Paulo – SP
Fone: (11) 3872-3322
Fax: (11) 3872-7476
www.summus.com.br
e-mail: summus@summus.com.br

Atendimento ao consumidor:
Summus Editorial
Fone: (11) 3865-9890

Vendas por atacado:
Fone: (11) 3873-8638
Fax: (11) 3873-7085
e-mail: vendas@summus.com.br

Itaú Cultural
Avenida Paulista, 149
01311-000 – São Paulo – SP
www.itaucultural.org.br
Fone: (11) 2168-1777

Este livro foi produzido pela equipe do Itaú Cultural

RUMOS [do] JORNALISMO CULTURAL

András Szantó * André Vallias * Ángeles García * Angélica de Moraes * Antonio Prada * Cremilda Medina * Felipe Lindoso (organizador) * Gabriel Priolli * Gilmar de Carvalho * Giselle Beiguelman * Humberto Werneck * Israel do Vale * Kiko Ferreira * Marcelo Dantas * Marcos Cuzziol * Maria Hirszman * Maurício Stycer * Nelson Hoineff * Paulo Roberto Pires * Pedro Dória * Teixeira Coelho

São Paulo, 2007

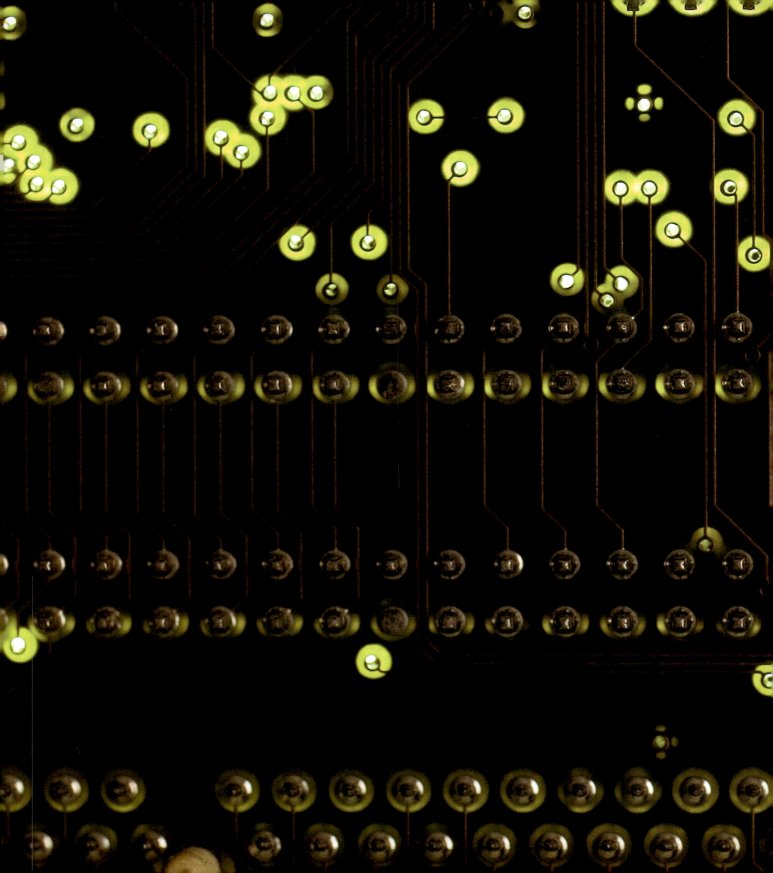

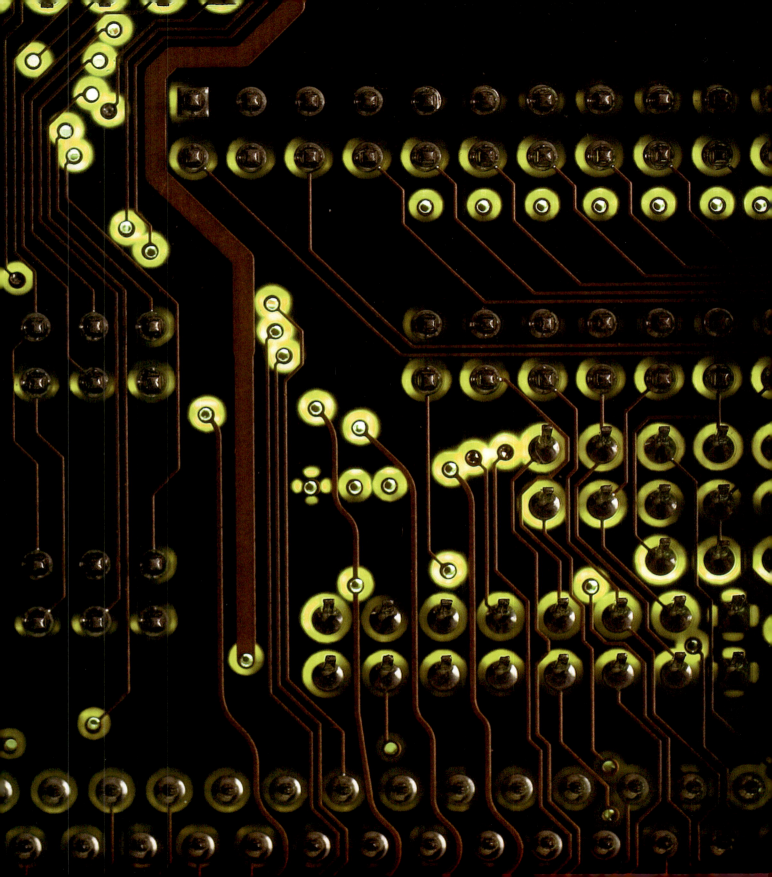

ZONA
ARMAN
ADES, CO
ÕES DE D
NNERY E HA
A CRUZE
FATURAMENTO
NTO E CINQUE
DE RECEITA

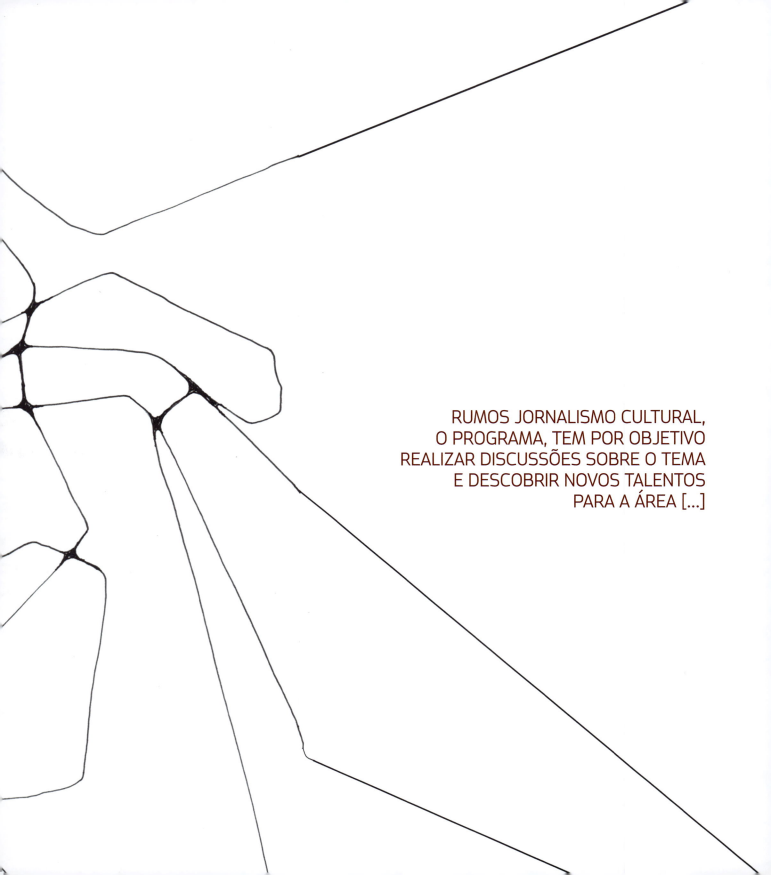

RUMOS JORNALISMO CULTURAL, O PROGRAMA, TEM POR OBJETIVO REALIZAR DISCUSSÕES SOBRE O TEMA E DESCOBRIR NOVOS TALENTOS PARA A ÁREA [...]

RUMOS [do] JORNALISMO CULTURAL,

o livro, busca o registro de um programa perene e inovador dentro de uma instituição cultural, a divulgação de reflexões sobre o jornalismo cultural praticado hoje no Brasil e no exterior por meio de uma série de textos gerados por jornalistas brasileiros e estrangeiros, professores universitários e artistas. Pretende, também, prestar serviço a estudantes, acadêmicos, promotores culturais, jornalistas e veículos de comunicação, com uma compilação de indicações para a agenda de trabalho desses agentes. Para completar, *Rumos (do) Jornalismo Cultural* busca fugir do efêmero para se tornar o documento de uma atividade de formação promovida pelo Itaú Cultural no biênio 2004-2005.

Rumos Jornalismo Cultural, o programa, tem por objetivo realizar discussões sobre o tema e descobrir novos talentos para a área, conforme parâmetros que seguem a orientação adotada pela instituição desde o final da década de 90, quando teve início o Rumos. Programa permanente da instituição, com abrangência nacional, Rumos lança novos editais de inscrição a cada ano, contemplando alternadamente também as áreas de Arte e Tecnologia, Artes Visuais, Cinema e Vídeo, Dança, Educação, Cultura e Arte, Literatura, Música e Pesquisa Acadêmica. Ao promover reflexões e dar projeção nacional a novos talentos, apresentando seus trabalhos, o programa identifica temas essenciais relativos à produção cultural brasileira, criando arenas de diálogos entre artistas, pesquisadores, educadores, agentes culturais, bem como outros setores da sociedade.

O Rumos dedicado ao jornalismo cultural – que, junto ao segmento Pesquisa Acadêmica, articula com o meio universitário assuntos relativos à cultura brasileira – nasceu em 2004 como um caminho possível para se entender melhor os papéis e as funções da mídia, dos jornalistas culturais, pesquisadores, artistas e instituições na construção do que se convencionou chamar de jornalismo cultural, neste início de século. O impulso de realizar o programa também se justifica pela importância que universidades, veículos de comunicação e jornalistas têm como figuras essenciais na construção da interação de instituições como o Itaú Cultural com a sociedade.

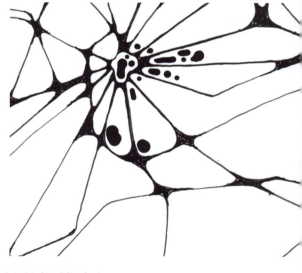

"Jornalismo Cultural: Reflexões", "Rumos Jornalismo Cultural: História" e "Nomes, Endereços e Leituras: Agendas" são os capítulos do livro. O primeiro apresenta uma série de artigos de jornalistas brasileiros e estrangeiros, professores universitários e artistas, que buscam mapear as principais discussões sobre as relações entre mídia e cultura. Importante se registrar que esses textos foram transcritos e editados a partir das falas dos profissionais tanto no Seminário Internacional Rumos Jornalismo Cultural, em dezembro de 2004, quanto no Colóquio Rumos Jornalismo Cultural, em dezembro de 2005, ambos realizados na sede da instituição, em São Paulo.

"Rumos Jornalismo Cultural: História" é o capítulo que registra os principais momentos da primeira edição do programa em 2004 e 2005 – a divulgação do edital de inscrições por meio de debates que ocorreram em vários estados brasileiros, tanto em universidades quanto em instituições culturais parceiras, a seleção dos contemplados, o seminário e o colóquio promovidos pelo Itaú Cultural e o Laboratório Multimídia de Jornalismo Cultural, principal prêmio oferecido aos contemplados.

O capítulo que encerra o livro, "Nomes, Endereços e Leituras: Agendas", tem como espírito a prestação de serviço. Lá, o leitor encontra dicas dos profissionais que participaram das ações da primeira edição do programa, que o estudante ou jornalista em atividade não pode deixar de ter anotados em sua agenda; também estão indicados os nomes dos principais parceiros, além de breves currículos de todos aqueles que colaboraram com o Rumos Jornalismo Cultural 2004-2005. Gente que, junto com a equipe do Itaú Cultural, tornou possível o programa e seu registro.

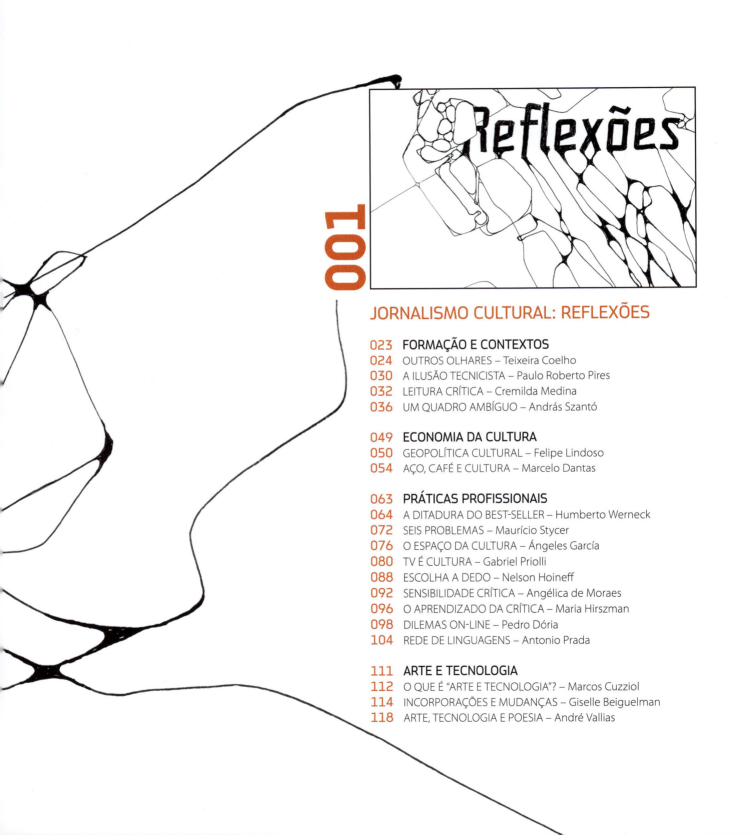

001

JORNALISMO CULTURAL: REFLEXÕES

023 FORMAÇÃO E CONTEXTOS
024 OUTROS OLHARES – Teixeira Coelho
030 A ILUSÃO TECNICISTA – Paulo Roberto Pires
032 LEITURA CRÍTICA – Cremilda Medina
036 UM QUADRO AMBÍGUO – András Szantó

049 ECONOMIA DA CULTURA
050 GEOPOLÍTICA CULTURAL – Felipe Lindoso
054 AÇO, CAFÉ E CULTURA – Marcelo Dantas

063 PRÁTICAS PROFISSIONAIS
064 A DITADURA DO BEST-SELLER – Humberto Werneck
072 SEIS PROBLEMAS – Maurício Stycer
076 O ESPAÇO DA CULTURA – Ángeles García
080 TV É CULTURA – Gabriel Priolli
088 ESCOLHA A DEDO – Nelson Hoineff
092 SENSIBILIDADE CRÍTICA – Angélica de Moraes
096 O APRENDIZADO DA CRÍTICA – Maria Hirszman
098 DILEMAS ON-LINE – Pedro Dória
104 REDE DE LINGUAGENS – Antonio Prada

111 ARTE E TECNOLOGIA
112 O QUE É "ARTE E TECNOLOGIA"? – Marcos Cuzziol
114 INCORPORAÇÕES E MUDANÇAS – Giselle Beiguelman
118 ARTE, TECNOLOGIA E POESIA – André Vallias

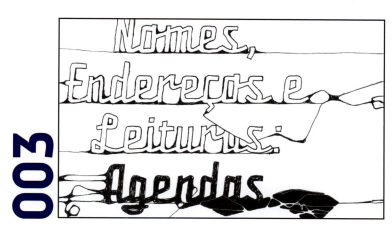

003 NOMES, ENDEREÇOS E LEITURAS: AGENDAS

- **157** MODO DE FAZER
- **158** 121 LIVROS
- **182** 37 PERIÓDICOS
- **190** 94 ENDEREÇOS NA INTERNET
- **204** 48 INSTITUIÇÕES

APÊNDICES

- **216** PARCEIROS
- **218** OS SELECIONADOS E SEUS CURSOS
- **220** QUEM É QUEM

RUMOS JORNALISMO CULTURAL: HISTÓRIA

- **129** INTRODUÇÃO
- **130** OS PARECERES
- **134** A VIDRAÇA, O ESPELHO E A ARTE DE TATEAR – Israel do Vale
- **142** DISCUSSÕES VIRTUAIS
- **146** O RUMOS EM QUESTÃO

002

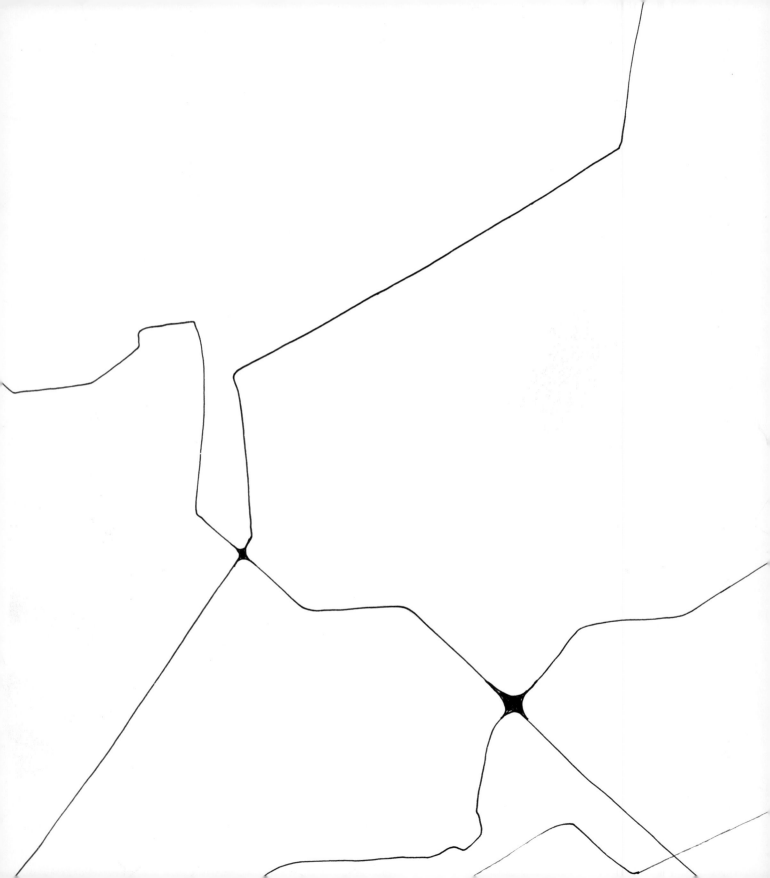

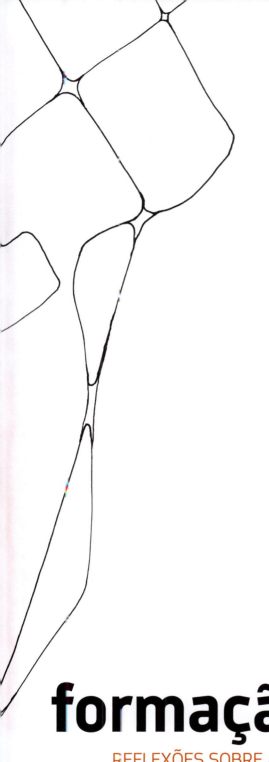

formação e contextos

REFLEXÕES SOBRE AS CARACTERÍSTICAS E OS IMPASSES DOS CURSOS DE JORNALISMO E SOBRE O IMPACTO DAS RECENTES MUDANÇAS DO MERCADO DE TRABALHO NO ETHOS DA PROFISSÃO

OUTROS OLHARES

O JORNALISMO CULTURAL DEVE SER UM ESPAÇO DE INOVAÇÃO, PARA QUEM PENSA POR SI, CRIA SUA PRÓPRIA LINGUAGEM E SABE QUE É PRECISO ULTRAPASSAR FRONTEIRAS, CONECTAR-SE COM O OUTRO.

Iniciando com uma breve retrospectiva histórica que aclara algumas coisas, nunca é demais lembrar que o projeto de formar jornalistas no Brasil em nível de graduação, com a intenção claríssima de controlar a informação, nasceu sob a ditadura militar iniciada em 1964. Talvez isso tenha retirado algumas possibilidades de instituições como a Universidade de São Paulo de investir na pós-graduação, o que seria o mais proveitoso e indicado. E desde então, pelo menos na Escola de Comunicações e Artes da Universidade de São Paulo (ECA/USP), o curso de jornalismo é oferecido essencialmente na graduação, o que é sem dúvida uma limitação da formação que a universidade poderia oferecer nessa área. A ECA oferece, claro, cursos de pós-graduação. Mas, trata-se, aí, de linhas bastante específicas e fechadas. Servem para complementar a formação do jornalista, por certo, mas não como seria possível se se iniciasse o trabalho com um aluno formado já em algum outro curso de humanidades, portanto já com sólida base, e que viria à ECA para concluir seus estudos na especialidade. Esse é um problema, e muito atual. Não resta a menor dúvida de que a formação do jornalista tal como se deve entender esse profissional, uma pessoa capaz de pensar por si, de exercer uma linguagem individual, distinta, uma marca própria, se dá em pós-graduação. No entanto, não é essa a norma no Brasil. Que se tirem as conseqüências desse fato.

Não vejo alternativa válida ao modelo da pós-graduação, sobretudo se a universidade responsável for a USP ou como a USP. A USP é uma universidade de pesquisa e deve concentrar-se naquilo que ela faz melhor (pesquisa e pós-graduação), e naquilo que durante muito tempo ela foi praticamente a única ou uma das únicas a oferecer. Este país padece de um desejo tolo de igualitarismo por baixo (que mais me parece um desejo de vingança): como algumas universidades não podem oferecer pós-graduação de nível, exige-se que todas se limitem a fazer o que fazem as universidades mais modestas. O prejuízo intelectual e científico, para o país e a profissão, é visível. E a USP, lamentavelmente, não reivindica seu direito a fazer o que nasceu para fazer. Ela tem autonomia. Mas não a exerce. Por variadas razões. Uma pena.

> HÁ NA VERDADE UMA PASTEURIZAÇÃO DAQUILO QUE SE OFERECE AO ESTUDANTE. NÃO SE CRIA DE MANEIRA NENHUMA A CONDIÇÃO BÁSICA PARA QUE ELE SAIA DA UNIVERSIDADE DEPOIS DE TER GOZADO DA POSSIBILIDADE DE EXERCITAR AMPLAMENTE SUA CRIATIVIDADE.

Esse fato não estimula, entre outras coisas, a criatividade do aluno. Tenho notado na USP, onde estou desde a criação da ECA, em 1967, primeiro como aluno e depois como professor, que a experiência, e não só em jornalismo, não é nesse sentido. Não vou dizer que haja um esforço para se barrar a capacidade criativa e a marca individual de cada um, mas não há nenhum esforço para se desenvolver isso. Há na verdade uma pasteurização daquilo que se oferece ao estudante. Não se cria de maneira nenhuma a condição básica para que ele saia da universidade depois de ter gozado da possibilidade de exercitar amplamente sua criatividade. Isso é importante porque, no jornalismo cultural, se o indivíduo não for capaz de encontrar a sua voz pessoal distintiva, ele não tem muito que fazer na profissão. Ele poderá ser aquilo que no Brasil comumente se entende por jornalista cultural, quer dizer, o responsável por um caderno, uma pauta, uma coluna de serviços culturais ou até um repórter cultural, mas não um jornalista cultural no sentido crítico da palavra, isto é, alguém capaz de colocar um fato cultural numa perspectiva histórica (e crítica) do campo cultural relacionado que está sendo tratado. O que significa que ele deve ser especialista não apenas no assunto que está tratando mas um especialista no modo de abordar aquele assunto. Nesse sentido, a graduação da USP não cria as condições para que o jornalista se torne especialista no objeto e sobretudo para que se torne especialista na crítica daquilo que está fazendo. Essa observação não significa que alguns não o consigam. Mas, estruturalmente, o ensino não está pensado para fazê-lo.

Outra questão relevante para o jornalista cultural é a definição de um quadro de valores culturais que lhe permita saber claramente o que está fazendo, por que está fazendo e aonde quer chegar. A questão dos valores em cultura está ligada à da ideologia. Seria preciso notar que desde o final da ditadura, no Brasil, o panorama cultural mudou muito e aquilo que hoje são valores em cultura escapam largamente da visão ideológica mais estreita que vigorou há 20 ou 40 anos, isto é, no fim e no início da ditadura. Surge agora a necessidade que o jornalista

O JORNALISMO CULTURAL TEM DE DIALOGAR COM OS VALORES NOVOS VIGENTES E NÃO COM OS QUE UMA IDEOLOGIA VELHA DE 20, 40 OU 150 ANOS AINDA INSISTE EM APRESENTAR COMO VÁLIDOS.

cultural tem de elaborar por si mesmo e para si mesmo uma lista de valores que possam orientá-lo no trato da questão cultural contemporânea. Trata-se de uma questão delicada, pois os valores da segunda metade do século XX relativos a classes sociais, território e identidade nacional, por exemplo, modificaram-se e muito. O jornalismo cultural tem de dialogar com os valores novos vigentes e não com os que uma ideologia velha de 20, 40 ou 150 anos ainda insiste em apresentar como válidos. Não se trata de cada um achar os seus valores próprios, uma vez que os valores que de fato orientam um grupo social, ainda que equivocados, são coletivos. Mas, é preciso que o jornalista cultural reveja os valores habituais e busque sintonizar-se com as reais tendências atuais, aquelas que se manifestam na prática e na vida cotidiana das pessoas. Para tanto é preciso ser capaz de detectar as orientações culturais do seu tempo. O bom jornalista cultural deve assumir como ponto de partida a idéia de que é preciso pensar sempre de outro modo, que é preciso ver uma questão sempre pelo outro lado, pelo lado que não está sendo visto, pelo lado oposto ao do hábito cultural. Nada pior em cultura do que o hábito cultural. E o jornalismo cultural brasileiro ainda está cheio de hábitos culturais. A cultura pode ser feita de hábitos culturais. O jornalismo cultural, não.

É possível encontrar alguns desses valores nos princípios de uma política cultural de fato contemporânea, disseminada em larga parte nos fóruns internacionais, seminários internacionais e sobretudo na ação da Unesco que, com sucessivas declarações sobre os direitos culturais, fornece uma carta de trabalho básica para o jornalista cultural impossível de ser ignorada.

Os direitos culturais são uma herança dos Direitos Humanos da Carta de 1948 e, no entanto, demoraram até 1966 – e a rigor até 1976 – para começar a serem de fato entendidos como tais, e divulgados. Obviamente o Brasil da ditadura não assinou em 1976 a declaração sobre os direitos econômicos, sociais e culturais e foi preciso esperar o final do século XX para que a idéia dos direitos culturais começasse a se transformar em um pólo agregador. Hoje, algumas cidades do mundo, como Barcelona, têm uma carta dos direitos culturais de seus cidadãos.

Mas o fato de se assumir uma carta de direitos não vai resolver todos os problemas do jornalista cultural, embora permita que ele entre em sintonia com seu tempo.

> DIREITOS CULTURAIS, DIVERSIDADE CULTURAL, INOVAÇÃO, A SOCIEDADE CIVIL COMO ATOR CULTURAL SÃO ALGUNS DOS VALORES CULTURAIS CONTEMPORÂNEOS, BEM DISTINTOS DAQUELES QUE VIGORARAM ATÉ OS ANOS 70 DO SÉCULO PASSADO E ESTAVAM ORIENTADOS POR VETORES COMO A IDENTIDADE NACIONAL [...]

Nessa mesma linha, outra baliza para a atuação do jornalista de cultura é a da diversidade cultural, que teve uma declaração assinada em 20 de outubro de 2005. Deve-se lembrar, porém, que garantir a diversidade cultural verdadeira não significa apoiar a minha diversidade (apoiar apenas aquilo que diz respeito à minha cultura) mas abrir real espaço à cultura do outro. Proteger a diversidade significa proteger a minha e garantir a do outro.

Some-se a esses dois vetores mais um outro, o da inovação. É preciso destacar que a cultura é patrimônio, quer dizer, o velho, mas também inovação. Geralmente, defende-se apenas o patrimônio e questiona-se o novo. Até ministros da Cultura escorregam nesse erro, ao lamentarem que a arte contemporânea, por exemplo, não traduz os "verdadeiros" valores da cultura nacional... por ser nova, por não respeitar o velho. É a função dela.

E a busca da inovação é fundamental, mas a conectividade também. Em outras palavras, não se pode fazer jornalismo cultural levando em consideração apenas os vetores específicos do território próprio, as fronteiras. Interessa à cultura hoje ligar-se ao que se passa lá fora, entrar em contato com o outro, além. Fronteiras fechadas é coisa de ditadura. Conectar-se é a palavra de ordem (e conectividade é o reverso positivo da globalização, vista sempre como negatividade...).

O jornalismo cultural deve estar interessado igualmente em um outro aspecto que é o da sociedade civil. O surgimento da sociedade civil como ator social é a maior inovação cultural do último quarto do século XX, e deve ser respeitada. A sociedade civil é hoje o grande ator cultural, no lugar do Estado. O Estado, como diz Godard, quer sempre ser uno e um só; já o homem busca ser pelo menos dois. E a sociedade civil pode, muito mais que o Estado, criar as condições para essa multiplicidade própria do indivíduo, da cultura e, mais que a cultura, da arte.

Direitos culturais, diversidade cultural, inovação, a sociedade civil como ator cultural são alguns dos valores culturais contemporâneos, bem distintos daqueles que vigoraram até os anos 70 do século passado e estavam orientados por vetores como a identidade nacional, a identidade cultural, o patrimônio, as classes sociais etc.

Dentro do âmbito da formação do jornalista há um ponto significativo que diz respeito às condições do ensino universitário em geral no Brasil. Uma situação ruim que diz respeito ao ensino do jornalismo e ao ensino em geral. De quem é a culpa, perguntam: da universidade, dos professores que são ruins? Quase nunca se pensa que o problema pode estar no aluno, que já chega formado ou deformado à universidade. E o que se propõe para resolver problemas de base, como está se fazendo agora, é construir a casa pelo telhado: "O ensino está mal, então vamos abrir vagas na universidade para todo mundo, vamos criar cotas de todo tipo etc." Como se fosse possível resolver o problema pelo topo, que é o terceiro ciclo, a universidade. E com medidas assim demagógicas se procura tapar com a peneira o sol que é a necessidade de reformar de verdade o ensino primário e secundário, dar mais salários e melhores condições para os professores. É uma demagogia acabrunhante, visível em todos os últimos governos ou desgovernos nacionais, inclusive no atual. Por outro lado, não é exagero dizer que quem faz de fato o curso são mais os alunos que a universidade. Mesmo com universidade ruim e maus professores. A vocação e a dedicação por parte dos estudantes de jornalismo são fundamentais. Felizmente, a formação do jornalista cultural não depende da universidade.

Não estou plenamente convencido de que a formação do jornalista por algum curso universitário seja necessária ou indispensável. Mas acredito que a passagem do jovem por uma universidade lhe seja benéfica de modo geral. Compreender a cultura é muito difícil. Dominar a cultura, como se diz, mais ainda. Muito mais difícil do que a economia. Dominar alguns princípios da economia e vir a ser um jornalista econômico é relativamente simples (e mesmo assim se diz que o jornalista econômico é geralmente aquele que errou na previsão e que diz no dia seguinte o que todo mundo já ficou sabendo). Agora, para saber se o Ezra Pound é bom ou não é, ou do que ele está falando, leva-se uma vida!

*

Dentre os elementos que auxiliam na formação do jornalista de cultura é interessante assinalar o papel da internet. Mas, não se pode embarcar numa certa tendência que há por aí de achar que a internet é a salvação de tudo, como também não é o caso de pensar que a internet é a perda definitiva de tudo. Interessante analisar, aqui, o que se passa com a *Wikipédia*, uma enciclopédia livre que recolhe contribuições de todos que se sintam autorizados a escrever sobre um assunto. Com um detalhe: o que alguém escreve poderá ser alterado por outro. É uma experiência que não está apostando na voz distintiva, na voz singular, autoral. A *Wikipédia* é, diz-se, uma voz coletiva, a anulação, em termos, do jornalista autoral. Em que vai dar tudo isso, não se sabe. Como experimentação, é interessante. Qual a autoridade dela, não se sabe ao certo. Imagina-se que as pessoas ainda se guiem por ela por acreditarem que se trate de uma voz autoral. Será interessante saber qual seu destino quando todos souberem que quem está escrevendo ali pode ser literalmente qualquer um...

E chegamos à questão da crítica, do jornalista como crítico. Deve o jornalista cultural ser um crítico ou um relator? Entendo que o jornalista cultural tem de ser crítico, ou então ele será um mero escrevinhador do serviço cultural.

A presença do crítico na imprensa voltada para a cultura é um tema que traz uma discussão a mais, o desaparecimento gradativo de espaço para a crítica dentro do jornalismo cultural, tema esse sempre presente em seminários e debates. Essa redução mostra que o processo de embrutecimento cultural no Brasil tem sido muito claro nos últimos 20 anos. Vou citar aqui um exemplo pessoal, pois escrevo para jornal há muitos anos. Há alguns anos, o espaço mínimo para uma crítica era de quatro, cinco laudas, 100 linhas (e já era menor que há uns 10 ou 15 anos). Hoje em dia pede-se uma crítica com 2.400 carac-

> NÃO ESTOU PLENAMENTE CONVENCIDO DE QUE A FORMAÇÃO DO JORNALISTA POR ALGUM CURSO UNIVERSITÁRIO SEJA NECESSÁRIA OU INDISPENSÁVEL. MAS ACREDITO QUE A PASSAGEM DO JOVEM POR UMA UNIVERSIDADE LHE SEJA BENÉFICA DE MODO GERAL.

teres, ou seja, duas laudas, 40 linhas, para se falar de uma exposição de arte com curador importante, grandes artistas etc. É muito pouco. É muito clara e precisa a diminuição do espaço para reflexão sobre a cultura. De maneira geral, há uma presunção tola dos meios de comunicação no Brasil, a de que o brasileiro não se interessa por esses assuntos, de que não há tempo para leitura e que, portanto, deve-se reduzir os textos. A briga de muitos como eu é justamente para fazer o contrário, fazer com que o Brasil possa ter uma *New York Review of Books*, onde seja possível escrever um artigo com 10 laudas, 20, uma verdadeira reflexão sobre cultura. Mas a resposta, por parte dos empresários do jornalismo, é uma só: "Não há público para isso". Vejo aí uma falta de espírito empreendedor muito grande. Não posso aceitar a idéia de que haja falta desse tipo de leitor no Brasil. Se houver, é não só lamentável como assustador: enquanto até países considerados "pouco cultos", como os Estados Unidos, ainda mantêm amplo espaço para o jornalismo cultural de alto nível, aqui desce-se cada vez mais a escada, aos tombos e encontrões. O jornalismo cultural só deveria desaparecer, e ter menos espaço nos jornais e meios de comunicação, quando todos tivessem um nível cultural minimamente satisfatório. Aqui, para não dizer que esse nível é vergonhoso e aviltante, como de fato é, vamos dizer que ele está longe de ser o mais minimamente satisfatório possível...

> **HOJE EM DIA PEDE-SE UMA CRÍTICA COM 2.400 CARACTERES, OU SEJA, DUAS LAUDAS, 40 LINHAS, PARA SE FALAR DE UMA EXPOSIÇÃO DE ARTE COM CURADOR IMPORTANTE, GRANDES ARTISTAS ETC. É MUITO POUCO.**

POR TEIXEIRA COELHO

É MUITO CLARA E PRECISA A DIMINUIÇÃO DO ESPAÇO PARA REFLEXÃO SOBRE A CULTURA. DE MANEIRA GERAL, HÁ UMA PRESUNÇÃO TOLA DOS MEIOS DE COMUNICAÇÃO NO BRASIL, A DE QUE O BRASILEIRO NÃO SE INTERESSA POR ESSES ASSUNTOS, DE QUE NÃO HÁ TEMPO PARA LEITURA [...]

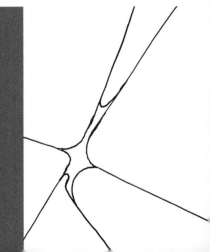

POR PAULO ROBERTO PIRES

A ILUSÃO TECNICISTA

A ACADEMIA INSISTE EM FORMAR PROFISSIONAIS ATRAVÉS DE DETERMINADOS CÓDIGOS E TÉCNICAS, O QUE VEM PROVOCANDO A DESINTELECTUALIZAÇÃO DE ESTUDANTES E, EM CONSEQÜÊNCIA, DE PROFISSIONAIS.

Quando se fala na formação específica do jornalista, sempre lembro de uma das frases impagáveis do Otto Lara Resende, para quem o jornalista, a começar por ele próprio, é um "especialista por dez minutos" em qualquer tema. Essa visão irônica toca na natureza do nosso ofício, na profissionalização da capacidade de resumir conteúdos e traduzir domínios diversos para o senso comum. Ser especialista "por dez minutos" pode ser sinônimo de trivialização pura e simples, mas também de democratização de saberes diversos.

Os jornalistas são ou deveriam ser profissionais especializados numa tradução entre domínios, ou seja, promover um trânsito crítico entre o público e a obra, e não simplesmente acompanhar a agenda, pautar um livro, disco ou espetáculo porque este está sendo lançado ou estreando. O bom jornalista contextualiza, provoca discussão, tenta interpretar cada produto da indústria cultural dentro de determinada lógica.

No entanto, essa necessidade da abordagem crítica do jornalista da área de cultura não passa por currículos das escolas de jornalismo, que têm oferecido algo que se distancia da inquietação e da crítica. Porque cada vez mais persiste a ilusão tecnicista de que é possível formar um profissional através de determinados códigos e técnicas[1], o que vem provocando uma desintelectualização aceleradíssima na profissão. Ou seja, afasta o jornalista do foco, que é a visão crítica sobre o tema. Pois a formação de um jornalista cultural é mais ampla. É parte do compromisso intelectual com a profissão.

> UMA DAS SAÍDAS PARA ESSA SITUAÇÃO APARENTEMENTE SEM SAÍDA É TRANSFORMAR O CURSO DE JORNALISMO NUMA PÓS-GRADUAÇÃO, PERMITINDO QUE PESSOAS FORMADAS EM DIVERSAS ÁREAS APLIQUEM SEU ARSENAL TEÓRICO E SUAS REFERÊNCIAS ÀS FORMAS JORNALÍSTICAS DE CODIFICAÇÃO.

Por isso, de nada adianta pensar que disciplinas como "jornalismo cultural" ou "jornalismo econômico" fornecerão conteúdos específicos ao futuro jornalista. Se é fácil entender que um curso de jornalismo econômico ensina a codificação dos jargões da área, qual seria a ementa possível de um programa dedicado ao jornalismo cultural, naturalmente abrangente?

Um curso de jornalismo cultural corre o risco de, por exemplo, resumir conteúdos das diversas artes e áreas de conhecimento e confundir programa pedagógico com almanaque. E aí o especialista "por dez minutos" tem a conotação negativa.

Uma das saídas para essa situação aparentemente sem saída é transformar o curso de jornalismo numa pós-graduação, permitindo que pessoas formadas em diversas áreas apliquem seu arsenal teórico e suas referências às formas jornalísticas de codificação. Mas por enquanto não há indícios de que isso venha a acontecer.

---

[1] Aqui é preciso ressaltar que a exigência do diploma para o exercício da profissão só reforça essa concepção equivocada, uma vez que se multiplicam escolas de jornalismo que simplesmente fornecem o documento necessário para o novo profissional empregar-se.

O fato concreto é que o interesse pelo jornalismo cultural tem sido grande nas universidades. O nível de procura por essa área é da quase totalidade dos alunos dos cursos de jornalismo e comunicação, e aqui cito um exemplo como professor da Universidade Federal do Rio de Janeiro (UFRJ), onde leciono há 13 anos. A maioria quer trabalhar nessa área. Isso indica, pelo menos, que o estudante está entrando na faculdade com uma inquietação intelectual enorme. O desafio é, portanto, encontrar caminhos para sistematizar essa inquietação.

E sistematizar essa curiosidade é estimular, quase que individualmente, que cada um nutra com sólidas vitaminas culturais seus interesses pessoais – essa função de "orientação" é, para mim, a mais estimulante da vida de professor. No caso da música, por exemplo, fazer com que, pelo fato de o estudante gostar de música, cumpram-se as etapas básicas do conhecimento especializado, como a leitura de textos teóricos, a audição de tantas músicas consideradas básicas e clássicas, a comparação de textos, a freqüência a concertos e espetáculos musicais. São fatores que permitem a construção de um repertório especializado.

É fundamental o conhecimento das fontes, a pesquisa, a comparação dos contextos, para se constituir um fazer crítico, não baseado apenas na impressão ou no "achismo". O que também é uma forma de se evitar a crítica prescritiva: o filme é bom ou é ruim; o livro é bom ou é ruim. Ou a elaboração de listas: dos melhores, dos mais vendidos. Pois essas são situações que acabam efetivando uma superficialidade terrível e que acontece em 90% dos casos do jornalismo cultural. Um vício que igualmente assegura o poder da agenda junto aos cadernos de cultura, tática repetida à exaustão por jornais e revistas brasileiros.

A ditadura da agenda atua nos cadernos literários, que são um resumo dos lançamentos das editoras. Situação muito clara de se confirmar quando acontecem eventos como a Bienal do Livro e publica-se um caderno especial sobre o evento. São 15 páginas, com o mapa da feira, onde se vende de cachorro quente a livros, o que é absolutamente inútil.

Diante desse quadro nada positivo, a internet pode ser uma grande saída para tais situações, desde que usada de uma forma interessante. A referência é pessoal, pois integrei a equipe de redação da *Notícia e Opinião* (www.no.com.br), uma revista eletrônica que durou dois anos e simplesmente ignorava a agenda. Exceção feita ao cinema, onde havia críticas dos filmes da semana, que era uma exigência do público. Houve edições em que a revista chegou a colocar no ar 20 textos sobre cultura, contrariando todos os princípios da internet. Eram textos longos, de dez telas e sem informações rápidas. O desprezo solene pela agenda foi um dos motivos para que a revista fosse bem-sucedida.

A colaboração da internet registra-se no sentido de facilitar o acesso ao jornalismo cultural praticado em outros países, o que contribui de forma expressiva para a diversificação. Pois a leitura gratuita de cadernos de cultura de publicações como *El País* ou *Libération*, entre tantas outras, só vem somar nessa questão do combate à falta de diversidade dos cadernos de cultura. Isso porque o interesse, o fascínio e a paixão por cultura não são suficientes para se criar um bom jornalista cultural hoje.

> A COLABORAÇÃO DA INTERNET REGISTRA-SE NO SENTIDO DE FACILITAR O ACESSO AO JORNALISMO CULTURAL PRATICADO EM OUTROS PAÍSES, O QUE CONTRIBUI DE FORMA EXPRESSIVA PARA A DIVERSIFICAÇÃO.

LEITURA CRÍTICA

NÃO HÁ NARRATIVA NEM MATÉRIA JORNALÍSTICA QUE NÃO SEJA PRODUÇÃO CULTURAL, O QUE SE DIZ DA REALIDADE À NOSSA VOLTA É REPRESENTADO SIMBOLICAMENTE NO DISCURSO JORNALÍSTICO.

Entendo que a comunicação social só se concretiza através da reportagem. Não há outra forma de dar dignidade ao ato de comunicar, comungar, partilhar os conteúdos da atualidade, se não acontecer a mediação do profissional que reporta, o repórter. Essa minha defesa da reportagem é intensiva, pois há décadas sou uma militante da reportagem, embora desde muito cedo tenha tido oportunidades de me transformar em uma crítica ou em outra profissional de autoria-solo, como ensaísta, por exemplo.

Essa defesa está ligada justamente a uma consciência de que o jornalismo se realiza substantivamente na reportagem. Não me parece que o jornalismo seja econômico, esportivo, cultural ou de cidades. Esses adjetivos nascem da divisão do trabalho, um fenômeno industrial. Mas nós estamos numa era pós-industrial e precisamos resgatar a essência do jornalismo, e não insistir na fragmentação dos conteúdos, problema já diagnosticado nas sociedades contemporâneas.

Porque o profissional do século XXI, como a maioria dos jornalistas, assume hoje a responsabilidade da produção cultural do futuro. Essa maioria vai exercer uma profissão que não é aquela que foi determinada, desenvolvida e dogmatizada pela Revolução Industrial do século XIX para o século XX. Os comunicadores não serão, no meu entendimento, produtores adjetivados como profissionais de áreas temáticas ou segmentados em mídias especializadas, que vão da internet às mídias eletrônicas, impressas, enfim, a multiplicidade de suportes midiáticos que a história e as tecnologias acumularam.

Os profissionais de comunicação social serão leitores culturais. A minha noção de cultura atravessa o jornalismo, e a exemplo do que já se discutiu em alguns eventos, retomo minha fala sobre um período muito fértil na década de 80, quando se discutia o jornalismo cultural. Em vários encontros nacionais e internacionais, repetia à exaustão: a cultura passa em todos os espaços e tempos do jornalismo. Não há narrativa nem matéria jornalística que não seja produção cultural, o que se diz da realidade à nossa volta é representado simbolicamente no discurso jornalístico. E quem interpreta a realidade é um leitor da contemporaneidade que produz sentidos, produz significados perante o acontecimento social, econômico, político, artístico, esportivo, científico, ambiental etc. O leitor cultural observa, colhe informações dos acervos e de fontes vivas, cria elos de contexto e elege o protagonismo daqueles que vivem a situação de sua narrativa. E aí se consuma a humanização como eixo central da leitura cultural.

Se o jornalista distribui nas mídias apenas os sentidos oficiais, ele não passa de um mero administrador da renda simbólica estratificada. Mas além de exercer a função de um simples administrador, pode ousar a renovação e até a reestruturação plena dos significados em voga – o que revela a grandeza de um leitor cultural. Na perspectiva que defendo, para se ler a realidade e assumir a produção cultural, é preciso estar no mundo, em trânsito, no corpo-a-corpo com o cotidiano da história. Refiro-me à experiência de contato que sacode as rotinas fechadas nos ambientes claustrofóbicos das salas de redação, dos gabinetes, da cadeira que mal faz a rotação completa em frente ao computador.

Um jornalista econômico, um jornalista cultural, um jornalista esportivo, entre outras tribos, que não circula na sociedade não tem a mínima condição de fazer uma leitura cultural renovadora, autoral, decisiva para a cidadania, para a história. Então, na medida em que os profissionais da comunicação se burocratizam, se fecham em guetos, tendem a produzir uma leitura cultural medíocre, que presta vassalagem aos significados oficiais. Facilmente se distinguem daqueles leitores autorais, em que se percebe um texto (lato sensu), não importa a mídia, impregnado da reinterpretação da realidade. Além da fruição pela descoberta de sentidos originais, as narrativas de autor contribuem para o cidadão decidir sobre sua vida e sobre sua inserção social.

A questão da arte é muito importante porque revela uma sintonia mais fina com a realidade. A leitura cultural mais desafiadora e mais inspiradora é a que os artistas fazem do seu povo, da sua sociedade. Então, trabalhar ao mesmo tempo com arte e jornalismo é um privilégio. Várias vezes, por contingências profissionais, tive essa oportunidade. No caso do jornal *O Estado de S. Paulo*, foram dez anos de experiência como editora de artes. No entanto, quero confessar que, na minha vida inteira, a arte sempre me alimentou. Vou mais longe: os artistas me oferecem constantemente munição para transitar como jornalista no mundo. Insisto: é um privilégio participar de discussões que nos remetam ao contato do jornalista com a arte através de espaços consagrados ou não.

Desde o século XVI, quando se institucionalizou na geopolítica da Europa Central com a finalidade de distribuir a informação nas redes financeiras, o jornalismo sempre mostrou a virtualidade de trabalhar com qualquer conteúdo simbólico, econômico ou artístico. Uma dessas possibilidades desde logo assume o formato informação de serviço. Trata-se do jornalismo de serviço, uma identidade inabalável para situar o cidadão imediatamente no presente (informações básicas de bolsa de valores ou de programação de cinema). O teórico Abraham Moles interpretou o papel dos jornalistas, ao facilitar as conexões na diáspora dos cidadãos contemporâneos, como o de vasos comunicantes. A informação de serviço é fundamental desde que o jornalismo existe, mas, por outro lado, sempre houve a necessidade da voz individual, da voz de opinião. No caso das artes, essa voz se manifesta através da crítica, das resenhas e dos ensaios. Portanto, historicamente, o que realmente vai se desenvolver no jornalismo é a amplitude das vozes e dos significados das coisas. E para tecer essas amplitudes não há como dispensar o repórter, a reportagem ou a cobertura jornalística que oferece a polifonia e a polissemia.

> A INFORMAÇÃO DE SERVIÇO É FUNDAMENTAL DESDE QUE O JORNALISMO EXISTE, MAS, POR OUTRO LADO, SEMPRE HOUVE A NECESSIDADE DA VOZ INDIVIDUAL, DA VOZ DE OPINIÃO. NO CASO DAS ARTES, ESSA VOZ SE MANIFESTA ATRAVÉS DA CRÍTICA, DAS RESENHAS E DOS ENSAIOS.

Sendo assim, por que então nós temos um espaço restrito para a voz coletiva que a reportagem simboliza? Porque na mídia contemporânea se constata um certo desprezo ou desleixo por essa democratização dos sentidos. Elegem-se alguns artistas e produtos de arte, por exemplo, como os únicos passíveis de serem noticiados e criticados e não há o acompanhamento democrático, através da reportagem, das tendências da arte brasileira de todos os artistas, sejam eles consagrados ou não; de todas as manifestações, da periferia ou do centro. Só a reportagem autoral pode abrir a leitura cultural na malha complexa e pluralista da realidade coletiva.

> **ÀS VEZES, É PRECISO DAR UMA SACOLEJADA COM UMA OBRA DE ARTE E MOSTRAR QUE O JORNALISTA TRANSITA NO MUNDO COM OS POROS ENTUPIDOS, COM UMA COURAÇA QUE NÃO ENXERGA DOIS PALMOS À FRENTE DO NARIZ. ENTÃO, PASSA AO LARGO E NÃO SE SENSIBILIZA COM UM ARTISTA QUE ESTÁ SURGINDO [...]**

Aí reside o desafio: vencer as limitações de tempo e recursos de trabalho e manter o frescor autoral para descobrir e desbravar o mundo em seus veios profundos. Uma retomada solidária entre o jornalista criador e o produtor da criação artística.

Isso é exigido porque os jornalistas que produzem as páginas "ditas culturais" – digo sempre "ditas culturais" porque o jornal é todo cultural – não prestam a mínima atenção ao que acontece à sua volta e nem se esforçam – ou melhor, se encantam – por descobrir o que fazem os artistas à sua volta. Às vezes, é preciso dar uma sacolejada com uma obra de arte e mostrar que o jornalista transita no mundo com os poros entupidos, com uma couraça que não enxerga dois palmos à frente do nariz. Então, passa ao largo e não se sensibiliza com um artista que está surgindo ou até mesmo com veteranos que são relegados ao esquecimento. Acho que não tem outra forma de esse radar fino ser ativado, a não ser sendo repórter.

Para isso temos várias cartas de navegação. A primeira delas: um excesso de espaço na imprensa, ocupado por meio de pressões do mercado, basicamente do marketing cultural, e que se organiza cada vez mais. Não adianta ficar contra, porque os lobbies da indústria cultural são um dado da realidade. Para sair do estresse de informação gerada pelo marketing cultural só autores, jornalistas de muita criatividade para se tornarem independentes dessas pressões.

Mas é preciso matizar um pouco o conflito sobre o papel dos assessores de imprensa: por um lado entre os jornalistas e as estruturas de poder da empresa ou instituição a que servem; por outro lado entre os jornalistas e os assessores. Se compreendermos que o conflito é inerente a qualquer processo, o que se tem é uma constante negociação. Assessores de imprensa e jornalistas não estão em campos inimigos, mas o encontro desses profissionais da comunicação social nunca se dá em paz. Cada situação exige uma criativa competência para negociar, precedida, no caso do assessor de imprensa, por outro embate no cenário de poder interno da empresa ou instituição onde opera. Mas esse é outro capítulo.

Também gostaria de acrescentar um problema do qual tentei escapar. Os jornalistas que se intitulam "culturais" padecem do deslumbramento ou vedetismo que atingem o artista. Como eles próprios gostariam de ser olimpianos das artes, destilam um veneno vingativo nos juízos de valor com que avaliam os artistas, principalmente os de sua vizinhança. Outra vingança ca frustração dos editores de cultura se manifesta na marginalização da arte necessária e cotidiana em detrimento dos alvos preferenciais.

Acrescento aos problemas citados mais um tópico: a rejeição de identidade. Grande parte dos editores – não diria o mesmo dos repórteres – tem uma profunda rejeição à identidade cultural brasileira.

Em contrapartida, penso que os profissionais do século XXI terão mais condições de produzir leituras culturais mais dignas e democráticas em vários suportes, como autônomos, em grupos, empregados (uma categoria em extinção?) da indústria cultural. O que proporcionará ao livro-reportagem e à reportagem múltiplas vias de circulação, da editora tradicional à internet.

O importante é refletir e compartilhar com a comunidade, porque não se deve perder de vista que qualquer avanço no contexto crítico aqui debatido, qualquer conquista nos enfrentamentos profissionais só se tornam possíveis quando a própria sociedade, usuária da informação jornalística, pressiona pela oferta qualificada, plural, democrática. Os rumos da prática da comunicação social, como em qualquer outra área de conhecimento, estão estritamente ligados ao exercício da cidadania.

POR CREMILDA MEDINA

ACRESCENTO AOS PROBLEMAS CITADOS MAIS UM TÓPICO: A REJEIÇÃO DE IDENTIDADE. GRANDE PARTE DOS EDITORES – NÃO DIRIA O MESMO DOS REPÓRTERES – TEM UMA PROFUNDA REJEIÇÃO À IDENTIDADE CULTURAL BRASILEIRA.

UM QUADRO AMBÍGUO

A HEGEMONIA CULTURAL AMERICANA É SIMPLESMENTE ALGO QUE NÃO PREOCUPA A MAIORIA DAS PESSOAS NOS ESTADOS UNIDOS. ELAS SE PREOCUPAM COM A PIRATARIA DE FILMES, CDS E DVDS.

A maioria de nós entra em contato com as artes através do jornalismo. Nos últimos anos começou a se formar a percepção de que existe um problema com o jornalismo cultural nos Estados Unidos. Um saudável jornalismo cultural – significando crítica e reportagem sobre artes – é absolutamente essencial para um ambiente saudável para as artes. E se quisermos ter uma cultura democrática, na qual a arte não seja apenas uma brincadeira da elite, devemos ter canais de comunicação para alcançar audiências mais amplas.

Pretendo transmitir-lhes uma percepção do que fazemos no National Arts Journalism Program (NAJP), que é uma instituição singular – o único centro acadêmico no mundo dirigido para o jornalismo cultural –, fazer um panorama da situação e abordar alguns tópicos em vários setores do jornalismo cultural nos Estados Unidos.

É evidente que as realidades da mídia, e de tudo mais nos Estados Unidos, são extremamente diferentes das do Brasil. Mas às vezes é útil ver o que acontece lá na América do Norte.

O NAJP está abrigado na Universidade de Colúmbia[2]. É um programa profissional, e não um programa de treinamento para estudantes de jornalismo, apesar de estar sediado na escola de jornalismo da Universidade de Colúmbia, que é considerado o melhor curso de jornalismo da América. De fato, uma das boas coisas que estão acontecendo agora é o início de um programa especial de concentração em Artes no Jornalismo Cultural na área de pós-graduação.

O NAJP é um instituto semi-independente. Nossa principal atividade é trazer o que chamamos de *fellows* – jornalistas profissionais que já têm pelo menos cinco anos de trabalho nesse campo – e que têm a oportunidade de voltar para a universidade para aumentar e desenvolver suas habilidades.

Isso é importante porque a maioria das pessoas que se tornam jornalistas culturais não começa pensando em seguir essa carreira. As pessoas chegam nessa área por acaso. E quando chegam, muitas vezes percebem que é um desafio fazer esse trabalho porque sua formação provavelmente não as preparou para tal. Mesmo para alguém que teve uma boa formação, o fato é que as coisas mudam rapidamente no mundo das artes. Se alguém é crítico de artes visuais e passa dez anos escrevendo críticas, será questionado por muitos artistas novos, novas teorias e idéias que são novas. Então é preciso se atualizar.

> AS PESSOAS CHEGAM NESSA ÁREA POR ACASO. E QUANDO CHEGAM, MUITAS VEZES PERCEBEM QUE É UM DESAFIO FAZER ESSE TRABALHO PORQUE SUA FORMAÇÃO PROVAVELMENTE NÃO AS PREPAROU PARA TAL. MESMO PARA ALGUÉM QUE TEVE UMA BOA FORMAÇÃO, O FATO É QUE AS COISAS MUDAM RAPIDAMENTE NO MUNDO DAS ARTES.

---

[2] O NAJP encerrou suas operações na Universidade de Colúmbia em 2005. Atualmente reconstrói seus esforços sob novos patrocínios. Ver www.najp.org para atualizações.

Mais importante ainda é o fato de que muitos jornalistas culturais têm de cobrir múltiplas áreas de artes. Digamos que, se alguém trabalha em um jornal e é graduado em música, seu editor reconhece que seu trabalho é cobrir música, mas pode dizer que também deve cobrir teatro. Ou dança. Não importa o quanto você for preparado, pode não saber nada sobre essas áreas.

Nós mandamos os jornalistas de volta para as classes. Também encorajamos que tenham aulas em suas próprias áreas. Muitos jornalistas de cultura realmente jamais estudaram as técnicas da arte que estão cobrindo – e isso é um grande problema. Dessa forma os críticos de dança terão aulas de dança, os críticos de arte, aulas de desenho, e assim por diante.

Além disso, queremos que esses jornalistas comecem a pensar sobre seu campo não apenas em termos estéticos, mas também como algo ligado ao mundo real. Queremos que compreendam que as artes são uma grande indústria. É realmente importante cobrir as artes não apenas a partir da estética, mas também como um sistema sociológico, econômico e político. Assim, por exemplo, tivemos como *fellow* um crítico de arquitetura que passou a maior parte do seu tempo na Columbia Business School aprendendo sobre o desenvolvimento do mercado imobiliário. Ele compreendeu que o que efetivamente termina construído tem mais a ver com os empreiteiros, as pessoas que pagam pelas construções, do que com os arquitetos.

Essa é a razão geral pela qual trazemos os críticos de arte de volta para a universidade.

> JORNALISMO CULTURAL É A ESPECIALIZAÇÃO JORNALÍSTICA DE MAIS BAIXO STATUS NA MAIORIA DAS REDAÇÕES, E FICO TRISTE EM RECONHECER ISSO. [...] NOS ESTADOS UNIDOS, NA MAIORIA DOS JORNAIS, ESSE É UM CAMPO DE PRESTÍGIO RELATIVAMENTE BAIXO.

O outro lado do nosso trabalho é a pesquisa e a defesa do jornalismo cultural. Jornalismo cultural é a especialização jornalística de mais baixo status na maioria das redações, e fico triste em reconhecer isso. A verdade é que as artes não constituem a área que concentra a atenção da maioria das empresas de comunicação. Nos Estados Unidos, na maioria dos jornais, esse é um campo de prestígio relativamente baixo. É preciso sempre lutar pelo seu reconhecimento.

Pesquisa prática esboçando as questões dentro do jornalismo cultural pode levar a discussão a um novo patamar. Dizer que as artes são importantes não é o suficiente. É preciso sustentar essa afirmação com fatos quantificáveis sobre a extensão dos recursos que estão sendo destinados a esse campo dentro das redações. Além disso, no decorrer do ano fazemos algumas conferências nas quais reunimos jornalistas de arte em torno de assuntos que consideramos importantes.

*

Quando tratamos de arte e jornalismo cultural nos Estados Unidos, hoje, encontramos um quadro ambíguo. Por um lado, vivemos nosso melhor momento. Por outro, enfrentamos um momento muito, muito difícil.

Em termos reais, provavelmente jamais houve um período de crescimento tão forte para as artes nos Estados Unidos. Algumas estatísticas mostram isso: o dispêndio de consumidores com artes cênicas aumentou em cerca de 50% na última década. Mais pessoas assistem a apresentações artísticas ao vivo do que esportes (é claro, muitas pessoas assistem a esportes na TV, mas em termos de assistência ao vivo, na verdade mais pessoas vêem artes do que esportes). A chamada "classe criativa" – pessoas que manipulam informação de alguma forma – está entre os segmentos de maior crescimento na população. As cidades que estão tendo sucesso econômico são as que estão atraindo essas pessoas criativas, que tendem a ter interesse nas artes, ou são de fato membros do setor cultural.

As "indústrias de copyright" cresceram cerca de 9% ao ano entre 1977 e 2001 – aproximadamente três vezes mais que o ritmo de crescimento da economia real. A economia do conhecimento (como oposta à economia industrial) se expande, e com isso as artes aumentam em escala. As indústrias de copyright são de fato maiores em termos de exportação do que a indústria automobilística, de eletrônica ou agricultura nos Estados Unidos. O número de artistas na força de trabalho aumentou de 750 mil em 1970 para 2,2 milhões em 2001. Nos cinco anos entre 1997 e 2002 o número de organizações artísticas cresceu 25% nos Estados Unidos.

Esses dados dão uma idéia da tremenda vitalidade, do tremendo crescimento. Não preciso dizer que nos anos 90 havia muito dinheiro, de forma que havia também um grande impulso no apoio às artes, em termos de gastos privados. Vimos uma impressionante expansão das artes em nível local. Tradicionalmente, nos Estados Unidos, as artes estiveram ligadas às grandes cidades: Los Angeles e Nova York, inicialmente, e Chicago. Mas nos últimos anos cidades do interior deram vida a muitas organizações culturais e sustentaram artistas em lugares que antes jamais tinham sido associados com arte.

> **QUERO MOSTRAR QUE NOS ESTADOS UNIDOS AS ARTES NÃO SÃO VISTAS COMO UMA PRIORIDADE ESSENCIAL. AS ARTES CRESCEM COMO INDÚSTRIA, MAS O SENTIDO DE IMPORTÂNCIA VISCERAL – DE QUE A VIDA SIMPLESMENTE NÃO PODE SER IMAGINADA SEM ARTES – NÃO É PARTE IMPORTANTE DO DISCURSO PÚBLICO.**

Essas são as boas notícias.

Por outro lado, existem as más notícias. O apoio federal para a cultura está em declínio. Está caindo desde as "guerras de cultura" dos anos 80. O financiamento local pelos estados e pelas cidades atingiu o auge durante o crescimento econômico dos anos 90 e desde então o apoio dos governos locais declina rapidamente. Vários estados americanos eliminaram o financiamento para as artes, ou consideraram a idéia de eliminá-los completamente.

As doações das empresas estão ameaçadas. Depois da quebradeira, por volta de 2001, o Congresso americano promulgou leis estritas sobre a responsabilidade empresarial. A prática de executivos de corporações usarem fundos empresariais para financiar as artes tornou-se problemática. Isso agora é visto, sob alguns aspectos, como uma prática corrupta. Atualmente, quando as empresas apóiam as artes, o fazem principalmente com propósitos de relações públicas. Querem ver sua marca se beneficiando desses investimentos. Dessa forma se perdeu muito financiamento privado.

Existem enormes disparidades regionais, a despeito do que afirmei sobre o crescimento da atividade cultural local. A educação artística, especialmente nas escolas públicas, está ameaçada ou não existe.

O intercâmbio cultural internacional é profundamente problemático nos Estados Unidos. Depois da guerra fria, o governo desmantelou suas instituições responsáveis pela diplomacia cultural. Para um país com tamanho e importância tão grandes, o investimento americano no intercâmbio cultural internacional é muito baixo, muito limitado.

O quadro que tento desenhar aqui é ambíguo. Quero mostrar que nos Estados Unidos as artes não são vistas como uma prioridade essencial. As artes crescem como indústria, mas o sentido de importância visceral – de que a vida simplesmente não pode ser imaginada sem artes – não é parte importante do discurso público. Pessoas sérias – políticos, administradores, executivos – não vêem as artes como sendo vitais para a vida cívica e pessoal. Os Estados Unidos não são um país enraizado na concepção de uma cultura compartilhada. O país se baseia, fundamentalmente, em suas leis. Os Estados Unidos, como nação, são construídos sobre a Constituição, não sobre uma cultura nacional.

Eu nasci e cresci na Hungria, um país que tem mil anos de vida. Quando os húngaros pensam em sua nação, pensam na cultura, pois isso é o que compartilham. Nos Estados Unidos, quando se pergunta às pessoas "O que é a América?", elas falam sobre suas liberdades e direitos.

De fato, muitos americanos suspeitam da cultura. Têm suspeita sobre as questões de classe que subjazem às artes. Mas não nos preocupemos com isso. O que desejo enfatizar é que essa suspeita resulta num apoio instável às artes. E é acompanhada de uma discussão pública que tende a perguntar não *como* podemos apoiar melhor as artes, e sim *por que* temos de apóia-las.

*

Essa atitude se reflete no jornalismo cultural americano. A mesma inconsistência observada no geral a respeito das artes reflete-se em todos os níveis do sistema de mídias.

Por um lado, sim, há uma enorme quantidade de jornalismo cultural maravilhoso. Mas existe um sentido subjacente de insegurança. Alguns editores sugeriram eliminar os críticos dos jornais, coisa que, acho, seria simplesmente inconcebível em Paris ou Londres, ou em São Paulo. Mas é uma possibilidade na América. Conheço jornais que já tomaram a decisão de eliminar a cobertura de artes no sentido que nós entendemos, ou seja, usando críticos. Nada disso aconteceria se não houvesse esse sentimento subjacente de incerteza sobre a indispensabilidade das artes.

Quero descrever com mais detalhes o que quero dizer com "vivemos o melhor e o pior dos momentos no jornalismo de artes americano". Por um lado, parece que temos um insaciável interesse público pela arte popular, em especial pela cultura pop. Por outro, existe um relacionamento complicado e desconfiado em relação à arte exigente e desafiadora.

Por um lado, quando se trata de publicações especializadas em arte – revistas dirigidas a um público especializado –, temos uma sofisticação tremenda, qualidade incrível. Por outro lado, quando se trata de publicações mais gerais – jornais, TV, rádio –, enfrentamos problemas graves e sistêmicos.

Temos nossos jornalistas estrelas. Alguns críticos e repórteres podem ganhar belas quantias, enquanto estiverem no topo. Por outro lado, temos milhares de jornalistas de cultura que vivem em condições terríveis.

Também temos de perguntar: até que ponto a imprensa é um simples mecanismo de relações públicas para o negócio das artes? Grupos culturais sempre perguntam: como a imprensa pode trabalhar melhor nossa história? Sempre tenho de explicar que o trabalho da imprensa não é o de simplesmente difundir a mensagem de uma organização cultural. Para isso pode-se contratar um relações-públicas. O papel da imprensa é algo diferente, e acho que, no geral, a média é corajosamente independente nos Estados Unidos, quando comparada com a de outros países.

> ALGUNS EDITORES SUGERIRAM ELIMINAR OS CRÍTICOS DOS JORNAIS, COISA QUE, ACHO, SERIA INCONCEBÍVEL EM PARIS OU LONDRES, OU EM SÃO PAULO. MAS É UMA POSSIBILIDADE NA AMÉRICA.

O setor de artes pressiona intensamente a imprensa. Algumas das pressões mais fortes provêm do setor não lucrativo. Isso é especialmente comum nas cidades médias, e particularmente se o jornal ainda é de propriedade familiar. Essas famílias geralmente estão muito envolvidas com as artes. Seus membros fazem parte dos conselhos das instituições culturais locais. Se o crítico do jornal publicar uma resenha terrível, e se a esposa do dono fizer parte do conselho daquele museu ou teatro, o editor saberá disso. O dono vai ficar preocupado porque no jantar no clube de campo ele pode escutar: "Esse crítico é maluco. Está ficando doido. Por que faz isso conosco?". Esse tipo de pressão freqüentemente vem da comunidade artística. Mas na verdade essa pressão é cada vez menos comum. A propriedade familiar de jornais está se tornando coisa do passado. A maioria dos jornais hoje é de propriedade corporativa. A ligação direta com a comunidade através do proprietário está desaparecendo.

A PRESSÃO SOBRE A MÍDIA É AINDA MAIS COMUM VINDA DO SETOR EMPRESARIAL DA CULTURA. UMA PRESSÃO INTENSA É FEITA SOBRE OS JORNAIS PARA QUE CUBRAM HOLLYWOOD. [...] ISSO É PROFUNDAMENTE PROBLEMÁTICO PORQUE É COM A INDÚSTRIA CINEMATOGRÁFICA QUE OS JORNAIS GANHAM DINHEIRO POR MEIO DA COBERTURA CULTURAL [...]

A pressão sobre a mídia é ainda mais comum vinda do setor empresarial da cultura. Uma pressão intensa é feita sobre os jornais para que cubram Hollywood. Se for o caso de um jornal de porte médio que queira colocar uma foto de Julia Roberts na capa, os estúdios pedirão uma contrapartida: mais espaço, mais cobertura positiva, mais proeminência. Isso é profundamente problemático porque é com a indústria cinematográfica que os jornais ganham dinheiro por meio da cobertura cultural, de maneira que os jornais relutam em enfrentá-los. Os estúdios acham que, se gastam tanto dinheiro, devem receber cobertura positiva. Não compreendem que é bom para eles ter cobertura negativa de vez em quando. Não percebem que os espectadores precisam de críticos que tenham independência de julgamento.

O editor de um jornal do Texas me contou que uma vez recebeu uma carta raivosa de um dos grandes estúdios. Eles achavam que o jornal estava deliberadamente paginando as resenhas dos filmes ao lado dos anúncios que os estúdios estavam pagando dos mesmos filmes. A carta dizia: "Estamos profundamente preocupados pelo fato de estarem publicando essas resenhas, algumas das quais são negativas, ao lado dos nossos anúncios, porque assim elas solapam nosso investimento nos anúncios. Insistimos que de agora em diante publiquem suas resenhas em outra página, pois caso contrário nossa parceria vai terminar."

Qual o problema com essa carta? Em primeiro lugar, nenhum jornal que se respeite faz ligação direta entre artigos e anúncios. Existe uma barreira – esses departamentos não falam uns com os outros. O outro problema é que a carta supunha que o estúdio e o jornal tivessem alguma espécie de sociedade. Acho que o editor não respondeu à carta, mas o dilema é claro: como se pode resistir à pressão da comunidade ou à pressão da indústria na cobertura cultural?

A resposta é simples. A única maneira de resistir é resistindo.

*

No fim das contas essas questões têm a ver com a posição filosófica que se tenha sobre jornalismo de artes. Existem dois modelos, duas grandes abordagens do jornalismo cultural, no meu entendimento. Essas duas filosofias estão atualmente lutando e competindo nos Estados Unidos (e acredito que algo disso também deve ser verdade no Brasil), e uma está lentamente ganhando posição sobre a outra.

O primeiro modelo, que eu chamaria de "tradicional", baseia-se na idéia de que nós, editores de jornais, fazemos as escolhas relevantes – saímos e vemos o que está acontecendo na cultura, e decicimos que isso, isto e aquilo são importantes. E publicamos esses assuntos importantes no jornal.

O leitor pode não compreender tudo que escuta ou vê, mas temos nossos críticos, e podemos explicar por que esse evento cultural é importante. Pode-se dizer que esse é o modelo de jornalismo cultural elitista, de cima para baixo. É assim que o jornalismo cultural tradicionalmente é praticado. Repousa na idéia de que somos os especialistas, temos o conhecimento crítico especializado e o leitor é o beneficiário de nossa especialização.

Atualmente emerge um novo modelo de jornalismo cultural, que eu chamaria de "modelo de serviço". A idéia é a de que nós, editores, não possuímos o conhecimento relevante. É o leitor que tem a especialização relevante: porque apenas ele sabe o que quer fazer no fim de semana e como deseja usar seu tempo livre para divertir-se ou edificar-se. Nossa tarefa enquanto jornal é proporcionar ao leitor toda a informação que possa necessitar para tomar uma decisão, sob a forma de enormes listas de programas e anúncios, sobre como usar seu tempo livre.

O resultado desse jornalismo cultural orientado para o serviço é o que se percebe atualmente na maioria dos jornais americanos. Mais da metade do espaço editorial destinado ao jornalismo cultural consiste em listas: intermináveis colunas detalhando todas as exposições, todas as apresentações musicais, todas as conferências que acontecem na cidade. O leitor tem menos resenhas críticas, porque se assume que a informação crítica, a inteligência crítica está com o leitor. O papel do jornal é o de simplesmente proporcionar esse vasto painel de informações. Isso produz uma cobertura cultural rasa, mas útil.

Deve-se notar que essas mudanças acontecem não por causa de pressão da indústria cultural, mas por causa da mudança da tradicional seletividade crítica editorial na direção de um serviço mecânico prestado ao leitor.

*

No conjunto, considero que o crescimento futuro de nosso campo acontecerá em duas áreas. Por um lado, vemos a emergência de gigantescos conglomerados de mídia, que estão no mercado para agregar audiências enormes. O número de jornais, estações de rádio, estações de televisão multiplicou-se muitas vezes nos Estados Unidos no decorrer do último quarto de século. Mas o número real de proprietários dessas estações, especialmente nos meios de transmissão reduziu-se a seis grandes corporações. O objetivo desse negócio é agregar audiências. Temos uma semelhança de diversidade, mas a realidade econômica e financeira é a de audiências enormemente agregadas. Compreensivelmente, isso resulta na trivialização, homogeneização e estupidificação da cobertura.

O RESULTADO DESSE JORNALISMO CULTURAL ORIENTADO PARA O SERVIÇO É O QUE SE PERCEBE ATUALMENTE NA MAIORIA DOS JORNAIS AMERICANOS. MAIS DA METADE DO ESPAÇO EDITORIAL DESTINADO AO JORNALISMO CULTURAL CONSISTE EM LISTAS: INTERMINÁVEIS COLUNAS DETALHANDO TODAS AS EXPOSIÇÕES [...]

Na outra ponta do espectro, uma grande área de crescimento é o oposto exato: a emergência de mídias extremamente localizadas, personalizadas. Algumas das fronteiras mais excitantes da cobertura cultural de hoje estão, por exemplo, em jornais alternativos locais, que servem a cidades pequenas. Esses jornais independentes possuem vozes interessantes e idiossincráticas. O semanário alternativo pioneiro é o *Village Voice*, de Nova York, mas agora eles existem em todas as cidades. (Infelizmente, a mídia corporativa também está alcançando esse canto da mídia noticiosa.)

Não preciso dizer que nos últimos anos testemunhamos uma explosão de blogs e websites feitos por indivíduos, muitas vezes indivíduos muito peculiares. Essas pessoas às vezes passam dias e noites sentadas escrevendo seus diários. Entre os extremos da mídia corporativa e a mídia faça-você-mesmo temos as empresas noticiosas tradicionais, que tentam manter seus hábitos, mas que têm, de fato, grandes dificuldades para sobreviver. Estão encolhendo, porque seu modelo de negócios está quebrando.

Outra tendência a ser observada – e acho que essa é boa – é a direção no tipo de jornalismo cultural que coloca mais ênfase na reportagem (e não na crítica). Essa é uma boa notícia, acredito.

Por que há mais cultura na mídia? Primeiro, por causa da crescente importância das artes, o que está sendo percebido pelos editores. Começam a compreender que as artes não são apenas aquilo que a esposa ou a filha desfrutam depois da escola ou nos fins de semana. A cultura representa o que toda a cidade está fazendo. É como muitas pessoas ganham a vida. É essencial para suas vidas. E há uma enorme quantidade de dinheiro em jogo, muitas vezes dinheiro público. Os editores estão começando a cobrir cultura tal como cobrem qualquer outro setor da vida.

A cultura tradicionalmente enfrentava um problema nos jornais porque a crítica é uma coisa estranha de ser encontrada nos jornais, especialmente nos jornais americanos. Os jornais americanos tratam da cobertura objetiva das notícias para a comunidade mais ampla. A crítica geralmente é a opinião de uma pessoa sobre algo que aconteceu ontem ou há dois dias e que, por definição, foi vista por poucas pessoas. A mudança para a reportagem é interessante e importante porque eleva o status da cobertura cultural dentro dos jornais. Traz a cultura mais para perto e mais alinhada com as outras formas de cobertura.

Salvar a cobertura da alta arte, entretanto, muitas vezes envolve uma espécie de pacto faustiano. A cobertura de teatros, museus ou música clássica está cada vez mais freqüentemente empacotada com artigos sobre estilo de vida, jardinagem, viagens e culinária. A cultura está cada vez mais embutida dentro de seções engraçadas e estilosas, nas quais se supõe que os leitores tenham mais interesse. Essa é uma maneira de fazer com que as artes continuem aparecendo nos jornais, e há algo bem democrático e realista nessa abordagem. As pessoas se divertem de muitas maneiras. Uma noite pode-se ir a um concerto. Amanhã se pode ir à praia. No fim de semana pode-se levar a esposa ou um amigo para jantar. Na vida das pessoas esses acontecimentos são partes de um fluxo contínuo. São partes do tecido da vida, e então por que não integrar as artes e a cultura na cobertura mais ampla de estilos de vida do jornal?

> A COBERTURA DE TEATROS, MUSEUS OU MÚSICA CLÁSSICA ESTÁ CADA VEZ MAIS FREQÜENTEMENTE EMPACOTADA COM ARTIGOS SOBRE ESTILO DE VIDA, JARDINAGEM, VIAGENS E CULINÁRIA. A CULTURA ESTÁ CADA VEZ MAIS EMBUTIDA DENTRO DE SEÇÕES ENGRAÇADAS E ESTILOSAS, NAS QUAIS SE SUPÕE QUE OS LEITORES TENHAM MAIS INTERESSE.

Se um jornal começasse um caderno chamado Alta Cultura, o que aconteceria? Bem, exatamente o que acontece comigo todas as manhãs quando pego meu *New York Times*. O jornal tem uma meia dúzia de cadernos, e a primeira coisa que faço (e não me orgulho disso), é jogar fora o caderno de Esportes. Não me interesso por esportes, então jogo fora. E isso é o que muitas pessoas fariam com o caderno Alta Cultura. Oitenta por cento dos leitores o jogariam na lata de lixo. Obviamente o risco é muito menor de isso acontecer com um caderno que empacote matérias variadas sobre estilo de vida.

Mas ao mesmo tempo em que integrar artes e cultura dentro do caderno de variedades é uma estratégia justificável, existe, é claro, um problema com essa mistura. Não me importo de ver as artes junto com jardinagem, variedades e sobre como cozinhar um frango. Mas gostaria de ler mais sobre artes e menos sobre como preparar o frango.

Na verdade, todo o debate sobre grande arte e arte popular é completamente falso e sem sentido. Às vezes é usado para deliberadamente nos confundir. Os filmes são considerados populares, mas muitos deles estão entre as formas artísticas da maior qualidade que se possa pensar.

Apenas uma distinção deveria ser relevante sobre o jornalismo cultural: é inteligente? Pode-se escrever sobre ópera e ser estúpido. Pode-se escrever sobre hip hop e ser brilhante. O jornalismo deve considerar seus assuntos com extrema seriedade e comunicar essa importância numa linguagem que seja atraente aos leitores.

Nos nossos dias as artes estão se mesclando como nunca antes. A maioria dos desenvolvimentos vitais nas décadas recentes foi sobre como eliminar fronteiras. Jornais e universidades parecem ser as únicas instituições que ainda se agarram nas categorias artísticas tradicionais. A maioria dos jornais está presa no século XIX. Tem um crítico de artes visuais, um crítico de dança e um crítico de música – mesmo que essas fronteiras já tenham desaparecido há

OS JORNAIS SÃO ANIMAIS ESTRANHOS. POR UM LADO, COBREM A VIDA DIÁRIA TAL COMO EXISTE, NOS SEUS LIMITES. MAS COMO ORGANIZAÇÕES, SÃO EXTREMAMENTE CONSERVADORAS. SÃO DIRIGIDAS COMO UM EXÉRCITO. ESTÃO ENTRE OS ÚLTIMOS TIPOS DE NEGÓCIO QUE SÃO COMPLETAMENTE HIERÁRQUICOS: TUDO ACONTECE DE CIMA PARA BAIXO.

muito tempo. O passo lógico seguinte seria misturar ainda mais as artes, tal como acontece na vida real.

Jornalistas de sucesso e publicações de sucesso são aquelas que são capazes de adaptar-se, rápida e dinamicamente, à nossa cultura em transformação. O problema com os jornais é que são conservadores. Isso se deve à sociologia do gerenciamento de jornais. Alguns anos atrás publicamos um estudo sobre cobertura de artes e diversão na mídia americana. Assinalamos que os videogames são o segmento de mais rápido crescimento na indústria de diversões. Essas coisas estão sendo lançadas em quantidades que fazem sombra até mesmo aos filmes comuns. Cinco anos depois, apenas um punhado de jornais cobre essa imensa área. Toda uma nascente e emergente forma de arte e diversão não consegue uma resposta jornalística. Por quê? Porque os sujeitos no comando não percebem isso.

Os jornais são animais estranhos. Por um lado, cobrem a vida diária tal como existe, nos seus limites. Mas, como organizações, são extremamente conservadoras. São dirigidas como um exército. Estão entre os últimos tipos de negócio que são completamente hierárquicos: tudo acontece de cima para baixo. Parece que os jornais não absorveram nada sobre as idéias de gerenciamento que transformaram outras indústrias. A razão, acho, decorre da necessidade de imprimir o jornal todas as noites. Não há tempo para pensar sobre estratégia. É difícil mudar qualquer coisa. Os jornais estão sendo marginalizados porque, enquanto a sociedade acelerou, os jornais são incapazes de acompanhar o ritmo das mudanças.

Também estão ficando para trás na receptividade à cultura global. Numa pesquisa, perguntamos a uma amostra dos críticos de arte nos Estados Unidos sobre a freqüência com que escrevem sobre artes ou exposições fora de suas cidades. Cerca de 90% dos críticos disseram que raramente ou nunca escrevem sobre exposições ou artistas de fora dos Estados Unidos.

Todos compreendemos – e certamente no Brasil se compreende muito bem isso – que a mudança mais transformadora de nossa época de globalização é a grande mescla de culturas pelo mundo. O jornalismo diário não é receptivo a isso. *The New York Times* é a exceção solitária. Na maioria dos jornais americanos, a cobertura cultural internacional é negligenciável. Em outubro de 2003 analisamos todos os números dos jornais de dez cidades de todo o país, assim como de três diários de circulação nacional. Organizamos um banco de dados, e assim pudemos comparar os padrões de cobertura. Encontramos um número minúsculo de artigos – de cinco a dez em um mês – sobre eventos culturais no estrangeiro. Naquele mês em particular, o único artigo sobre cultura que vimos em uma grande quantidade de jornais era sobre David Blaine, o mágico, que na época estava pendurado numa cápsula sobre o rio Tâmisa, em Londres. O outro assunto largamente coberto era sobre a bailarina gorda de São Petersburgo, que estava processando o Balé Bolshoi por tê-la despedido por ser gorda. Não havia nenhum artigo importante sobre cultura que tivesse encontrado abrigo nos jornais comuns.

*

Permitam-me que termine apontando mais algumas tendências do jornalismo cultural americano. Recentemente o *New York Times* expandiu e reformulou sua cobertura cultural, e passou a contratar repórteres. O jornal tem agora um repórter de música clássica cujo trabalho é escrever notícias sobre tópicos como a crise de liderança nas orquestras etc. É uma tendência importante a ser observada.

O progresso tecnológico proporciona alguma esperança, mas pessoalmente sou um pouco cético. A internet tem sido uma desculpa conveniente para alguns dos líderes do noticiário, que podem dizer: "Bem, vocês sabem, cortamos o espaço para a cultura, mas vejam só nosso website, onde há todo esse espaço. Apesar de termos menos cobertura para as artes no jornal, qualquer um pode entrar on-line e descobrir centenas de artigos diferentes sobre qualquer assunto".

A MUDANÇA TECNOLÓGICA É BOA. É ÓTIMO TERMOS BLOGUEIROS. É FANTÁSTICO TERMOS A INTERNET. MAS TEMOS DE TER CUIDADO PARA VER SE OS PADRÕES DE JORNALISMO CULTURAL – OS QUE NOS HABITUAMOS A ESPERAR DA MÍDIA PROFISSIONAL TRADICIONAL – SERÃO TRANSLADADOS PARA ESSES NOVOS FORMATOS.

Não concordo. Minha definição de cultura é a de algo que nos une e nos surpreende. Através da cultura sinto uma afinidade recorrente com algo ou algumas pessoas. Mas, muito importante, a cultura também me expõe ao inesperado. A cidade é o lugar definitivo para o que chamo de cultura. Tem grandes tradições e grande história, mas constantemente me surpreenderá jogando sobre mim coisas que não são parte de minha experiência rotineira.

Por isso os jornais são essenciais para a cultura. Representam a continuidade e a tradição – pode-se compreender seu formato, conhecer os jornalistas, pois já se leu antes algo deles. Sabe-se que o que dizem faz parte de um discurso contínuo. Por outro lado, o jornal surpreende. Todas as manhãs os editores publicarão coisas que não se pode descobrir por conta própria. Alguém examinou a paisagem por você e disse: "Isso é importante. Você deve ler".

O problema com a internet é que se tem de ir atrás das coisas por conta própria, de forma que, quando se as encontra, não se é surpreendido. Se procurarmos por isso, não se será surpreendido com o que se encontra. Por essa razão é que tenho uma visão ambígua sobre a internet como uma autêntica mídia pública.

A boa notícia é que, demograficamente, a geração baby boom está se aposentando. É a mais rica geração a se aposentar, e também a mais educada ao entrar nos seus anos de aposentadoria. E por isso representa um enorme e interessante mercado para o jornalismo cultural.

A mudança tecnológica é boa. É ótimo termos blogueiros. É fantástico termos a internet. Mas temos de ter cuidado para ver se os padrões de jornalismo cultural – os que nos habituamos a esperar da mídia profissional tradicional – serão transladados para esses novos formatos. No final das contas, serão. Temo, porém, que, enquanto as grandes organizações de mídia estão se estupidificando, um novo mundo de blogs chegue sem nada mais que opiniões. Esse jornalismo não está apoiado em reportagem profissional. Podemos estar abrindo as portas para um jornalismo não confiável.

Ouvir o mundo continuará a ser um tema importante. A comissão que escreveu um relatório sobre o ataque terrorista de 11 de setembro deixou claro que uma das grandes tarefas que os Estados Unidos enfrentam é a revitalização da diplomacia pública e da diplomacia cultural – descobrir novas maneiras de promover a compreensão intercultural. Esse é, é claro, o problema de qualquer império que deixe de ouvir as províncias. Cresci em um pequeno país onde se tinha de prestar atenção ao resto do mundo. Sabíamos tanto sobre o que acontecia em Londres e Paris ou Nova York quanto as elites culturais dessas cidades sabiam. Fico perturbado ao perceber o quanto são poucas as pessoas dos Estados Unidos que conhecem sobre o mundo. O jornalismo claramente tem um papel a desempenhar nisso.

> **A MAIORIA DOS AMERICANOS NÃO LÊ MAIS. UM DOS ÚLTIMOS ESTUDOS PUBLICADOS PELO NATIONAL ENDOWMENT FOR THE ARTS MOSTRA QUE A LEITURA ESTÁ SE TORNANDO UMA OCUPAÇÃO DE MINORIAS NOS ESTADOS UNIDOS. QUASE A METADE DOS AMERICANOS NÃO LÊ; NÃO PORQUE NÃO POSSAM LER, MAS PORQUE NÃO QUEREM LER.**

Quando publicamos nossa pesquisa com 160 críticos de arte, uma das perguntas que fizemos foi: você se vê como um educador, e vê seu trabalho como o de um educador? Descobrimos que 65% concordavam fortemente com isso, e 26% concordavam de alguma maneira. Ou seja, mais de 90% concordavam com essa definição do papel do crítico como educador. O principal crítico do *Los Angeles Times* escreveu um enorme artigo em resposta. O crítico, Christopher Knight, estava injuriado. Disse que isso representava o pior do pensamento crítico. Significava que os críticos se viam como uma espécie de sacerdotes. O propósito da imprensa, argüiu, deve ser informar o público, não educar. Se pensar que é um educador, o crítico viu tudo errado. (Na semana seguinte uma enorme quantidade de artigos apareceu em jornais menores. Os críticos desses jornais basicamente diziam: "Sabe, se você vivesse aqui – se vivesse em Boise, ou Fargo, ou St. Louis ou em um lugar assim – e se compreendesse o nível de conhecimento sobre artes visuais, você, também, pensaria em si mesmo como um educador"). No fim de contas é verdade que o crítico é, em certo sentido, um educador. Mas também é importante lembrar que um jornal não é uma instituição educacional. O crítico não é um professor falando aos alunos. Deve haver uma parceria mais eqüitativa entre o jornalista e o público.

Mas voltando ao assunto dos Estados Unidos e o resto do mundo, vale a pena saber que a mídia americana é um lugar muito grande, com um conjunto completo de pessoas e muitas vozes extremamente críticas. Muitos articulistas lamentam a falta de atenção para com a cultura internacional. Em várias áreas existe um tremendo interesse pela arte global, especialmente em relação à música.

A world music é o segmento que mais cresce no mercado musical. A questão mais perturbadora é a da quantidade minúscula de literatura que está sendo traduzida. A maioria dos americanos não lê mais. Um dos últimos estudos publicados pelo National Endowment for the Arts mostra que a leitura está se tornando uma ocupação de minorias nos Estados Unidos. Quase a metade dos americanos não lê; não porque não possam ler, mas porque não querem ler. Mas especialmente não lêem romances, muito menos mencionar literatura de outros países.

A hegemonia cultural americana é simplesmente algo que não preocupa a maioria das pessoas nos Estados Unidos. Eles se preocupam com a pirataria de filmes, CDs e DVDs. Mas as pessoas sérias estão agudamente conscientes do golfo que cresce entre os Estados Unidos e o mundo. Recentemente falei em uma conferência de executivos de fundações, e esse problema da falta de apoio para atividades culturais estava muito presente na agenda. As 50 mais importantes fundações dos Estados Unidos dedicam uma fração minúscula, apenas 0,02%, de suas bolsas para o intercâmbio cultural internacional.

> A IMAGEM DA ARROGÂNCIA CULTURAL AMERICANA É UM ARTEFATO DO COMPORTAMENTO EXTREMAMENTE AGRESSIVO DAS INDUSTRIAS CULTURAIS, QUE SÃO MUITO, MAS MUITO PERSISTENTES EM SEUS ESFORÇOS DE COMERCIALIZAR GLOBALMENTE SEUS PRODUTOS.

A imagem de arrogância cultural americana é um artefato do comportamento extremamente agressivo das indústrias culturais, que são muito, mas muito persistentes em seus esforços de comercializar globalmente seus produtos. Quando se chega ao nível dos artistas criadores, as atitudes são profundamente diferentes. Hollywood produz material que acha que pode transformar em sucesso. E há uma poderosa máquina de marketing instalada para as artes comerciais que assegura que esses produtos culturais cheguem até a China, o Brasil e a Europa. A mesma máquina não existe para as artes não comerciais. E tem de ser reinventada a partir do nada. Até então, o mundo recebe um quadro distorcido e desbalanceado da cultura americana.

POR ANDRÁS SZANTÓ

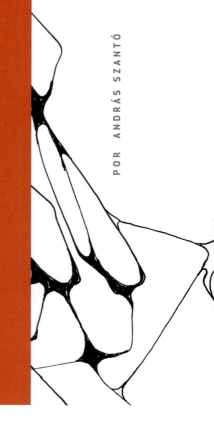

E HÁ UMA PODEROSA MÁQUINA DE MARKETING INSTALADA PARA AS ARTES COMERCIAIS QUE ASSEGURA QUE ESSES PRODUTOS CULTURAIS CHEGUEM ATÉ A CHINA, O BRASIL E A EUROPA. A MESMA MÁQUINA NÃO EXISTE PARA AS ARTES NÃO COMERCIAIS.

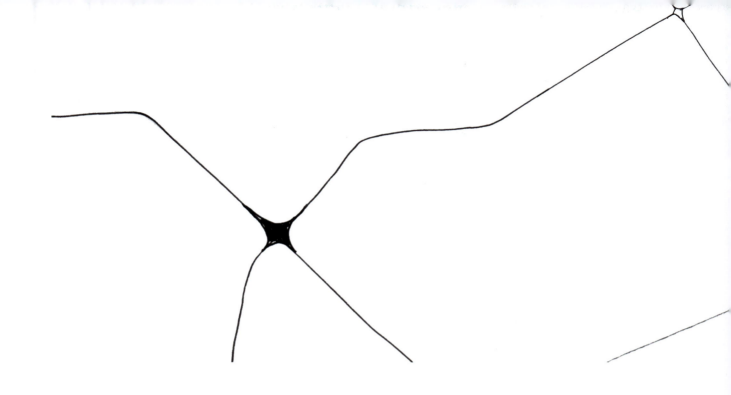

economia da cultura

REFLEXÕES SOBRE A VISÃO CONTEMPORÂNEA DA PRODUÇÃO CULTURAL COMO PERSONAGEM INTEGRANTE DOS CIRCUITOS REGIONAIS E GLOBAIS DA ECONOMIA

POR FELIPE LINDOSO

GEOPOLÍTICA CULTURAL

A PRODUÇÃO DE BENS CULTURAIS COMO PARTE DO CONJUNTO DE BENS E SERVIÇOS QUE CIRCULAM NO COMÉRCIO INTERNACIONAL, EM PRINCÍPIO, ESTÁ DENTRO DO PROCESSO INTERNACIONAL DE LIBERALIZAÇÃO.

A Organização das Nações Unidas para a Educação, a Ciência e a Cultura (Unesco) aprovou, na sua Conferência Geral de outubro de 2005, em Paris, a *Convenção sobre a Proteção, Promoção e Diversidade das Expressões Culturais*. Essa convenção passou dois anos sendo discutida diretamente no âmbito da Unesco. A conferência anterior, de 2003, havia encarregado a Secretaria Geral do organismo internacional de apresentar e desenvolver o processo de elaboração dessa convenção. Era uma demanda que vinha sendo feita há bastante tempo pelos vários países e organizações que discutem a questão da diversidade cultural.

Não estamos nos referindo simplesmente ao aspecto cultural da questão da diversidade, ou seja, da importância de que as diferentes expressões de cultura encontrem seu espaço na difusão não apenas dentro de cada país como também no contexto internacional. Acompanhamos pela mídia os processos de desaparecimento de línguas, de etnias indígenas. Observamos também uma avassaladora dominação de certas áreas da produção cultural pela produção originária dos Estados Unidos, principalmente no campo do audiovisual, ou seja, televisão e cinema.

AS EXPORTAÇÕES DAS INDÚSTRIAS DE COPYRIGHT [DOS ESTADOS UNIDOS] DE 2001 FORAM ESTIMADAS EM 88,97 BILHÕES DE DÓLARES, ULTRAPASSANDO TODOS OS MAIORES SETORES INDUSTRIAIS, INCLUSIVE O DA QUÍMICA, DE PRODUTOS CONEXOS, VEÍCULOS A MOTORES, EQUIPAMENTOS E PEÇAS DE AVIÕES E O SETOR AGRÍCOLA.

Esse fenômeno é uma questão que diz respeito não apenas à cultura. É um problema político, na medida em que os produtos culturais são o meio através do qual muitas vezes se estabelecem processos de dominação, processos de interferência e influência de uns países sobre os outros.

É um processo extremamente complexo. No período da guerra fria, por exemplo, havia embates entre o capitalismo ocidental e os países ditos socialistas. Mas o mesmo processo acontecia também dentro do mundo ocidental, gerando disputas seríssimas e multifacetadas. A França, que sempre foi uma defensora do princípio da diversidade cultural, muitas vezes também agia de maneira dominadora para garantir reservas para sua própria produção, por exemplo, com a promoção da francofonia.

O processo não é apenas político e cultural. Também é econômico. A movimentação econômica dos produtos diretamente derivados das atividades criativas e culturais é absolutamente fantástica. Para se ter uma idéia disso, cito aqui um documento de 2003 produzido pela Coalizão das Indústrias de Entretenimento (EIC), dos Estados Unidos, entregue ao então secretário do Comércio daquele país, Robert Zoelic, que dizia, entre outras coisas: "O objetivo da EIC é educar formuladores-chave da política comercial sobre a importância do livre comércio e o impacto positivo das negociações comerciais internacionais no estabelecimento das bases para uma forte proteção da propriedade intelectual. Os membros da EIC desempenham um papel crítico no crescimento da economia dos Estados Unidos. O último relatório econômico de 2001 confirma que as indústrias da criatividade contribuíram mais para a economia dos Estados Unidos e empregaram mais trabalhadores do que qualquer setor manufatureiro isolado. As exportações das indústrias de copyright de 2001 foram estimadas em 88,97 bilhões de dólares, ultrapassando todos os maiores setores industriais, inclusive o da química, de produtos conexos, veículos a motores, equipamentos e peças de aviões e o setor agrícola. Vários pontos são vitais para os membros da coalizão, como o aumento do acesso aos mercados com a eliminação de tarifa para todos os produtos de entretenimento nos Estados Unidos; é preciso demonstrar que os acordos comerciais podem ser elaborados para incluir obrigação de abertura de mercado e serviço, ao mesmo tempo em que resolve questões específicas relacionadas com o setor cultural". Como se vê, uma agenda extensa e explícita. No ano mencionado, essas exportações foram 10% superiores ao total das exportações brasileiras, de todos os produtos.

Atualmente os Estados Unidos adotaram uma posição dupla em relação a essas questões. Por um lado, existe essa posição de princípio, colocada a partir do Departamento de Comércio dos Estados Unidos. A partir daí desenvolveram uma série de iniciativas de tratados bilaterais de comércio, fora do âmbito multilateral. Assinaram tratados bilaterais de comércio com o Chile, com a Nova Zelândia, entre outros países, nos quais as questões de circulação dos bens culturais foram colocadas de uma forma bastante incisiva, reforçando os "princípios" expressos pela EIC.

Mas também, recentemente, aceitaram voltar para a Unesco, da qual tinham se afastado há alguns anos, usando entre outros o pretexto de que o dinheiro americano financiava as diatribes dos asiáticos, africanos e outros terceiro-mundistas contra os produtos culturais americanos.

Por outro lado, vários países, entre os quais a França, o Canadá e em certa medida também o Brasil, adotaram uma posição extremamente defensiva em relação a essa questão, apelando para a exceção cultural. A exceção cultural é um mecanismo de defesa nas negociações comerciais. Usando esse mecanismo, o país se recusa a colocar em discussão determinados pontos porque reserva o direito de estabelecer políticas próprias de defesa da produção da sua indústria cultural vis-à-vis os outros países.

Essa tática acontece no âmbito do intenso processo de negociação que caminha no sentido da liberalização geral do comércio internacional, sob os auspícios da Organização Mundial do Comércio (OMC). A exceção cultural é uma tática empregada dentro desse contexto e tem, inclusive, uma limitação de tempo.

A produção de bens culturais como parte do conjunto de bens e serviços que circulam no comércio internacional, em princípio, está dentro desse processo internacional de liberalização. Os produtos e bens culturais, portanto, também são objeto de eventuais processos de negociação, dentro do processo de trocas de incentivos ou liberalizações. Há uma infinidade de processos de negociação, de troca de ofertas: um país oferece abrir o mercado de tal maneira para tais produtos e em compensação exige que a outra parte abra o mercado para tais outros produtos ou elimine subsídios, ou estabeleça políticas que não favoreçam a produção interna daqueles itens, vis-à-vis os produtos do mercado internacional.

É um processo de negociação intenso, difícil e duro. O jogo é pesado e, como não existem bonzinhos nesse assunto, os países – ou conjuntos de países, como a União Européia – usam de todos

> A PRODUÇÃO DE BENS CULTURAIS COMO PARTE DO CONJUNTO DE BENS E SERVIÇOS QUE CIRCULAM NO COMÉRCIO INTERNACIONAL, EM PRINCÍPIO, ESTÁ DENTRO DESSE PROCESSO INTERNACIONAL DE LIBERALIZAÇÃO. OS PRODUTOS E BENS CULTURAIS, PORTANTO, TAMBÉM SÃO OBJETOS DE EVENTUAIS PROCESSOS DE NEGOCIAÇÃO [...]

os meios disponíveis para impor as melhores condições para seus produtos. É nesse contexto que se pode perceber a importância e o alcance do manifesto da EIC.

A preocupação em relação à diversidade cultural decorreu em grande parte da fragilidade de muitos países para resistir a essa pressão americana, especificamente em relação ao cinema, aos meios audiovisuais. A solução adotada e pensada foi estabelecer no âmbito da Unesco uma convenção que permitisse aos países que a assinarem, e na medida em que ela for ratificada, usar esse instrumento como um elemento componente das negociações, inclusive da OMC.

Isso acontece dentro da OMC em vários setores. Existe uma convenção sobre o meio ambiente, uma sobre o trabalho infantil que impede ou coloca sanções para os países em relação aos quais se comprove o uso de mão-de-obra infantil em sua produção e restringe sua comercialização internacional. Existem vários exemplos de mecanismos desse tipo.

A *Convenção sobre a Diversidade Cultural* foi aprovada na Conferência da Unesco em outubro de 2005, e precisa ser ratificada pelo menos por 30 países para entrar em vigor.

> ESSE PROCESSO DE NEGOCIAÇÕES EXTREMAMENTE COMPLEXAS MUITAS VEZES NÃO É PERCEBIDO EM TODA A SUA DIMENSÃO E IMPORTÂNCIA PELOS PRINCIPAIS INTERESSADOS, NO CASO OS PRÓPRIOS PRODUTORES DE CULTURA. [...] NA VERDADE A QUESTÃO AFETA TODA A PRODUÇÃO CULTURAL, TODOS OS ASPECTOS RELACIONADOS COM A CRIATIVIDADE [...]

Esse processo de negociações extremamente complexas muitas vezes não é percebido em toda a sua dimensão e importância pelos principais interessados, no caso os próprios produtores de cultura. O pessoal de cinema geralmente está mais atento a isso, por conta da cota de tela e dos subsídios de que necessita a indústria cinematográfica de países como o Brasil. Mas não se trata tão-somente do cinema. Na verdade a questão afeta toda a produção cultural, todos os aspectos relacionados com a criatividade, com a capacidade de desenvolvimento e também com as condições de circulação dos produtos culturais. Circulação não apenas no caminho dos Estados Unidos, do Hemisfério Norte para o Hemisfério Sul, mas também dos países em desenvolvimento, dos mercados europeus, americanos etc.

A convenção também se vincula às declarações e resoluções anteriores da Unesco em relação à democratização do acesso. O direito de ter acesso à cultura passa a ser um elemento componente e necessário de políticas públicas. Não se pode simplesmente dizer que existe liberdade de expressão, e que essa é absolutamente fundamental. Não se pode parar aí, falta criar condições para que a população tenha acesso aos bens culturais. Na medida em que o espírito do documento está no contexto de todas as declarações anteriores da Unesco, que sempre enfatizaram a importância do acesso aos bens culturais, vai criando vários paradigmas para a ação por parte da sociedade civil, do Estado e do Governo na formulação e aplicação de políticas públicas para o acesso aos bens culturais.

O conjunto de resoluções da Unesco e a *Convenção sobre a Diversidade Cultural* apontam para um caminho que abre uma perspectiva diferente do liberalismo, o qual procura garantir a liberdade de criação mas deixa a questão do acesso para ser resolvida "pelo mercado". Acesso à cultura é um problema de política pública que não deve ser deixado simplesmente ao sabor do mercado. A formulação dessas políticas públicas é impulsionada também pelo *Tratado da Diversidade Cultural*, que abre espaço para colocar como obrigação do Estado e da sociedade garantir o acesso dos bens culturais ao conjunto da população. Considero esse um aspecto importantíssimo do alcance da convenção.

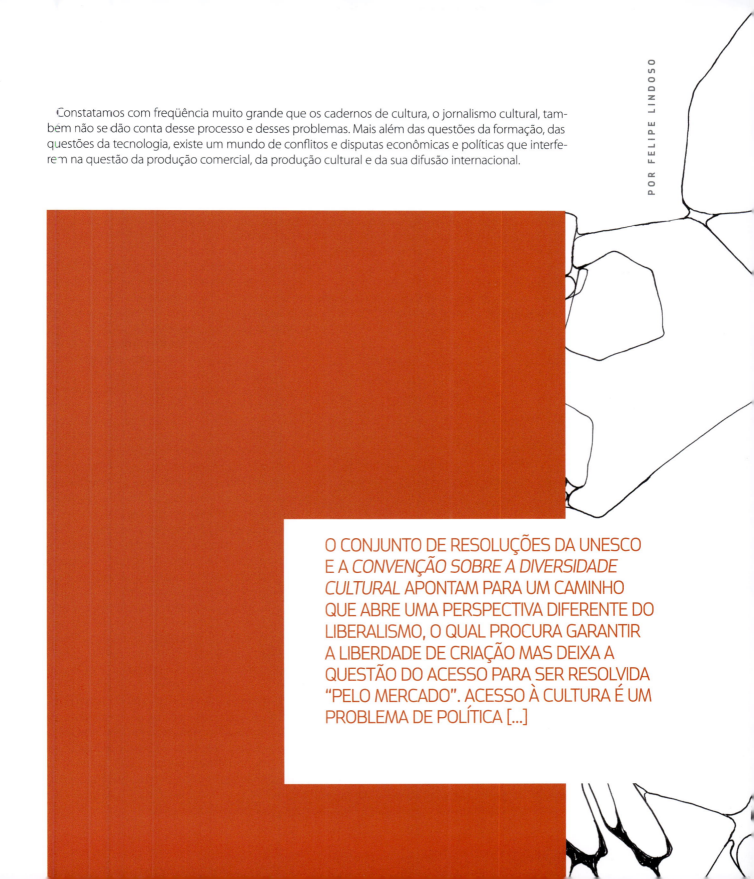

Constatamos com freqüência muito grande que os cadernos de cultura, o jornalismo cultural, também não se dão conta desse processo e desses problemas. Mais além das questões da formação, das questões da tecnologia, existe um mundo de conflitos e disputas econômicas e políticas que interferem na questão da produção comercial, da produção cultural e da sua difusão internacional.

POR FELIPE LINDOSO

O CONJUNTO DE RESOLUÇÕES DA UNESCO E A *CONVENÇÃO SOBRE A DIVERSIDADE CULTURAL* APONTAM PARA UM CAMINHO QUE ABRE UMA PERSPECTIVA DIFERENTE DO LIBERALISMO, O QUAL PROCURA GARANTIR A LIBERDADE DE CRIAÇÃO MAS DEIXA A QUESTÃO DO ACESSO PARA SER RESOLVIDA "PELO MERCADO". ACESSO À CULTURA É UM PROBLEMA DE POLÍTICA [...]

AÇO, CAFÉ E CULTURA

POUCA GENTE ATENTA PARA O FATO DE A *CONVENÇÃO SOBRE A DIVERSIDADE CULTURAL* SER UMA GRANDE LEI ANTITRUSTE – SEUS TERMOS DEFENDEM TANTO A DIVERSIDADE QUE PERMITEM AOS SIGNATÁRIOS QUEBRAR MONOPÓLIOS.

Toda a década de 90 foi marcada por negociações liberalizantes no comércio internacional, não só no que se refere ao comércio de bens e serviços, mas também no tocante aos mecanismos de investimento e proteção da propriedade intelectual.

O novo paradigma econômico liberal dizia: "Todos temos a ganhar com a mais livre possível circulação de bens e serviços. Os países devem se especializar naquelas áreas em que seja mais evidente sua vocação, nas indústrias em que tenham fatores de produção mais abundantes. Isso vai baratear custos, aumentar a eficiência do sistema e facilitar a ampliação do consumo e do emprego. Todos seremos mais felizes".

OS FRANCESES, POR EXEMPLO, TÊM UMA COTA DE TELA DE 40% PARA O CINEMA NACIONAL FRANCÊS E EM OUTRAS ÁREAS DA CULTURA TAMBÉM SÃO FORTEMENTE PROTECIONISTAS, GARANTINDO ASSIM UM ESPAÇO ROBUSTO NO MERCADO INTERNO PARA A PRODUÇÃO LOCAL.

Quando se discute produção de soja ou aço ou mesmo a produção de carros, o argumento é questionável, mas ainda pode ser aceito. O problema é quando se reduz a discussão cultural a termos econômicos simplificadores. Se seguirmos essa linha de raciocínio, então um país como o Brasil passa a produzir apenas duplas sertanejas e axé music, contenta-se com exportar mulatas, mestres de capoeira e só, pois é precisamente nessas áreas que somos mais "competitivos" e temos fatores de produção "mais abundantes". Ou seja, segundo o paradigma neoliberal, a nossa produção cultural deveria se reduzir a isso – um produto exótico, com um nicho de mercado cativo. Nada de tentarmos ser complexos ou ousados: melhor simplificar tudo, pasteurizar o produto final e voltar todos os nossos esforços à direção ditada pelo mercado internacional.

Semelhante modo de pensar leva fatalmente à eliminação da diversidade cultural. Não se trata apenas de uma discussão em torno de uma suposta invasão cultural estrangeira, beneficiada pela eliminação de cotas de mercado e veiculada por mecanismos oligopólicos de distribuição. É também uma discussão interna mais complexa, no sentido de que, se não estivermos atentos para as questões da diversidade, as próprias forças econômicas nacionais tendem a simplificar a produção cultural brasileira e massificá-la.

Mais para o final da década de 90 começou a surgir, no Canadá e em parte da Europa, uma (ainda que suave) reação a essas pressões liberalizantes. Como se sabe, nas rodadas de negociação da Organização Mundial do Comércio (OMC) são discutidos protocolos que abrangem distintas áreas. A liberalização vai assim acontecendo por meio de grandes pacotes setoriais. No caso dos bens e serviços culturais, os europeus gozavam da chamada "exceção cultural", que lhes dava por um certo período de tempo – é importante entender que é um período de tempo finito – o direito de não cumprir algumas regras gerais decididas no Acordo Geral de Taxas e Comércio (GATT) da OMC para certas áreas culturais, como a indústria do audiovisual. Essa é a exceção cultural.

Os franceses, por exemplo, têm uma cota de tela de 40% para o cinema nacional francês e em outras áreas da cultura também são fortemente protecionistas, garantindo assim um espaço robusto no mercado interno para a produção local. Essa exceção expiraria em breve, pois fora negociada nos anos 80 por um período de 20 anos.

Ao mesmo tempo, o Canadá vinha enfrentando com os Estados Unidos sérias dificuldades de negociação no âmbito do Acordo de Livre Comércio da América do Norte (Nafta). Como se sabe, o Canadá tem um lado francês que defende com unhas e dentes a sua especificidade, o seu direito a uma outra língua, cultura, hábitos etc. A parte anglo-saxã é mais integrada com os Estados Unidos e parece por vezes uma continuação do território estadunidense. Mas com o Quebec a convivência é mais difícil. Em áreas como a indústria editorial, uma série de disputas surgiu. Isso levou ao crescimento do debate sobre a diversidade cultural no Canadá.

Um dos grandes articuladores da posição das ONGs canadenses é Pierre Curzi, um dos atores principais dos filmes *Declínio do Império Americano* e *As Invasões Bárbaras*. Os canadenses criaram, em 1998, a Rede Internacional de Política Cultural (RIPC), que reúne hoje os ministros da Cultura de mais de 60 países de todo o mundo, com o objetivo precípuo de debater e promover o tema da diversidade cultural e aspectos relacionados. Em 2006, a 9ª reunião da RIPC ocorreu no Rio de Janeiro, sob a presidência do ministro Gilberto Gil.

A partir da criação dessa rede, começou-se a discutir a necessidade de instrumentos internacionais em defesa da diversidade cultural. A rede se desdobra em duas vertentes, a oficial, de ministros da Cultura, e uma paralela – a Rede Internacional da Diversidade Cultural (RIDC) –, que reúne ONGs. No início desta década, os dois grupos começaram a fazer pressão para a criação de instrumentos internacionais em defesa da diversidade cultural.

O que são esses instrumentos?

Primeiro, em 2001, a Unesco aprovou uma *Declaração Universal sobre a Diversidade Cultural*. Depois de aprovado o texto, chegou-se, no entanto, à conclusão de que esse documento, tal como a *Declaração Universal dos Direitos do Homem*, era insuficiente. Insuficiente porque não estabelecia obrigações, não era impositiva, e sim apenas declarativa. Estabelecia princípios, mas não obrigava ninguém a segui-los.

Chegou-se então à conclusão de que era necessário um instrumento mais coercitivo no plano internacional, uma convenção. Esta, quando é negociada e depois ratificada pelos Estados, entra em vigor e vira uma lei internacional. A ratificação é um processo de internalização dessa convenção internacional no direito de cada um dos países signatários. No momento em que o 30º país depositar o seu instrumento de ratificação, a convenção entrará em vigor. A partir de então ela passa a valer como lei internacional e pode-se questionar outros países signatários com base naquela lei, ou pode-se defender internamente a adoção de certas medidas, com base em seu texto.

A convenção torna-se, portanto, um instrumento legal, diante do qual os Estados-parte se comprometem.

Até o final da década de 90 – período que coincide com o fortalecimento da discussão sobre a

> A REDE SE DESDOBRA EM DUAS VERTENTES, A OFICIAL, DE MINISTROS DA CULTURA, E UMA PARALELA [...], QUE REÚNE ONGS. NO INÍCIO DESTA DÉCADA, OS DOIS GRUPOS COMEÇARAM A FAZER PRESSÃO PARA A CRIAÇÃO DE INSTRUMENTOS INTERNACIONAIS EM DEFESA DA DIVERSIDADE CULTURAL.

diversidade cultural –, o Brasil, sob a pressão do consenso neoliberal, assinou em cruz tudo que lhe era imposto pela agenda liberalizante internacional. Os prejuízos com os quais teremos de arcar no futuro devido a erros dos negociadores brasileiros são grandes, especialmente na área de propriedade intelectual, na qual adotamos uma posição de bons meninos no início da década de 90.

Para agradar aos norte-americanos, assinamos tudo na época da criação da Organização Mundial da Propriedade Intelectual (OMPI) – sobretudo os tratados de lei de propriedade intelectual. Estes são extremamente restritivos, e não defendem de fato a propriedade intelectual entendida de forma mais ampla e generosa – pois estão mais preocupados em assegurar os direitos de propriedade dos grandes conglomerados culturais do que propriamente defender os autores e promover a reprodução criativa e permanente da cultura. Por tais motivos, o ministro Gilberto Gil lançou a questão da propriedade intelectual como tema da 9ª reunião da RIPC, acontecida em novembro de 2006.

A verdade, entretanto, é que nós estamos comprometidos com o que assinamos no início da década de 90 e que devíamos ter tido mais cuidado ao assinar. Agora o Brasil propõe uma agenda para o desenvolvimento da OMPI, mas a verdade é que estamos comprometidos e teremos grande dificuldade em reverter certos ganhos consolidados pelos países desenvolvidos, que concentram os benefícios oriundos de patentes e copyrights.

QUANDO SE AMPLIA A DISCUSSÃO DE INDÚSTRIAS CULTURAIS PARA INDÚSTRIAS CRIATIVAS, JÁ SE COLOCA DENTRO DO PACOTE UMA SÉRIE DE ATIVIDADES QUE NÃO ESTAVAM NA DEFINIÇÃO DO QUE É PROPRIAMENTE CULTURAL: SOFTWARES, GAMES, MODA, DESIGN ETC. TUDO ISSO É CRIAÇÃO, TUDO GERA TAMBÉM COPYRIGHT.

Quando se propôs lançar na União das Nações Unidas para a Educação, a Ciência e a Cultura (Unesco), por pressão da França, Espanha e Canadá, uma discussão séria sobre a diversidade cultural, os Estados Unidos decidiram ingressar novamente nesse organismo. Os Estados Unidos estavam fora da Unesco havia 19 anos, mas voltaram, com o claro intuito de policiar o que ali se estava discutindo. No caso da diversidade cultural, sua postura foi claramente a de torpedear a negociação.

Mas por que a queriam torpedear?

Primeiro, porque consideram a cultura como entretenimento, um negócio no qual ganha o mais competitivo. Os Estados Unidos querem abrir os mercados de entretenimento no mundo todo, pois esse é hoje o principal item da pauta de exportações norte-americano. É uma indústria que movimenta bilhões de dólares por ano, e já detém entre 70% e 80% do mercado mundial de filmes, televisão, música, livros, rádio etc. E a Motion Pictures Association dos Estados Unidos não esconde de ninguém que sua meta é deter 100% desse mercado. Não é ficar nos 80%, onde até para se manter também precisa de uma posição agressiva. Pois, como se sabe, essa situação não é estática. Existem mercados como o chinês, ou o indiano, que se expandem rapidamente, e os Estados Unidos lutam para estar presentes nesse movimento de expansão, se possível ampliando sua cota de participação.

Dessa forma, os Estados Unidos vêem com desagrado qualquer mecanismo que restrinja as negociações na OMC para a abertura do mercado de entretenimento. Tampouco desejam ver aprofundada a discussão sobre indústrias culturais e indústrias criativas. Quando se amplia a discussão de indústrias culturais para indústrias criativas, já se coloca dentro do pacote uma série de atividades que não estavam na definição do que é propriamente cultural: softwares, games, moda, design etc. Tudo isso é criação, tudo gera também copyright.

Queriam, portanto, que fosse negociada na Unesco uma convenção fraca, débil, que estivesse subordinada a outros textos internacionais, ou dissesse que o que vale mesmo em matéria de comércio é a OMC, e que na Unesco se discute apenas perfumaria. Nesse fórum mais cultural que econômico, aceitavam discutir cooperação entre bibliotecas, casas de ópera, exposições de arte, enfim, o mundo da chamada "alta cultura". Temas "nobres", que não interferem com os interesses de Hollywood, da NBC, da CNN ou da Fox.

Os grandes conglomerados de cultura e entretenimento dos Estados Unidos (alguns deles de capital japonês) querem aproveitar o salto da tecnologia digital para apertar ainda mais os mecanismos de controle sobre a área nevrálgica da distribuição. Porque, vale a pena ressaltar, a produção cultural não é só o fazer. Ela precisa também chegar ao consumidor. E a distribuição nunca foi um jogo livre, aberto. O mercado concentra forças e expulsa a diversidade. Coloca barreiras à entrada de novos criadores, reduz o número de produtores e impinge ao público uma oferta predefinida, limitada.

Com tecnologia digital, e transmissão por satélite, isso pode piorar na área do cinema. Os exibidores passarão a estar totalmente na mão dos distribuidores de filmes. Quando quiserem comprar qualquer blockbuster, o grande sucesso, terão de comprar junto com ele o pacote inteiro, serão obrigados a levar o contrapeso junto. E, mesmo querendo, nem sempre poderão ceder suas salas para a exibição de filmes nacionais.

No sentido Brasil-exterior, as coisas ficam ainda mais difíceis. O filme *Cidade de Deus*, para entrar no mercado internacional, teve de se associar a uma distribuidora americana, e assim por diante. Com tecnologia digital isso piora. Logo se vai chegar ao ponto em que não haverá mais filme como algo físico. Será tudo através de download. Se isso não for bem regulado, um produtor em Los Angeles vai apertar um botão e dizer quais os oito filmes que todas as salas Cineplex estarão vendo naquela semana em todo o mundo. E não tem nem negociação.

Então, quando se está discutindo diversidade cultural, deve-se discutir legislação, isto é, a possibilidade de barrar esses mecanismos ou de fazer uma espécie de lei antitruste na área cultural. Não se trata só de proteger a indústria cinematográfica nacional, mas também de quebrar os mecanismos de monopólio que existem na própria indústria cultural brasileira, como aliás em todas as outras.

A *Convenção sobre a Proteção, Promoção e Diversidade das Expressões Culturais* da Unesco acabou sendo, assim, e poucas pessoas chamam atenção para isso, uma grande lei antitruste. Ela defende tanto a diversidade que permite aos Estados signatários quebrar monopólios. Sejam eles de empresas estrangeiras agindo no território nacional, sejam de empresas nacionais que se tornaram hegemônicas com base em décadas de privilégios acumulados.

Toda a discussão neoliberal, de liberalização internacional irrestrita, parte do pressuposto de que se opera num mercado perfeito, competitivo, onde não existem oligopólios, barreiras à entrada e mecanismos de concentração. Isso é uma história da carochinha. Em cultura, existem as "megas" – elas concentram a maior parte dos ganhos e pautam o mercado. Vez por outra, um "radical livre" rompe as barreiras impostas pelo mercado e alcança grande projeção. Mas logo no mo-

> **OS GRANDES CONGLOMERADOS DE CULTURA E ENTRETENIMENTO DOS ESTADOS UNIDOS (ALGUNS DELES, DE CAPITAL JAPONÊS) QUEREM APROVEITAR O SALTO DA TECNOLOGIA DIGITAL PARA APERTAR AINDA MAIS OS MECANISMOS DE CONTROLE SOBRE A ÁREA NEVRÁLGICA DA DISTRIBUIÇÃO.**

mento seguinte ele é absorvido pelo sistema e se torna parte integrante dele. Por isso é preciso haver leis que disciplinem e compensem os aspectos mais selvagens do mercado e que, de fato, garantam a liberdade de escolha dos consumidores e a igualdade de condições dos produtores e criadores de cultura.

A posição do Brasil no início dessa discussão era ambígua. Por um bom tempo aceitamos certos argumentos internacionais sem análise de cada caso. Obviamente a liberalização ocorrida no Brasil teve, em alguns casos, aspectos positivos. Mas, em outros, nem tanto. Mesmo depois da chegada do governo Lula, o Brasil continuou prisioneiro de um mecanismo de pensamento gerado lá fora e internalizado como se fosse do nosso interesse. Ainda podemos encontrar na área econômica do governo muita gente que acha que precisamos seguir abrindo tudo, cada vez mais, em todas as áreas – saúde, educação, cultura. Mesmo alguns segmentos da burocracia estatal tradicionalmente mais sensatos e nacionalistas estão absolutamente obcecados pela tal vocação agroexportadora do Brasil. A área econômica do Itamaraty é ainda prisioneira disso e parece tão preocupada em acabar com os subsídios agrícolas europeus que se vê tentada por vezes a usar as jóias da coroa como moeda de troca.

> O BRASIL DEU DE MÃO BEIJADA UM MONTE DE COISA E AGORA QUANDO QUER A SUA PARTE NA ÁREA AGRÍCOLA, QUAIS OS TRUNFOS QUE AINDA TEM NA MÃO? AS POUCAS COISAS QUE NÃO QUEREMOS ABRIR. ENTRE ESTAS ESTÁ A ÁREA DA CULTURA.

Mas, infelizmente, o fato é que já se entregou tudo que podia ser entregue lá atrás, sem pedir nada em troca. E nem por isso conseguimos o que queríamos. Agora continuamos pedindo que abram os seus mercados para os nossos produtos agrícolas. O que os países hegemônicos respondem? Se quiserem ver liberalizado o comércio de produtos agrícolas, então assinem o protocolo do audiovisual, abram o mercado editorial, o mercado de educação, o setor da saúde. São áreas nas quais não cedemos ainda por pressão de lobbies internos fortes. Mas a pressão internacional é real. E insistente.

O Brasil deu de mão beijada um monte de coisa e agora, quando quer a sua parte na área agrícola, quais os trunfos que ainda tem na mão? As poucas coisas que não queremos abrir. Entre elas está a área da cultura. Por isso é tão importante a discussão sobre a diversidade cultural. E por isso foi tão decisiva a atuação corajosa do ministro Gilberto Gil.

Quando o Ministério da Cultura (MinC) começou a falar com o Itamaraty sobre o projeto de uma convenção da Unesco, a área econômica foi reticente. Dizia que defesa da área cultural era coisa de europeus, que são protecionistas, e que não podíamos adotar essa posição, do contrário não teríamos como pressionar os desenvolvidos na área da agricultura. O ministério passou então a falar com a área cultural do Itamaraty, e a colocou dentro da discussão. Formou-se assim uma aliança entre a área cultural do Itamaraty e o MinC, e deixamos inicialmente de fora da conversa o pessoal da área econômica, para somente depois voltarmos à carga e fazermos um trabalho de convencimento.

O raciocínio era o de que temos interesses nessa área da cultura, e queremos ter uma vitória, independente da negociação agrícola. Estamos preocupados com televisão, rádio, cinema, música. A indústria cultural brasileira é forte em alguns setores, e tende a se expandir. O Brasil tem grande vocação na área cultural, mas temos ainda algumas fragilidades.

Primeiro, a fragilidade em relação à tendência de verticalização lingüística no mercado. Estamos em desvantagem porque a verticalização, para o mundo latino, se dá através do espanhol, que hoje é uma espécie de sócio minoritário da cultura americana. O espanhol já é a segunda língua nos Estados Unidos. Nós temos um mercado grande, mas estamos no limite. O fato de a nossa língua ser a portuguesa dificulta a circulação de alguns produtos.

Por outro lado, existe uma competição de produtos mais populares na área audiovisual em que não só o México entra forte, com suas novelas superaçucaradas, mas também a produção da indiana Bollywood, que é barata e direcionada a um certo tipo de gosto conservador dos países em desenvolvimento.

Quando a produção nacional entra na briga com suas próprias novelas água-com-açúcar, ela também explode, como aconteceu com *Escrava Isaura*, que é um folhetim clássico. Mas quando a produção brasileira começa a se sofisticar, a penetração em outros mercados não é tão grande, porque nesse nicho mais sofisticado ela acaba competindo, em desvantagem, com os enlatados norte-americanos, como *Friends*, *Seinfeld*, *Sex and the City*, *Two and a Half Men*. A novela passada no Leblon é em português e perde para um seriado em inglês. Também a verdade é que não investimos massivamente no mais barato, como outros países estão fazendo. Os que estão devorando os mercados africano, asiático e árabe são os produtores de Bollywood e do México.

É necessário que o Brasil defenda a sua capacidade de implementar políticas públicas de fomento à produção cultural, tais como a Lei Rouanet ou a Lei do Audiovisual. E é preciso também aperfeiçoar esses mecanismos e criar novos instrumentos que permitam uma maior proteção e fomento à diversidade cultural, e não se restrinjam à produção economicamente viável na área cultural. Temos um país extremamente rico, mas que também tem muitas pessoas que fazem cultura e não conseguem sobreviver disso, não conseguem registrar ou veicular o que estão fazendo.

Entramos na discussão da Unesco para romper um impasse: de um lado Canadá e Europa defendendo uma convenção mais dura, e de outro lado Japão, Estados Unidos, Austrália e outros associados defendendo uma convenção fraca, um texto que não tivesse muitos dentes, que não tivesse valor.

Quando o Brasil reverteu sua posição e resolveu entrar duro na discussão, desequilibrou o jogo. Fizemos uma articulação com o bloco dos países em desenvolvimento, com o Grupo dos 77 mais a China e os trouxemos para dentro da posição canadense, francesa e espanhola. Foi isso que rompeu o impasse na discussão entre os desenvolvidos. Também incluímos no texto vários pontos importantes de defesa de direitos da mulher, de minorias, de populações indígenas, de cooperação para o desenvolvimento e de transferência de tecnologia. Como tática, reduzimos ao máximo qualquer menção aos direitos de propriedade intelectual, porque são pontos mais controversos.

Os Estados Unidos começaram a torpedear tudo. Mas o bloco de defensores de uma convenção robusta seguiu crescendo. Na reta final, fechamos um texto e, daí em diante, em todas as votações, os Estados Unidos foram derrotados. As emendas dos Estados Unidos eram para suprimir tudo que fosse bom do texto, arrancar fora todos os dentes do texto. Mas a manobra norte-americana não teve êxito. Eles tentaram uma vitória total, foram incapazes de realmente negociar, ceder aqui e ali, obter um pequeno ganho aqui e acolá. Acabaram sendo derrotados.

Durante a negociação do texto, os Estados Unidos fizeram uma movimentação política para ten-

> **É NECESSÁRIO QUE O BRASIL DEFENDA SUA CAPACIDADE DE IMPLEMENTAR POLÍTICAS PÚBLICAS DE FOMENTO À PRODUÇÃO CULTURAL, TAIS COMO A LEI ROUANET OU A LEI DO AUDIOVISUAL.**

tar derrubar a convenção e nós participamos da movimentação política contrária. Houve uma reunião mundial de ministros da Cultura patrocinada pelos ministros da Cultura do Brasil, da França e da Espanha. A reunião ocorreu em Madri, às vésperas da 33ª Conferência Geral da Unesco. Isso criou uma forte tendência em prol da convenção. Em outubro de 2005, chegamos a Paris fortalecidos. No fim, os Estados Unidos acabaram muito isolados e, na votação final, a *Convenção sobre a Proteção e Promoção da Diversidade das Expressões Culturais* teve 148 votos a favor e apenas dois votos contra, dos Estados Unidos e Israel, apesar das enormes pressões que foram feitas até pelo próprio presidente Bush.

O resultado é um texto legal que poderá agora ser utilizado como referência internacional e que servirá, por exemplo, para informar painéis da OMC. A convenção tem dispositivos que basicamente permitem aos Estados-parte implementar políticas públicas robustas na área da cultura e da proteção da diversidade cultural. Ou seja, dá aos estados o direito de serem protecionistas na área cultural, ou de adotarem mecanismos de discriminação positiva na sua atuação cultural, em favor de minorias, em favor de manifestações ameaçadas de extinção, em favor da mais ampla diversidade, em favor de uma circulação com diversidade, de um contato com a diversidade externa.

> A CONVENÇÃO ABRE O ESPAÇO DO DIÁLOGO E DO MÚTUO RESPEITO, E NESSE SENTIDO NEGA QUE ESTEJAMOS CONDENADOS A UM CONFRONTO DE CIVILIZAÇÕES. NA MEDIDA EM QUE PROMOVE O DIÁLOGO INTERCULTURAL, PROMOVE TAMBÉM A CULTURA DA PAZ.

A não-ratificação do texto pelos norte-americanos já era esperada desde o início. É importante destacar que houve um processo de aprendizagem com o *Tratado Penal Internacional* e com o *Protocolo de Kyoto*. Nos dois casos, os norte-americanos exigiram concessões dentro do texto do tratado, mas depois não os ratificaram. Ora, se já sabemos de saída que os americanos não vão aceitar o texto, então vamos negociar e decidir o que queremos, sem concessões desnecessárias. Depois, quando os americanos questionarem na OMC nossas medidas em favor da diversidade, apresentaremos a convenção da Unesco, que nos permite adotar essas políticas públicas.

Agora estamos em processo de ratificação da convenção. Em seguida, anunciaremos à Unesco a ratificação do texto. Quando 30 países fizerem a mesma coisa, a convenção entrará em vigor, e será então publicada em decreto presidencial, ato que internaliza o texto no direito interno brasileiro.

A convenção tem dispositivos genéricos que ainda precisam ser transformados em legislação justamente para que possam se tornar mecanismos de fomento. Há uma discussão conceitual no documento que é muito interessante. Ele defende a diversidade cultural dentro de um arco humanista. Ou seja, não se pode justificar, a partir da diversidade cultural, posições contra a democracia, contra os direitos da mulher, ou racistas. Existem princípios internacionais rígidos que vêm antes da diversidade cultural. Esta é defendida e preservada desde que se respeite também o direito dos indivíduos.

A convenção abre o espaço do diálogo e do mútuo respeito, e nesse sentido nega que estejamos condenados a um confronto de civilizações. Na medida em que promove o diálogo intercultural, promove também a cultura da paz. Ao ajudar a circular melhor a cultura dos diversos países dentro de um ambiente de pluralidade cultural, se favorece muito o entendimento, que é um dos melhores remédios para a intolerância e de combate aos estereótipos raciais e fundamentalismos excludentes.

Uma das coisas pelas quais o Brasil se esforçou para que entrassem no texto foi a questão do acesso eqüitativo, uma discussão que tem crescido bastante e que está muito ligada aos questio-

POR MARCELO DANTAS

namentos mais recentes que se fazem ao tema da propriedade intelectual, da propriedade versus acesso, da propriedade como restritiva e encarecedora do produto, dificultando o acesso.

A discussão da diversidade é um pouco também um remédio contra a agressividade do pensamento estritamente econômico. Muito embora seja importante falar em cultura como economia, e favorecer a estruturação de indústrias culturais auto-sustentáveis, queremos que isso aconteça num ambiente de pluralidade e diversidade.

Há também a atenção dispensada ao fortalecimento da cooperação internacional na área da cultura, mediante a concessão de tratamento preferencial aos artistas, bens e serviços culturais dos países em desenvolvimento, bem como através da criação de um fundo internacional para a diversidade cultural no âmbito da Unesco. Todos os países deverão contribuir para esse fundo, que vai auxiliar países na área de indústrias culturais com projetos de cooperação. Há muitas coisas que podem ser feitas na área de treinamento com novas tecnologias.

É importante ter claro que ninguém tem o domínio completo da razão na discussão dos direitos, na questão da distribuição e do acesso. O papel que o governo deve ter, que é importante, é o de agir sobre as imperfeições do mercado e pensar no interesse coletivo, mediar interesses. Cultura não pode ser dirigismo ou mero fomento estatal. Mas a tese de um mercado livre e justo precisa ser posta em xeque, se quisermos de fato proteger e promover a diversidade e a qualidade das nossas expressões culturais.

> MUITO EMBORA SEJA IMPORTANTE FALAR EM CULTURA COMO ECONOMIA, E FAVORECER A ESTRUTURAÇÃO DE INDÚSTRIAS CULTURAIS AUTO-SUSTENTÁVEIS, QUEREMOS QUE ISSO ACONTEÇA NUM AMBIENTE DE PLURALIDADE E DIVERSIDADE.

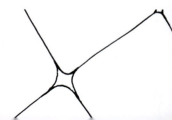

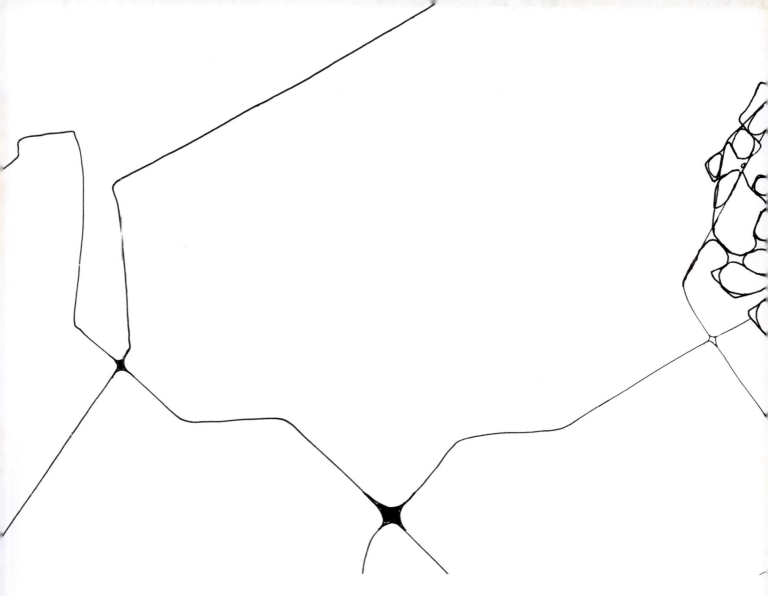

práticas profissionais

REFLEXÕES SOBRE A VIDA COMO ELA É NO EXERCÍCIO DO JORNALISMO – NAS REDAÇÕES DE ONTEM, DE HOJE, NAS RELAÇÕES DE TRABALHO E NO CIBERESPAÇO

A DITADURA DO BEST-SELLER

DEVE HAVER ESPAÇO PARA O JORNALISTA GARIMPAR COISAS IMPORTANTES, PRECIOSAS, QUE CORREM O RISCO DE PASSAR DESPERCEBIDAS DO PÚBLICO NA MASSA CADA VEZ MAIS VOLUMOSA DA PRODUÇÃO CULTURAL.

Estou no jornalismo há 36 anos, quase sempre na área do jornalismo cultural, e vivi experiências que podem ser úteis para outras pessoas. Não que eu considere que sejam exemplares e que devam ser reproduzidas hoje, mas em seus acertos e erros há algo de positivo e que eventualmente pode ser matéria de reflexão.

Adianto que atualmente sou muito crítico em relação ao jornalismo que se faz no Brasil – o jornalismo em geral e o cultural em particular. E vou carregar a mão, aqui, nos aspectos que me parecem negativos, pois são esses, e não os acertos, que merecem mais atenção.

Comecei no jornalismo no emblemático mês de maio de 68, no Suplemento Literário do *Minas Gerais*, criado em Belo Horizonte pelo contista Murilo Rubião, em 1966. Foi um maravilhoso delírio de Murilo, fazer um suplemento encartado no diário oficial do estado. E acabou sendo uma belíssima aventura. Aquele tablóide chegou a ser, em determinado momento, o melhor suplemento literário do país.

O que havia de interessante ali? O Murilo Rubião pegou uma fórmula que o Mário de Andrade tinha recomendado ao pessoal do Carlos Drummond de Andrade quando, em 1925, os jovens modernistas mineiros resolveram fazer uma revista literária – que, aliás, se chamou exatamente isso, *A Revista*. Uma fórmula muito pluralista que talvez se possa usar ainda hoje. Ao contrário de tantas revistas do gênero, não deveria ser uma publicação rigidamente programática. Convinha abrir espaço para escritores de diferentes tribos e idades, até como estratégia para não levar porrada. Sem perder de vista, claro, o critério da boa qualidade literária, que é eliminatório.

> MURILO RUBIÃO TEVE A SABEDORIA DE AGREGAR OUTROS CAMPOS DA CULTURA. NO SUPLEMENTO DOS PRIMEIROS TEMPOS TINHA TEATRO, CINEMA, ENSAIOS SOBRE HISTÓRIA, OS MAIS DIVERSOS ASSUNTOS. AINDA NÃO SE USAVA A PALAVRA "MULTIDISCIPLINAR", MAS O JORNAL JÁ ERA ASSIM.

Assim foi feito nos três números da *Revista*, em 1925, e assim se procurou fazer também no Suplemento Literário do *Minas Gerais*, quatro décadas mais tarde. O quadro de colaboradores do suplemento incluía gente nova e gente madura, tanto em texto como em ilustração. Por exemplo, a tarefa de ilustrar um poema de um autor consagrado, como Drummond, podia ser entregue a um artista plástico jovem.

O suplemento tinha colaboração da melhor qualidade, gente como Drummond, João Cabral, Murilo Mendes, Antonio Candido, Lygia Fagundes Telles, os concretos de São Paulo, Dalton Trevisan, José J. Veiga, todos esses grandes nomes. E também tinha a turma que estava começando, a partir dos mineiros: o Sérgio Sant'Anna – que não é mineiro mas vivia lá –, o Luiz Vilela, o Roberto Drummond, o Sebastião Nunes. Havia também jovens escritores de outros lugares do Brasil. Acho que essa preocupação deveria existir hoje para quem queira fazer um suplemento literário: somar gente de vários pontos do país, fazer uma rede nacional, digamos. E isso nós conseguíamos lá, sob o comando de Murilo Rubião.

Outro aspecto importante é que no começo o suplemento não era só literário. Murilo Rubião teve a sabedoria de agregar outros campos da cultura. No suplemento dos primeiros tempos tinha teatro, cinema, ensaios sobre história, os mais diversos assuntos. Ainda não se usava a palavra "multidisciplinar", mas o jornal já era assim.

Trabalhei nesse suplemento durante dois anos e modestamente ajudei a agitar um pouco a pasmaceira mineira. Nós batíamos bola com uns caras do Rio de Janeiro, outros de São Paulo, da Bahia, de Goiás, do interior de Minas. Com um carinha de Porto Alegre chamado Caio Fernando Abreu. Foi uma experiência extraordinariamente rica.

O suplemento ainda existe, com novo feitio. Passou por momentos bons, ruins e péssimos nesses quase 40 anos. O curioso é que em Minas Gerais, onde era feito, ele nunca teve muito prestígio, mesmo nas melhores fases. Eu fui me certificar de que o suplemento era ótimo quando saí de Minas, em 70, e vim morar em São Paulo, mudando-me em seguida para a Europa; encontrei, então, não-mineiros que davam notícia dele e o tinham em alta conta. Lembro do Cortázar comentando em Paris que em Minas Gerais tinha um suplemento literário muito interessante. Aliás, acho que foi lá que saíram as primeiras traduções de Cortázar e de García Márquez no Brasil.

Em Minas Gerais havia uma resistência muito grande ao suplemento da parte dos escritores mais velhos e provincianos, dos subliteratos locais. Primeiro, esse pessoal duvidou que ele pudesse dar certo e torceu contra. Depois, quando começou a dar certo, e começou desde o primeiro número, fizeram o possível para sabotar, e em seguida para se apossar da publicação bem-sucedida. Houve uma série de baixarias. Apesar dessa gente, foi uma experiência muito fecunda, sobretudo nos três primeiros anos, enquanto o suplemento teve o comando do Murilo Rubião, o editor mais generoso e democrático que já vi na área do jornalismo cultural. Ele tinha lá, claro, os gostos dele em matéria de literatura, mas dava oportunidade para todo mundo, desde que tivesse qualidade. Sobretudo os jovens, os novos escritores e poetas com os quais Murilo chegou a organizar uma edição especial dupla, em 68. Na época eu era um dos novos, já fui essas coisas...

A experiência do suplemento, para mim, foi maravilhosa, inclusive pelo contato diário ou quase diário que tínhamos com escritores mais velhos, que batiam ponto na redação, como os poetas Emílio Moura, Bueno de Rivera e Affonso Ávila, com o historiador Francisco Iglésias, o ensaísta Eduardo Frieiro – além dos de fora que apareciam na redação quando visitavam Belo Horizonte: Fernando Sabino, Hélio Pellegrino, Autran Dourado, Murilo Mendes, Cyro dos Anjos, Haroldo de Campos, Décio Pignatari, o poeta italiano Giuseppe Ungaretti. Infelizmente eu já não estava lá quando apareceu Elizabeth Bishop, a grande poeta americana, que morava em Ouro Preto e às vezes ia a Belo Horizonte (cidade que, aliás, ela detestava, como se lê nas suas cartas).

Para mim, foi uma experiência maravilhosa não só conhecer essa gente graúda como poder entrevistar escritores como Clarice Lispector. Foi uma coisa muito boa, e não só para mim, claro. A experiência nos adestrou para entrar na literatura e no jornalismo com uma visão um pouco mais ambiciosa daquilo que pode ser uma publicação cultural. Aprendi bastante.

Em 70 me mudei para São Paulo, passei três anos no *Jornal da Tarde*, em seguida fui correspondente

> **LEMBRO DO CORTÁZAR COMENTANDO EM PARIS QUE EM MINAS GERAIS TINHA UM SUPLEMENTO LITERÁRIO MUITO INTERESSANTE. ALIÁS, ACHO QUE FOI LÁ QUE SAÍRAM AS PRIMEIRAS TRADUÇÕES DE CORTÁZAR E DE GARCÍA MÁRQUEZ NO BRASIL.**

na Europa. Na volta, no final de 1976, fui para a *Veja*, onde vivi duas encarnações, duas temporadas. Trabalhei também na *Status*, uma revista de mulher pelada que dava muito espaço para a literatura – promovia concursos de contos, um deles vencido pelo Rubem Fonseca, outro pelo Dalton Trevisan, hoje não dá para acreditar. Me lembro do Otto Lara Resende na comissão julgadora, um luxo. Na *Status* ajudei a fazer uma edição especial só de contos, saíram várias outras. Passei também pela *IstoÉ*, pela sucursal paulista do *Jornal do Brasil* – sob o comando de Arthur Xexéo, que chefiava a área de cultura na matriz do jornal, no Rio. E, por fim, trabalhei na *Playboy*, aquela revista que vocês conhecem, famosa por publicar uns artigos sérios, umas entrevistas aprofundadas...

Em matéria de jornalismo cultural, acho que eu teria alguma coisa a dizer sobre minha passagem por essas revistas, sobretudo a *Veja* e a *IstoÉ*. E também o *Jornal do Brasil*, que no final dos anos 80 estava vivendo um momento esplêndido. O *Jornal do Brasil* é hoje uma coisa um pouco anêmica – assim como o *Jornal da Tarde* –, a ponto de ser difícil explicar o quanto ele já foi pujante. O *JB* era um jornal que realmente formava opinião na área cultural. A quantidade de exemplares que chegava a São Paulo era muito pequena, uns 3 mil, se não me engano, mas parece que acabavam nas melhores mãos. Sei de gente que despencava de pontos remotos da cidade só para comprar o *JB* de sábado, com o caderno Idéias. Era um jornal relevante.

Cotejando as experiências que tive com o que vejo hoje no mundo do jornalismo cultural, é impossível não ver uma mudança muito grande – para o bem e para o mal.

Até os anos 80, as chamadas revistas semanais de informação, tipo *Veja*, eram feitas de uma maneira um pouco empírica. Não havia as ferramentas afiadíssimas que hoje permitem conhecer exatamente quem é o leitor, qual a pasta de dente que ele usa, qual o sapato que ele calça. Trabalhava-se um pouco às cegas. Hoje, não. As ferramentas ficaram tão precisas que se pode fazer uma revista sob medida para determinado tipo de público.

Do ponto de vista de quem trabalhava naquelas revistas, havia a possibilidade de jogar mais para os lados, já que o alvo era menos nítido. Não se ficava tão preso à agenda quanto se ficou depois. E era possível fugir um pouco dos assuntos preferenciais da revista. Era assim no caso da seção de livros da *Veja*, por exemplo, que eu editei de 1977 a 1979. É claro que a revista se ocupava dos best-sellers. A imprensa não pode ignorar um livro novo do Paulo Coelho, uma obra recém-lançada de qualquer outro escritor ou artista que esteja fazendo sucesso, vendendo muito. Se está vendendo muito, é óbvio que tem muita gente interessada, então temos a obrigação de falar.

> ATÉ OS ANOS 80, AS CHAMADAS REVISTAS SEMANAIS DE INFORMAÇÃO, TIPO *VEJA*, ERAM FEITAS DE UMA MANEIRA UM POUCO EMPÍRICA. NÃO HAVIA AS FERRAMENTAS AFIADÍSSIMAS QUE HOJE PERMITEM CONHECER EXATAMENTE QUEM É O LEITOR, QUAL A PASTA DE DENTE QUE ELE USA, QUAL O SAPATO QUE ELE CALÇA.

Mas havia espaço para falar também daquilo que vendia menos mas era bom. Havia espaço para o jornalista cumprir o papel, hoje meio esquecido, de garimpar coisas importantes, preciosas, que correm o risco de passar despercebidas do público na massa cada vez mais volumosa da produção cultural. Havia essa janelinha. Hoje parece estranho que na *Veja* a gente tenha publicado uma resenha de um romance de um escritor desconhecido do Amazonas que tinha sido lançado pela Imprensa Oficial do Amazonas, numa edição quase confidencial, uns mil exemplares que mal chegavam às livrarias de Manaus. Pois bem, a *Veja* resenhou aquele livro – o que era até jornalisticamente discutível, porque se o leitor ficasse interessado, onde é que iria comprar? Só se fosse bater na porta do autor, lá na Zona Franca... Pois bem, foi a resenha na *Veja* que transformou esse livro, que se chama *Galvez, Imperador do Acre*, num grande sucesso, pois um editor do Sul ficou interessado e relançou o romance em escala nacional. O autor, que é o Márcio Souza, se tornou conhecido, nunca mais teve problema para editar seus livros. Num caso como esse, é evidente que o jornalismo cultural cumpriu sua missão de garimpar pepitas e trazê-las à luz.

Eu me lembro de um desbunde pessoal nesse tempo em que editava a seção de livros da *Veja*. Li numa revista francesa que alguém tinha descoberto a primeira – e ainda hoje única – foto do poeta Lautréamont. Para quem não sabe, é um poeta importantíssimo do século XIX, que escreveu apenas um livro, *Os Cantos de Maldoror*, antes de morrer com 24 anos de idade. Sua obra deu uma sacudida geral na poesia – e no entanto um século depois ninguém sabia como era esse cara fisicamente, não existia uma única foto dele. Na verdade, ainda hoje são pouquíssimos os brasileiros que já ouviram falar em Lautréamont. Um dia acharam um retrato dele – e fiz uma matéria, meia página da *Veja*, sobre o rosto revelado do Lautréamont. Hoje seria um delírio inconfessável. Se eu passasse na porta da *Veja* e propusesse uma pauta como essa, seria escorraçado...

É preciso reservar espaço para esse tipo de informação. O problema é que a certa altura boa parte do jornalismo cultural passou a reservar todo o espaço para o mainstream, a corrente principal, da produção cultural. O que estiver fora disso quase fatalmente será ignorado. Mas não dá para ser escravo do mainstream! Como jornalista, eu estarei traindo a profissão, traindo a mim mesmo, traindo o leitor, se decidir ou aceitar que só se deve falar de um livro se ele entrar na lista dos mais vendidos. O pobre do livro que não estourar em livraria a ponto de entrar numa lista – e a gente sabe que essas listas são muito discutíveis – provavelmente jamais vai ser resenhado.

O que se constata é que existem duas culturas completamente diferentes. Há uma ebulição enorme entre os jovens, que às vezes produzem uma literatura de ótima qualidade mas que não aparece na mídia, não tem nenhuma chance de aparecer. Atenção: não se trata de "dar uma força para o artista", mas, sim, de dar uma força para o leitor, que tem o direito de conhecer as coisas magníficas que estejam acontecendo por aí, e que a imprensa tantas vezes, por opção ou simples ignorância, esconde dele.

O que predomina é a postura elitista de falar apenas do que interessa à grande maioria. E, na política das redações, é difícil e até arriscado tentar fugir disso. No tempo em que o caderno Idéias, do *Jornal do Brasil*, era editado por José Castello, ele me pediu e eu fiz uma matéria com a Hilda Hilst. Foi na época em que a Hilda deu um pontapé na "literatura séria" e, desesperada porque ninguém escutava sua voz, começou a escrever aquelas histórias recheadas de sexo. Fui lá em Campinas e fiz um perfil dela. Pois bem, lá no Rio o editor executivo do *Jornal do Brasil* espumou: "Vocês caíram no conto da velhinha, o que é isso? Essa mulher não existe, não tem a menor importância!". Não existe por quê? Porque ele nunca tinha ouvido falar em Hilda Hilst. A desinformação é terrível, e por conta dela o Castello quase perdeu o emprego.

O que tem havido nas redações é algo preocupante. Primeiro, existe esse mecanismo de dese-

> [...] NÃO SE TRATA DE "DAR UMA FORÇA PARA O ARTISTA", MAS, SIM, DE DAR UMA FORÇA PARA O LEITOR, QUE TEM O DIREITO DE CONHECER AS COISAS MAGNÍFICAS QUE ESTEJAM ACONTECENDO POR AÍ, E QUE A IMPRENSA, TANTAS VEZES, POR OPÇÃO OU SIMPLES IGNORÂNCIA, ESCONDE DELE.

nhar um perfil do leitor e trabalhar só para esse leitor-tipo. E trabalhar pouco, como quem dá só aquele montinho de alfafa para o jumento, nada mais do que aquilo, nós vamos apenas aplacar a fome mínima da pessoa.

Ao mesmo tempo, as redações vão se tornando diminutas, os quadros vão sendo reduzidos, muitas vezes com o argumento falacioso de dar oportunidade aos jovens, ao sangue novo, aos novos valores. Só que não é bem isso. O que essas publicações querem é pessoas mal pagas e que sejam, todas, iguaizinhas, inclusive porque isso facilita a reposição: se alguém não está agradando, eles tiram e botam outra igual no lugar.

Com essa política medíocre, perdeu-se uma coisa muito importante: o pessoal se esqueceu de que o jornalista se forma, de verdade, é no dia-a-dia de uma redação. Vejam o contra-senso: o jornal, a revista ou a emissora de televisão investe na formação de um jornalista, e quando ele, até por inércia, está ganhando um pouco melhor – o salário vai subindo com os dissídios, aqueles aumentos que não se pode deixar de dar –, passa a ser visto pelo RH da empresa como uma espécie de marajá e por isso é substituído por um funcionário mais baratinho.

As redações vêm banindo pessoas nas quais elas próprias investiram, exatamente quando elas estão maduras. Isso é burrice – investem na pessoa e depois mandam embora. Aí contratam um genérico – genérico, não, porque genérico funciona. Contratam uma espécie de cover. O resultado é que não se sabe mais se a pessoa ganha mal porque é ruim, ou se é ruim porque ganha mal.

Esse processo está levando a mídia a uma anemia alarmante. Não existe mais aquela troca de informação de que tanto me beneficiei na maioria das redações por onde passei – troca em mão dupla, entre veteranos e principiantes, em que todos saíam enriquecidos. Atualmente, isso existe como exceção, naquelas empresas que têm RH positivo... Hoje, um cara de 30 anos é sênior, é o decano na redação. Resultado: você não tem com quem aprender.

Como não há tempo para maturação, jornalistas jovens, muitas vezes, chegam ao comando sem estarem prontos para isso. Não se pode exigir que um jornalista de 20 e poucos anos tenha preparo para tocar uma editoria de cultura, como tem acontecido. Um jovem de 20 e poucos anos pode prestar um grande serviço, mas ainda não tem repertório, não tem tempo de janela, não tem leitura suficiente – e é óbvio que na área de cultura é necessário ter conhecimentos bem sedimentados, ter visto o calendário girar algumas vezes. Ninguém precisa ser especialista em coisa alguma, é claro, mas todos têm de ter um repertório mínimo – quando alguém falar de *A Montanha Mágica*, por exemplo, o cara não pode achar que o assunto é alpinismo, tem de saber que é um romance do Thomas Mann.

Essa improvisação, a gente sabe, tem levado a conseqüências terríveis – para o pobre do leitor, principalmente. Um dos resultados do despreparo, da falta de repertório, é uma postura às vezes muito deslumbrada do jornalista diante das "estrelas" do universo cultural. Ele fica ou intimidado ou, no outro extremo, fica deslumbrado, perde o indispensável distanciamento, corre o risco de achar

> NINGUÉM PRECISA SER ESPECIALISTA EM COISA ALGUMA, É CLARO, MAS TODOS TÊM DE TER UM REPERTÓRIO MÍNIMO – QUANDO ALGUÉM FALAR DE *A MONTANHA MÁGICA*, POR EXEMPLO, O CARA NÃO PODE ACHAR QUE O ASSUNTO É ALPINISMO, TEM DE SABER QUE É UM ROMANCE DO THOMAS MANN.

que também faz parte do mundo das estrelas. Nesse caso, o jornalista é acometido do que chamo de "vertigem de sobreloja": você mal subiu uns degraus e já se sente com direito a uma tontura de cobertura... O contrário também é desastroso, e acontece com muita freqüência, e não só entre os novos jornalistas: bate uma espécie de complexo de inferioridade cultural que paralisa o repórter e o deixa fora de combate. O sujeito se sente culpado, é como se dissesse: "Eu sou jornalista, mas devia ter estudado alguma coisa..."

Tem pouca gente na redação – mas as pautas continuam numerosas. Vi isso acontecendo no tempo em que o *Jornal do Brasil* tinha sucursal em São Paulo. Os quadros foram sendo enxugados e lá pelas tantas tinha repórter vergado ao peso de três, quatro pautas num só dia. É evidente que não se pode esperar qualidade de um trabalho feito nessas condições. Hoje, só por exceção existem condições para um repórter investir tempo em cima de um assunto, até para saber se a pauta se justifica, se a matéria existe ou não. Existe sempre o risco de uma pauta não se confirmar, mas isso não é motivo para que não se dê tempo ao repórter para apurar direitinho. Um bom jornalismo tem disso. Às vezes, é preciso trabalhar um mês numa investigação que, no final, não justificará matéria.

Hoje, é comum o repórter sair para a rua não com um ponto de interrogação, mas com um ponto final. Sai não para verificar uma hipótese, e sim para comprovar, na marra, uma tese concebida ali na redação, onde olimpicamente alguém decidiu que aquilo existe, que aquilo é verdade. A realidade dos fatos que se dane.

> **HOJE, É COMUM O REPÓRTER SAIR PARA A RUA NÃO COM UM PONTO DE INTERROGAÇÃO, MAS COM UM PONTO FINAL. SAI NÃO PARA VERIFICAR UMA HIPÓTESE, E SIM PARA COMPROVAR, NA MARRA, UMA TESE CONCEBIDA ALI NA REDAÇÃO, ONDE OLIMPICAMENTE ALGUÉM DECIDIU QUE AQUILO EXISTE, QUE AQUILO É VERDADE.**

Nessa correria para cumprir várias pautas, não costuma haver tempo nem dinheiro para investir numa boa matéria. E isso, no jornalismo cultural, leva a um raquitismo de dar dó e raiva. Em geral o repórter recebe de manhã uma pauta que no fim da tarde tem a obrigação de ter virado matéria. Claro que o básico dos jornais diários é o noticiário do dia. Mas, e aqueles assuntos que merecem apuração mais caprichada? Ou seja, aquela é uma editoria de cultura, mas cultura de subsistência – você planta de manhã para colher no fim da tarde, no máximo.

Por falta de dinheiro, mas também por preguiça pura e simples, muitos jornalistas passaram a substituir pela internet o trabalho de reportagem. A internet é uma ferramenta maravilhosa, nem se discute, mas em mãos preguiçosas acabou virando uma espécie de bezerro de ouro. Mais um bezerro de ouro. Sempre tem um. Nos fechamentos de sexta-feira da *Veja*, pelo menos até os anos 80, a gente ficava em suspenso, esperando o *Jornal Nacional*, porque o que vinha ali era verdade indiscutível, era a própria realidade dos fatos, o mais não existia. Matérias eram retocadas, reescritas ou simplesmente jogadas fora quando não batiam com o noticiário do *Jornal Nacional*. Com a internet se passa algo semelhante: está na internet, é verdade. Nem é preciso sair à rua para investigar um assunto. A internet deixou de ser um adjutório, uma ferramenta de pesquisa, virou as próprias Tábuas da Lei. Se a gente for honesto mesmo, um dia desses o Prêmio Esso de Reportagem vai para o Google!

Além do mais, como todo mundo "pesca" na internet, as matérias necessariamente são iguais. Se compararmos as revistas entre si, os jornais entre si, o que se constata é uma mesmice acachapante. É óbvio: se todo mundo vai beber na mesma fonte, todas as matérias serão iguais.

Também falta um pouco de imaginação. Porque mesmo com meios materiais limitados é possível fazer bom jornalismo. Sempre dá para tentar fugir um pouco da agenda, que atualmente é outra camisa-de-força. A submissão à agenda é uma atitude de extrema mediocridade. O jornalista vai fazer uma matéria sobre a exposição só porque a exposição está acontecendo, e se não acontecer jamais se vai escrever sobre aquele artista, que no entanto é um assunto interessante o tempo todo.

Sempre é possível olhar para a realidade, que é o que deve balizar a pauta, e dela fazer uma leitura criativa. Eu me lembro de uma matéria feita pelo José Castello na *IstoÉ* dos anos 80. Havia no Rio de Janeiro uma floração enorme de grupos de rock, moçada de classe média. A constatação desse fenômeno daria uma matéria óbvia. Mas o Castello foi mais fundo no assunto, e observou que havia um curioso traço comum na história daqueles grupos de rock: como a moçada se reunia em casa para tocar, e naturalmente fazia uma barulheira, os pais implicavam, reprimiam. Mas as avós bancavam – naquela doce irresponsabilidade de avós, elas davam um dinheirinho aos netos e eles iam fazer o barulho deles fora de casa, num ponto alugado. Não era uma nem duas, eram várias velhinhas, e a apuração do Castello foi por esse lado superoriginal, rendeu uma matéria que já no título é primorosa: "Avós do rock".

OS JORNALISTAS PODEM, *DEVEM* USAR A IMAGINAÇÃO. POR EXEMPLO, INCORPORAR ASPECTOS DE COMPORTAMENTO AO MUNDO DO JORNALISMO CULTURAL, ENRIQUECENDO-O. DAR VIDA, COLORIDO, CONSISTÊNCIA FÍSICA A PERSONAGENS QUE TANTAS VEZES SÃO TRATADOS NA IMPRENSA COMO SE FOSSEM APENAS EMANAÇÕES DE ASPAS.

E isso não está proibido. Os jornalistas podem, *devem* usar a imaginação. Por exemplo, incorporar aspectos de comportamento ao mundo do jornalismo cultural, enriquecendo-o. Dar vida, colorido, consistência física a personagens que tantas vezes são tratados na imprensa como se fossem apenas emanações de aspas. Até parece que não se vestem desse ou daquele jeito, que não moram numa casa que tem isso e aquilo etc. O jornalismo só tem a ganhar quando o repórter consegue encaixar o personagem numa moldura adequada, viva, capaz de iluminá-lo. Por exemplo, ancorar o artista no seu local de trabalho, mostrar o pintor na barafunda de seu ateliê, com aquelas tintas, aquela sujeira, tudo muito fotogênico, aliás. Uma entrevista feita com um cantor na casa dele é infinitamente melhor que uma feita no ambiente asséptico de um escritório de gravadora, e isso sempre se pode batalhar, e muitas vezes conseguir.

Ficou claro o quanto sou crítico diante do jornalismo cultural que se faz atualmente na imprensa brasileira, mas espero ter passado também a minha certeza e a minha esperança de que existem saídas. Não estou apegado a fórmulas de veterano. Embora possa parecer, não sou nostálgico – até porque, para lembrar o título do livro de memórias da atriz Simone Signoret, "a nostalgia não é mais o que ela foi"...

POR HUMBERTO WERNECK

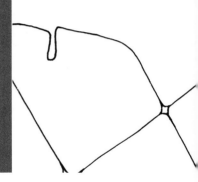

O JORNALISMO SÓ TEM A GANHAR QUANDO O REPÓRTER CONSEGUE ENCAIXAR O PERSONAGEM NUMA MOLDURA ADEQUADA, VIVA, CAPAZ DE ILUMINÁ-LO.

SEIS PROBLEMAS

NA GRANDE IMPRENSA BRASILEIRA O TRABALHO DO JORNALISTA DE CULTURA É INFLUENCIADO PELO EXCESSO DE ESPAÇOS E DE OFERTA DE PRODUTOS E PELA CONTAMINAÇÃO DO JORNALISMO PELA PUBLICIDADE, ENTRE OUTROS PROBLEMAS.

Tenho quase 20 anos de prática no jornalismo e na maior parte desse tempo me dediquei ao jornalismo cultural. Pretendo mostrar a seguir que o jornalismo cultural vive um impasse, apontar alguns dos problemas que enxergo e sugerir algumas saídas. Em primeiro lugar, acho importante deixar estabelecido um ponto: o jornalismo que se pratica hoje, e sempre foi assim, é um reflexo de seu tempo.

Não sou saudosista em relação ao jornalismo cultural que se praticava quando comecei na profissão, em meados dos anos 80, um tempo em que a Ilustrada, da *Folha de S.Paulo*, tinha uma influência enorme no cenário cultural. Também não falo com saudades do jornalismo refinado ainda praticado por figuras como Robert Hughes da revista *Time*, ou por profissionais da revista *New Yorker*, que até hoje têm três meses para fazer uma matéria. Esses são casos excepcionais, exemplos de um tipo de jornalismo praticado com maior freqüência no passado e que servem como referência para a gente mencionar em seminários como este.

> DEZ A 20 CDS NOVOS, TODA SEMANA. OCORREM EM SÃO PAULO UMA MÉDIA DE DUAS A CINCO ESTRÉIAS DE FILMES POR SEMANA. ESTRÉIAM TAMBÉM DE DUAS A CINCO PEÇAS DE TEATRO POR SEMANA. [...] É UMA DIFICULDADE E UMA TAREFA ENORME PARA O JORNALISTA CULTURAL LIDAR COM ESSE VOLUME DE INFORMAÇÃO E SELECIONÁ-LO.

Por outro lado, não sou nem um pouco otimista com a situação do jornalismo que praticamos hoje. Tenho trabalhado como editor de cultura nos últimos sete anos. Participei da equipe que fundou a revista *Época*. Fui o primeiro editor e responsável pela montagem da equipe de cultura da revista. Fiquei lá por três anos e saí para participar da renovação da revista *CartaCapital*, que passou de quinzenal para semanal. De maio de 2001 a dezembro de 2004, fui o responsável pela seção de cultura da *CartaCapital*.

Em função dessa experiência mais recente, anotei seis problemas com os quais tento lidar e não consigo chegar a uma solução. Essa visão, óbvio, é resultado do meu trabalho como editor, mas devo dizer que vejo os mesmos problemas ocorrerem também em publicações concorrentes.

Um primeiro problema do jornalismo cultural no Brasil, algo que poderia ser visto por alguns como um elemento positivo, é o excesso de espaço. Não conheço no mundo nenhuma imprensa que dê tanto espaço para o jornalismo dito cultural quanto a imprensa brasileira. Nenhum dos jornais que conheço com algum hábito de leitura, como *The New York Times*, *Guardian* na Inglaterra, *Libération* ou *Le Monde* na França, *La Repubblica* ou *Corriere della Sera* na Itália, *El País* na Espanha, dedicam à cultura um caderno diário de dez, 12 páginas.

E aí entra um segundo problema, relacionado a esse, que é o excesso de ofertas da chamada indústria cultural. Hoje recebo uma média de 30, 50 livros por semana. Isso mesmo: mais de 30 livros novos, lançamentos, chegam à minha mesa toda semana. Dez a 20 CDs novos, toda semana. Ocorrem em São Paulo uma média de duas a cinco estréias de filmes por semana. Estréiam também de duas a cinco peças de teatro por semana. Exposições de artes plásticas, um número às vezes maior do que esses. É uma dificuldade e uma tarefa enorme para o jornalista cultural lidar com esse volume de informação e selecioná-lo.

O terceiro problema e talvez um dos mais graves, que é realmente um problema do nosso tempo, é a contaminação do jornalismo pela publicidade. E aqui recorro a um exemplo, uma capa da revista *Época*, sobre o filme *Harry Potter*. Minha crítica nem é à iniciativa de colocar um filme como esse na capa de uma revista semanal. Deixo essa discussão para outro fórum. Era o primeiro filme da série *Harry Potter* e o título da capa da *Época* foi: "A magia vai começar". Considero isso um slogan publicitário, bem distante do jornalismo. Um publicitário, querendo vender esse filme, teria feito um cartaz assim: "*Harry Potter*, a magia vai começar". Um outro exemplo, não sei se foi na *Época* ou na *Veja*: quando lançaram o segundo filme da série *Matrix*, o título da capa da revista foi "O novo *Matrix*". Não tinha nenhuma informação, nenhuma idéia, o leitor simplesmente era convidado a comprar aquela revista porque estava saindo o novo *Matrix*. E a função do jornalismo cultural é ir bem além disso.

Quarto problema: a maior parte da imprensa que acompanha essa área rejeita um assunto considerado chato, pela dificuldade que implica a sua cobertura, mas que ocupa hoje um papel fundamental no cenário cultural brasileiro. Estou me referindo à questão do patrocínio e às leis de incentivo à cultura. Atualmente não há um filme brasileiro feito sem apoio de alguma lei, sem algum tipo de renúncia fiscal. O mesmo acontece com exposições, filmes, livros e peças. Isso faz parte da vida da produção cultural. As discussões, por exemplo, sobre o projeto da Ancinav ou sobre mudanças na Lei Rouanet são assuntos que exigem preparo e disposição, pelas minúcias e interesses envolvidos. Tenho observado que são temas que tendem a ser rejeitados, e publicados de uma forma superficial, quase que por obrigação em muitos veículos.

Um quinto problema, que é quase cômico, mas que está afetando muito o jornalismo cultural, é o jornalismo de celebridades. Hoje a vida é mais importante que a obra. E isso é dramático. Não dá para discutir cultura se a vida do artista é mais importante que a obra que ele produziu. Digamos, discutir Volpi, citando exclusivamente que ele teve infância pobre, que foi autodidata, que teve uma vida simples, que era um cara simplório até o fim de sua vida, e não discutir como ele chegou a fazer aquela obra, que é magnífica, não é possível. A cobertura dita cultural tem privilegiado a vida em detrimento da obra. E isso ocorre como reflexo disso que chamo de jornalismo de celebridades.

Por último, um sexto problema, que me parece ser uma conseqüência dessa contaminação do jornalismo cultural por esse jornalismo de celebridade: os assessores de imprensa, as pessoas que assessoram os artistas e as empresas produtoras de cultura estão tendo um poder de influência muito grande nas pautas do jornalismo cultural. Como os artistas se deixam administrar por assessores de imprensa, estes passam a negociar diretamente com editores e repórteres o tipo de matéria que querem ver publicadas, dando preferência, evidentemente, para a carreira do artista que ele administra.

Tenho contado em palestras um caso que é anedótico, mas que ilustra, a meu ver, muito bem

> ATUALMENTE NÃO HÁ UM FILME BRASILEIRO FEITO SEM APOIO DE ALGUMA LEI, SEM ALGUM TIPO DE RENÚNCIA FISCAL. [...] AS DISCUSSÕES, POR EXEMPLO, SOBRE O PROJETO DA ANCINAV OU SOBRE MUDANÇAS NA LEI ROUANET SÃO ASSUNTOS QUE EXIGEM PREPARO E DISPOSIÇÃO, PELAS MINÚCIAS E INTERESSES ENVOLVIDOS.

essa situação que acho gravíssima e difícil de enfrentar. No início de 2004, aconteceriam em São Paulo, exatamente no mesmo período, duas exposições de dois artistas contemporâneos brasileiros, que são amigos, começaram juntos nos anos 60 e têm trabalhos em comum, mas seguiram caminhos completamente diferentes: Nelson Leirner, que seguiu uma linha mais conceitual, mais respeitada pela crítica, e Rubens Gerchman, que seguiu uma linha mais figurativa, talvez um pouco mais comercial, menos respeitada pela crítica. No momento em que iam ser inauguradas as duas exposições, propus à repórter que trabalha comigo, Ana Paula Sousa, reuni-los para fazer um debate sobre arte hoje no Brasil. O contato foi feito, como é praxe hoje, por meio das assessorias de imprensa. A do Rubens Gerchman topou, mas a assessora de imprensa do Nelson Leirner mandou um e-mail para a redação que eu gostaria de transcrever aqui: "Prezados Maurício e Ana Paula, antes mesmo de ligar para o Nelson Leirner, discutimos aqui na galeria a respeito da proposta de entrevista conjunta com Leirner e Gerchman. Acreditamos que a linha de trabalho dos dois artistas, embora ambos sejam contemporâneos, tendo realizado trabalhos na década de 60 que tinham o mesmo viés, hoje estão com linhas diferentes, seguiram trajetórias distintas. Bom, não sabemos bem como vocês abordariam essas questões, a obra de cada um na entrevista, mas não acreditamos que fosse o ideal a entrevista dos dois juntos. Se fosse possível, gostaria de pedir a vocês que repensassem a idéia considerando essa colocação nossa e depois falaríamos com o Leirner, pode ser?". Acho bastante interessante a assessora de imprensa decidir que tipo de matéria deveria ser feita, atuando não como um assistente, mas como um filtro, quase formatando, amaciando a reportagem. Naturalmente, não aceitamos essa imposição. Resolvemos o problema fazendo duas entrevistas separadas, mas com perguntas iguais para os dois. E assim conseguimos o confronto de opiniões que queríamos.

> DIANTE DESSE MUNDO DE PRODUTOS QUE A INDÚSTRIA CULTURAL OFERECE, DESSE MAR DE EVENTOS, DE ACONTECIMENTOS, SEJAM OS VISÍVEIS OU OS QUE A GENTE TEM PREGUIÇA DE OLHAR, É FUNDAMENTAL O ESFORÇO PARA ENXERGAR UMA LÓGICA NESSES PRODUTOS, ENTENDER O QUE LIGA UMA ESTRÉIA A OUTRA, [...]

Diante de tais problemas, anotei algumas possíveis soluções. A principal é o jornalista conseguir articular idéias. Diante desse mundo de produtos que a indústria cultural oferece, desse mar de eventos, de acontecimentos, sejam os visíveis ou os que a gente tem preguiça de olhar, é fundamental o esforço para enxergar uma lógica nesses produtos, entender o que liga uma estréia a outra, as razões de determinados lançamentos, o que há por trás de certos modismos ou "tendências".

Vou dar um exemplo: em 2004 "comemoraram-se" os dez anos da morte de Tom Jobim com um livro, disco inédito, DVD, show de um monte de gente. Eis aí uma oportunidade para refletir, não só para reportar sobre todos esses produtos, como a imprensa tem feito. Qual teria sido – ou será ainda –, dez anos depois, o impacto da obra dele na música brasileira? Ou, o que ficou da música dele? O que vai ficar? Há inúmeras pautas possíveis de fazer em um momento como esse. E não simplesmente, como eu tenho visto a imprensa noticiar, "os dez anos da morte de Tom Jobim com livro, CD, DVD, show etc.". Enfrentar os assuntos pela substância quer dizer pela obra, não pela vida. Isso eu acho que é um ponto essencial.

Há também que enfrentar os assuntos chatos. Minha experiência na *CartaCapital* mostra que isso tem um enorme impacto, tanto do ponto de vista do jornalismo quanto dos agentes culturais. Temos feito um acompanhamento sistemático dessas questões de patrocínio, de políticas culturais, de leis de incentivo, e dessa forma estamos contribuindo para o debate. Percebo que os leitores têm interesse em enfrentar esse assunto, até porque são assuntos fundamentais na vida de todo mundo. O jornalismo não pode deixar de discutir profundamente temas como as leis de incentivo, impostos que deixam de ser recolhidos para serem aplicados em cultura. Quer dizer, é um raro momento em que o jornalismo cultural tem a oportunidade de discutir questões de ordem econômica que dizem respeito ao bolso das pessoas, questões que normalmente estão no âmbito político e econômico e que temos oportunidade de tratar nesse momento. Acho isso fundamental.

Um terceiro ponto: curiosidade para descobrir os assuntos fora da agenda. Esse é um dos maiores desafios, um dos mais difíceis. Se chegam 50 livros por semana, enviados pelas principais editoras do país, como ainda conseguirei identificar um autor que publicou o livro dele sozinho, por conta própria? É uma obrigação minha fazer isso. Como descobrir o que não foi abraçado ainda pela indústria cultural?

É aí que se faz necessário mais do que curiosidade: precisamos de recursos humanos, investimentos financeiros, gente para trabalhar, pesquisar, procurar, viajar. São pontos que não existem hoje na imprensa.

E, por fim, é preciso coragem, coragem de publicar. De apostar em assuntos ainda não consagrados. Coragem de acreditar na sua sensibilidade, que é uma coisa que um editor precisa ter. Coragem para dizer: "Isso aqui é uma coisa boa! Ninguém conhece, mas é muito importante, vai ter uma importância grande em termos culturais". E publicar.

SE CHEGAM 50 LIVROS POR SEMANA, ENVIADOS PELAS PRINCIPAIS EDITORAS DO PAÍS, COMO AINDA CONSEGUIREI IDENTIFICAR UM AUTOR QUE PUBLICOU O LIVRO DELE SOZINHO, POR CONTA PRÓPRIA? É UMA OBRIGAÇÃO MINHA FAZER ISSO.

O ESPAÇO DA CULTURA

NO *EL PAÍS*, O CRITÉRIO DE ESCOLHA DAS MATÉRIAS É O NOVO NA CULTURA, MAS COM UMA PERSPECTIVA ENRIQUECEDORA. CERTO OU ERRADO, ESCOLHEMOS AQUILO QUE CONSIDERAMOS SER CONHECIDO PELO LEITOR.

Embora o espaço destinado à cultura no jornal *El País* seja significativo, pois contamos com um caderno de cultura e outros três suplementos – El País de las Tentaciones, que circula às sextas-feiras; Babelia, que sai aos sábados, e El País Semanal, publicado aos domingos – que se destinam às matérias dessa área, a batalha por mais espaço tem sido uma constante. Desde que assumi o caderno como redatora-chefe, há dois anos, atuo na função de uma vendedora ambulante, que sai pela redação afora anunciando as matérias com o objetivo de conseguir ganhar uma capa, por exemplo.

Ao contrário de jornais estrangeiros como o *Le Monde*, que diariamente trazem matérias de cultura na primeira página, o que é uma escolha muito acertada já que se trata de uma opção coerente com o mundo da informação, no *El País* não é assim.

> [...] COMO REDATORA-CHEFE [...] ATUO NA FUNÇÃO DE UMA VENDEDORA AMBULANTE, QUE SAI PELA REDAÇÃO AFORA ANUNCIANDO AS MATÉRIAS COM O OBJETIVO DE CONSEGUIR GANHAR UMA CAPA, POR EXEMPLO.

Essa determinação do jornal de eventualmente dividir a primeira página com uma matéria de cultura não pode ser justificada por baixos índices de leitura do caderno. Muito pelo contrário, essa é a seção mais lida do jornal, segundo confirmam dados de recentes pesquisas junto aos leitores.

O motivo igualmente não encontra explicação em uma possível falta de prestígio junto aos anunciantes, porque o caderno consegue angariar um número muito bom de anúncios, a ponto de a reserva de páginas ser feita com uma semana de antecedência – o que não acontece com outras seções. Esse volume de publicidade acontece às sextas-feiras, é sustentado pela produção cinematográfica e resulta em dados muito positivos, pois do contrário não nos dariam tanto espaço. Esse fato confirma que cultura vende jornal. No nosso caso, a área que mais vende é o cinema, por conta da publicidade; depois, são os livros.

Apesar de tantos elementos favoráveis, as matérias da área da cultura no *El País*, em sua grande maioria, permanecem distribuídas nas páginas desses quatro suplementos sob enfoques diferenciados. Assim, no caderno de cultura cabem assuntos ligados a artes visuais, cinema, balé, teatro, música, literatura, gastronomia e moda, quando fazemos a cobertura dos desfiles de Milão, Barcelona e Nova York, o que tem gerado críticas. O trabalho é feito sempre com o enfoque na informação, o que não elimina a publicação de críticas de espetáculos, especialmente os de música, mais particularmente os de música brasileira. É comum que Caetano Veloso ou Carlinhos Brown ganhem mais espaço que o cantor e compositor espanhol Juan Manuel Serrat.

No suplemento Babelia ficam concentradas as críticas sobre espetáculos de teatro, mostras de arte e discos. O destaque, porém, é para os livros. Já o caderno El País de las Tentaciones, em formato tablóide e em cores, é dirigido ao público jovem, que vai com freqüência ao cinema, a shows, festivais temáticos, e é, portanto, um grande consumidor principalmente de produtos culturais. Exatamente para atingir esse tipo de leitor jovem, é um suplemento que dá muito trabalho para ser feito, e conseqüentemente é o mais caro do jornal. Por isso tem uma redação própria, com cerca de 15 pessoas, cuja média de idade é mais baixa que a do restante do jornal.

Para alimentar diariamente o caderno de cultura, cujo número de páginas pode oscilar entre 12 e 32, dependendo da publicidade, é mantida uma reunião de pauta às segundas-feiras, quando os 12 integrantes da editoria discutem os ajustes para o trabalho da semana, que envolve a cobertura de acontecimentos culturais e a crítica de espetáculos, além da produção de matérias e da coordenação junto aos colaboradores, que são muitos, sendo que a maioria é de latino-americanos. A divisão de trabalho fica por conta da área a que cada um dos jornalistas responde: artes plásticas, música, balé, teatro, ópera.

O critério para a escolha das matérias que vão compor todos os dias as páginas do caderno é centrar naquilo que é novo no mundo da cultura, com uma perspectiva um pouco diferente e enriquecedora. Acertada ou erroneamente escolhemos aquilo que achamos que merece ser conhecido pelo leitor do *El País*.

O item novidade vem diretamente conectado à atualidade, ou seja, o roteiro de eventos culturais. É o caso de uma exposição em cartaz no Museu do Prado, por exemplo. Conosco fica a carga de informação, já da crítica o Babelia se encarrega, ou, quando é o caso, o El País Semanal publica algo como um "passeio literário" sobre o evento.

Ao focarmos nossas matérias na informação, sempre privilegiamos as boas histórias que rendem excelentes matérias, o que significa dar passagem para a reportagem. Porém, quando temos uma grande entrevista e não nos sobra espaço no dia-a-dia, a publicamos, por exemplo, no El País Semanal, aos domingos.

Ir em busca de grandes histórias, ancoradas em personagens ou em fatos, não nos desvia de outro ponto determinante de nossa pauta, que é dar espaço aos artistas novos e também aos consagrados, não importa se do campo das artes, dos livros, da música de ópera. Para tanto estamos constantemente buscando artistas e assuntos, de olho no que se produz não somente na Espanha, na Europa, mas principalmente na África, na América Latina e em particular no Brasil.

Essa atenção especial também é dirigida à produção literária, tanto espanhola como latino-americana – o que faz jus à tradição espanhola de anualmente lançar no mercado cerca de 60 mil títulos, sendo que 30 mil desse total são novidades, segundo dados da Sociedade de Autores. Esse é um número bem alto, e que ganha destaque especial na Espanha, onde 40% da população afirma que não lê nada.

Por isso o caderno se dedica às resenhas dessas obras e também a uma grande quantidade de outras matérias que tratam do entorno de tais livros, como aconteceu com uma reportagem sobre concursos literários, em que um jurado de repente descobriu, após ter lido cerca de 30 mil obras, que não havia nada para ser escolhido, e voltou a ler tudo novamente, até que encontrou um que deveria ser premiado. Foi uma reportagem muito interessante.

> IR EM BUSCA DE GRANDES HISTÓRIAS, ANCORADAS EM PERSONAGENS OU EM FATOS, NÃO NOS DESVIA DE OUTRO PONTO DETERMINANTE DE NOSSA PAUTA, QUE É DAR ESPAÇO AOS ARTISTAS NOVOS [...]

Podemos abrir nosso caderno com uma reportagem do ganhador do Prêmio Cervantes de Literatura, por exemplo, retratando-o em seu mundo particular, ligando-o a outros autores, ou simplesmente fazer uma reportagem mais intimista, como uma entrevista de perguntas e respostas.

Mesmo com essa ênfase na literatura latino-americana acontecem, no entanto, muitos vazios, porque nem sempre as editoras latino-americanas enviam para a Espanha seus lançamentos. Muitas vezes o livro desse autor que parece ser bom na Bolívia ou no Peru não chega à Espanha, porque a matriz não quis comprá-lo e nem se dá conta de que esse autor existe.

Essa fórmula, que abarca acertos e erros, não nos tira o status de seção que mais recebe correspondência de todo o jornal, superando por exemplo a editoria de economia – o que pode ser uma conseqüência da capacidade de movimentação do mercado cultural, que é muito dinâmico.

O assédio das cartas se repete no dia-a-dia com discos, filmes e livros, quando registramos, por exemplo, o recebimento de cerca de 20 CDs por semana. Nas temporadas de arte, no outono e na primavera, esse número aumenta. Depende da temporada. No entanto, a produção de itens culturais é muito grande. Para essa escolha lançamos mão da atualidade, e aí cada editor responsável por sua área dá a palavra final, o que não deixa de ser uma escolha arbitrária.

A crítica de espetáculos de música, de peças de teatro, que normalmente publicamos no dia seguinte à estréia é, sim, um canal de opinião, uma opinião autoral. Cada jornalista responsável a assina.

Esse desenho de nosso caderno não mantém uma divisão clara entre cultura e espetáculos, podemos abrir a editoria de cultura com um espetáculo. Porém, o que nunca acontece é publicar algo de cultura na editoria de espetáculos.

Essa fórmula de fazer jornalismo cultural do *El País*, assim como a de outros jornais espanhóis, como *ABC* e *La Vanguardia*, parece que se firmou no sentido de atender ao leitor, o que justificaria um certo fracasso das revistas culturais que, de maneira geral, duram pouco, 45 dias, seis meses no máximo, e são muito caras. Vejam o caso da revista *El Matador*, que é bienal: seu forte são as imagens, a fotografia especificamente, no entanto não é uma revista com um bom conteúdo cultural.

Um dos aspectos positivos do *El País*, que justifica parte desse êxito, está na preocupação com a faixa de público jovem. Atentos a esse público que não se interessa muito por leitura, mas que consome produtos culturais e consulta o jornal para escolher sua programação, especialmente nos fins de semana, reservamos a ele o suplemento El País de las Tentaciones, caderno que mantém também um espaço para que os leitores publiquem seus breves relatos. A redação desse caderno é constituída de gente bem mais jovem que o pessoal dos cadernos de cultura, do Babelia e também do restante do jornal, o que demonstra uma identidade com o público, mas igualmente um resultado do mercado.

Para o jornalista que passa a atuar nessa área de cultura, entre os requisitos necessários é preciso que seja alguém com sensibilidade para os assuntos culturais, que escreva muito bem, pois a editoria de cultura exige essa faceta, e é uma coisa que não se costuma conseguir facilmente, por isso tem havido um empenho permanente de nossa equipe nesse sentido.

Ao tratarmos desse item, o da formação dos jornalistas, existe hoje na Espanha a faculdade

> UM DOS ASPECTOS POSITIVOS DO *EL PAÍS*, QUE JUSTIFICA PARTE DESSE ÊXITO, ESTÁ NA PREOCUPAÇÃO COM A FAIXA DE PÚBLICO JOVEM. ATENTOS A ESSE PÚBLICO QUE NÃO SE INTERESSA MUITO POR LEITURA [...] RESERVAMOS A ELE O SUPLEMENTO EL PAÍS DE LAS TENTACIONES [...]

de ciências da informação, com habilitação em jornalismo, imagem, publicidade e propaganda. A procura por um curso de pós-graduação é espantosa. Há também uma busca pelo *master*, que é muito caro. Como trabalho de conclusão desse curso o aluno faz um jornal, então vai para o *El País*, que mantém uma parceria com a faculdade. E, finalmente, os poucos que se contratam vêm também por essa via.

Há muitos latino-americanos na redação, que em sua maioria são médicos, filósofos, historiadores, psicólogos e que não cursam efetivamente a faculdade de jornalismo. Por isso, cursar jornalismo é um ponto relativo. No entanto, o fato de ter latino-americanos na redação ajuda no recorte dos assuntos próprios da Espanha, e em todo o conhecimento profundo e universal, o que nos dá possivelmente uma perspectiva bastante ampla e diferenciada.

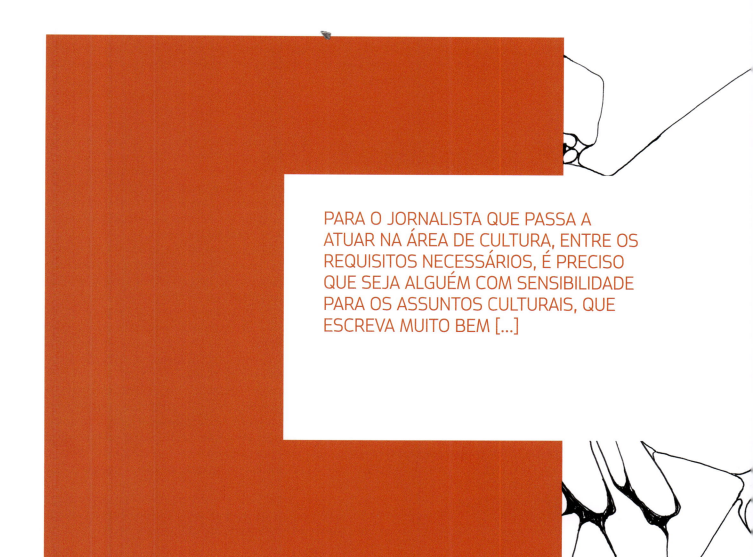

PARA O JORNALISTA QUE PASSA A ATUAR NA ÁREA DE CULTURA, ENTRE OS REQUISITOS NECESSÁRIOS, É PRECISO QUE SEJA ALGUÉM COM SENSIBILIDADE PARA OS ASSUNTOS CULTURAIS, QUE ESCREVA MUITO BEM [...]

POR ÁNGELES GARCÍA

POR GABRIEL PRIOLLI

TV É CULTURA

A TELEVISÃO É REALMENTE UMA REFERÊNCIA FUNDAMENTAL DA CULTURA BRASILEIRA E, NOS ÚLTIMOS ANOS, PASSOU A RECEBER UM POUCO MAIS DE ATENÇÃO DA MÍDIA, PRINCIPALMENTE A IMPRESSA, E DA UNIVERSIDADE.

De certa forma, minha vida profissional sempre foi a busca da relação entre jornalismo e televisão. Acabei indo para a televisão por razões completamente fortuitas. Não tinha nada programado, jamais imaginei trabalhar na televisão. Entrei quando, ainda na faculdade, surgiu a oportunidade de trabalhar na TV Cultura de São Paulo, como repórter no departamento de jornalismo.

Entrei na televisão e fui absolutamente seduzido. Picado pela mosca azul da televisão, fiquei absolutamente fascinado e, de lá para cá, são quase 30 anos de atividade na área.

Tive sorte de começar pela TV Cultura, onde a questão cultural era e é bastante importante, central. O que é completamente diferente da televisão comercial, em larga medida. Tivemos depoimentos recentes de alguns diretores de televisão, a propósito de discussões a respeito da Ancinav, e eles pareciam não compreender a dimensão cultural da televisão. Vêem a TV como uma forma de entretenimento, um serviço de lazer, sem ver nisso ou, além disso, uma dimensão cultural.

Começando com televisão pública, na televisão educativa, para mim a cultura sempre foi uma questão central. Cultura entendida aí no sentido amplo, no sentido antropológico do termo. A cultura como as diversas manifestações simbólicas de uma sociedade e também a cultura no sentido específico da produção cultural das artes e espetáculos.

Tudo isso sempre foi amplamente discutido na TV Cultura. Essa questão perpassa a maior parte do conteúdo dos programas que são produzidos. Na época em que comecei na emissora, 1975, havia um telejornal que era o único da televisão paulista que tratava de cultura. Era o *Panorama*, do Julio Lerner. Era um programa, um telejornal, na verdade, bastante semelhante, não no formato mas no conteúdo, ao atual *Metrópolis*, da mesma TV Cultura.

> QUASE NECESSARIAMENTE A CULTURA ERA PENSADA NUMA ÓTICA DE MERCADO. A IDÉIA DE UMA CULTURA ALTERNATIVA, DE INOVAÇÕES, DEBATES CULTURAIS MAIS AVANÇADOS, ISSO NÃO EXISTIA E CONTINUA NÃO EXISTINDO NA TELEVISÃO COMERCIAL ABERTA.

Não existia uma cobertura regular de artes e espetáculos como produto específico, ou dentro de um produto específico, como o *Panorama* ou o atual *Metrópolis*, na TV comercial. Havia alguma cobertura de artes nos telejornais convencionais, que, no conjunto, ocupava um espaço muito pequeno, geralmente quando acontecia algum fenômeno, algum evento cultural que ganhasse uma dimensão maior. Quase necessariamente a cultura era pensada numa ótica de mercado. A idéia de uma cultura alternativa, de inovações, debates culturais mais avançados, isso não existia e continua não existindo na televisão comercial aberta.

A televisão mudou muito. Nos anos 70, era completamente diferente da que temos hoje. A partir do final dos anos 80, início dos 90, entrou a TV segmentada no Brasil, por cabo e satélite; aumentou enormemente o número de canais e os canais se especializaram, criando algo que não existia antes.

A única especialização que havia, na televisão aberta antiga, era entre as estações comerciais e a televisão ecucativa. Determinados conteúdos só eram encontrados na televisão educativa e a televisão comercial se voltava para o entretenimento e alguma informação, mas sem nenhuma preocupação maior com educação, cultura, formação.

Com a TV segmentada isso muda muito, porque surgem inúmeros canais, e há espaço para canais comerciais voltados para a difusão de cultura, das formas mais diversas: canais especializados em documentários, canais voltados para a história como History Channel, o People and Arts, na primeira época, quando era Travel Channel, ou antes de virar um canal de reality shows, como ele é hoje. Tem muito documentário, como no Discovery Channel, por exemplo. São canais que estão no campo de produção de conteúdo cultural, com uma preocupação com a área de artes, e são canais privados.

Por outro lado, o próprio campo público da televisão aumentou enormemente, a partir basicamente da TV a cabo. Antes, nós tínhamos apenas a TV educativa aberta, agora temos canais institucionais, comunitários, legislativos, culturais e universitários. Esses canais têm uma programação central e uma de apoio. Por exemplo, nos canais legislativos, a cobertura do legislativo. Mas não se compõe 24 horas de programação só com a transmissão de sessões legislativas, sem complementar essa grade. E a complementação não é feita com programas de entretenimento e sim com programas culturais. Dessa forma, o espaço de difusão de produtos culturais na televisão aumentou enormemente, especializou-se, segmentou-se.

Depois de alguns anos trabalhando na TV Cultura, e fazendo várias coisas, da reportagem à direção de programas, incluindo-se apresentação, produção, roteiro, e tudo mais, tive outra experiência interessante. Fui trabalhar na *Folha de S.Paulo* e tive a oportunidade de cobrir a área de televisão, trabalhar como um jornalista especializado nesse segmento. Foi uma experiência que marcou muito a minha vida. Abriu-se outra avenida profissional, a qual venho seguindo há muito tempo. Mas o interessante é que, na época em que entrei na *Folha*, acabei cobrindo televisão por uma razão muito simples: ninguém queria, trabalhar com isso era considerado um castigo.

Era castigo porque a televisão era tida como coisa de quinta categoria, arte totalmente inferior. Ninguém queria sujar as mãos com aquilo. Mas de cara eu topei. Tinha experiência de televisão e me entusiasmei porque a grande carência que sentia, como profissional da área, era a ausência de uma boa cobertura de imprensa, que efetivamente desse elementos para os produtores refletirem, uma cobertura que dialogasse com os produtores.

A cobertura de TV era – e ainda é – muito centrada no *star system*. É interessada nos aspectos mundanos, na vida dos artistas, na fofoca. Essa é a preocupação principal. Mudou um pouco, com a cobertura de negócios da área e algumas discussões a respeito de conteúdo e debates éticos. Há uma série de temas que hoje estão lançados e produzem matérias que simplesmente não existiam anteriormente. Isso é algo que, creio, contribuí um pouco, modestamente, para introduzir, ao permitir que outros aspectos da TV, além da fofoca, fluíssem e virassem assunto de mídia.

Lembro que, nas primeiras vezes em que tentei fazer matérias mostrando que a empresa tal esta-

> **A ÚNICA ESPECIALIZAÇÃO QUE HAVIA, NA TELEVISÃO ABERTA ANTIGA, ERA ENTRE AS ESTAÇÕES COMERCIAIS E A TELEVISÃO EDUCATIVA. DETERMINADOS CONTEÚDOS SÓ ERAM ENCONTRADOS NA TELEVISÃO EDUCATIVA [...]**

POR GABRIEL PRIOLLI

va em negociação com o grupo não sei de onde para abrir um outro canal e diversificar, expandir, sempre me diziam: "Isso não é cobertura de televisão, é cobertura de economia". Sempre tentavam jogar para fora da área da cobertura, que era o jornalismo cultural.

A televisão, dentro do jornalismo, não era considerada como área a ser coberta a sério, não era valorizada. De certa forma o jornalismo e a televisão se desdenhavam mutuamente. Isso evoluiu um pouco. A televisão, que já tinha uma centralidade muito grande na cultura brasileira, no cenário cultural brasileiro, aprofundou e ampliou essa centralidade. A televisão é realmente um pilar da cultura brasileira e passou a ter um acompanhamento, digamos, um pouco melhor. Passou a ser vista pela mídia, e não só pela mídia, também pela universidade.

A televisão surgiu no Brasil em 1950 e os primeiros estudos acadêmicos são do final da década de 60. Ou seja, a universidade levou 20 anos para admitir que a televisão podia ser algo sério, importante o suficiente para merecer que os acadêmicos se dignassem a estudá-la.

O mesmo processo aconteceu com os jornais. Os jornalistas passaram a admitir que, pela importância que tem, a televisão era digna de cobertura. Hoje em dia, há uma especialização. Em linhas gerais, eu diria que há cobertura da área cultural, ainda pequena, fragmentária e feita sob uma estrita ótica de mercado na televisão comercial aberta. A cobertura é mais aprofundada e especializada na televisão fechada, privada. Que também tem mais amplitude, dedica maior atenção para a diversidade e para a heterogeneidade das manifestações culturais, para a cultura alternativa, para os novos, para novas tendências. Isso é muito mais forte na televisão pública, quer seja na televisão pública aberta, os canais educativos, quer seja na televisão pública fechada, os canais comunitários, universitários.

A TELEVISÃO DIGITAL É OPORTUNIDADE NÃO APENAS PARA A INTRODUÇÃO DE UMA NOVA TECNOLOGIA, MAS PARA UMA MUDANÇA DE PARADIGMA.

Uma questão que está em pauta agora é a da adoção do modelo de televisão digital e o que isso implica para a TV brasileira. É uma questão vastíssima. A TV digital pode ser completamente diferente da atual. Mas pode ser exatamente igual à que temos. Aliás, a chance de que ela seja exatamente igual à TV que temos é muito alta. A mudança depende muito do modelo a ser implantado e da correlação de forças políticas, para fazer com que o interesse público seja melhor considerado. Para que haja diversificação de fontes produtoras, maior diversidade no vídeo, mais gente produzindo, novos segmentos sociais, novos atores sociais podendo ter espaço na tela.

Essa demanda há anos vem se colocando, mas só vai ser atendida se quem deseja mudanças na televisão conseguir se articular de forma eficaz, para conseguir modificar as coisas. Senão vamos ter a repetição do padrão de programação atualmente existente, só que em tecnologia digital. Ou seja, uma televisão igual à que a gente tem, com pequenas alterações. Um pouco mais bonita ou com uma imagem um pouco mais definida.

A televisão digital é oportunidade não apenas para a introdução de uma nova tecnologia, mas para uma mudança de paradigma. Temos a possibilidade de fazer um outro tipo de televisão, que é dada em larga medida pela mudança tecnológica.

Em termos de características técnicas, o que pode mudar e vai mudar com a TV digital? Em primeiro lugar, haverá ampliação do número de canais. A tecnologia torna possível que a televisão aberta normal, que está na casa de qualquer cidadão, tenha um número tão alto de canais quanto hoje tem a televisão paga, por cabo ou satélite. O número de canais abertos pode se multiplicar pelo menos por dez! Pode subir dos sete atualmente existentes na freqüência VHF para cerca de 70 canais, mais ou menos.

A segunda questão é a possibilidade de interatividade. Ou seja, a tecnologia digital permitirá que haja uma comunicação de duas mãos entre a emissora e os telespectadores. A interatividade, que hoje é feita indiretamente, pelo telefone, por e-mail ou mesmo pela boa e velha carta, fazendo comentários, pedindo coisas, poderá ser on-line, imediata.

Há um campo de discussão sobre o que poderá ser essa interatividade. Pode ser simplesmente votar no filme *x* ou *y* para o *Intercine* de amanhã, comprar produtos oferecidos na programação, ou coisas assim. A interatividade, como a TV comercial está antevendo, é fundamentalmente voltada para o consumo. É para fazer o telespectador gastar mais dinheiro, gerar mais receita para a televisão apertando botões e respondendo a estímulos que a própria televisão vai dar.

O *Big Brother Brasil* já é assim! É um programa interativo, no qual o público define o destino dos concorrentes e ao mesmo tempo gera uma receita enorme para a televisão, porque toda mensagem enviada por telefone ou pager é paga. E já existem também as formas gratuitas de TV interativa, como as *n* enquetes que o *Fantástico* faz. Pode-se pensar que isso não tem interesse econômico, mas é claro que tem! Se alguém está participando da enquete, vai assistir ao programa todo para saber o que deu. Ou seja, ficou retido na frente do televisor, passou a ser um ponto de audiência e ajudou a estratégia de venda da emissora para os anunciantes.

Quase toda a interatividade existente hoje está voltada para o comercial e isso não será muito diferente na televisão digital. O desafio é pensar formas de participação do telespectador para além do nível mais imediato da comercialização.

Um terceiro aspecto importante é a alta definição. É a televisão com o dobro de pontos do que tem a imagem existente hoje, com uma definição muito melhor, equivalente à do cinema. Esse "equivalente à do cinema" é muito importante, porque significa uma possibilidade de integração entre as duas técnicas, as duas linguagens ou, no limite, entre as duas indústrias.

Essa integração não existiu até hoje. Hoje existe cinema passado na televisão. Uma produção de televisão poderá ser realizada com o mesmo apuro do cinema, e assim os limites do que é um produto de cinema e um produto de televisão ficarão muito mais tênues, abrindo todo um leque de discussões sobre isso.

Essas são as possibilidades, tudo podendo ser muito mais interessante, aberto, evoluído, no sentido do interesse público. Ou, ao contrário, pode ser uma coisa extremamente limitada, a reprodução de um modelo comercial de televisão existente hoje, num cenário digital.

> [...] O DEBATE PÚBLICO SOBRE TELEVISÃO HOJE É MUITO MAIS AMPLO, MUITO MAIS ABERTO E TEM MUITO MAIS PESSOAS E INSTITUIÇÕES PARTICIPANDO. PORTANTO, EXISTE UMA CHANCE – AINDA QUE PEQUENA – DE OCORREREM MUDANÇAS NA TELEVISÃO.

No caso do Brasil, é claro que tudo conspira para a repetição do modelo, para que não haja mudança de paradigma, e sim sua manutenção. No entanto, o debate público sobre televisão hoje é muito mais amplo, muito mais aberto e tem muito mais pessoas e instituições participando. Portanto, existe uma chance – ainda que pequena – de ocorrerem mudanças na televisão.

Essa chance vai depender da correlação de forças, se conseguirmos efetivamente pressionar, fazer com que as mudanças que desejamos passem pelo Congresso Nacional. E isso é complicado, pois lá 25% dos parlamentares estão ligados diretamente à radiodifusão e os outros 75% são reféns da televisão, porque, se votarem em desacordo com os interesses dela, evidentemente arranjarão para si sérios problemas. Entrarão na linha de tiro do telejornalismo ou, pior, cairão no ostracismo, serão vetados nos noticiários e nos programas.

Mais além da TV digital e da interatividade, temos ainda pontos a considerar sobre a TV comunitária. O espaço da TV pública poderia se abrir para as manifestações culturais das camadas populares, sobretudo com programas ao vivo. Imaginava-se que a televisão comunitária, criada na TV a cabo, cumpriria essa finalidade, mas não é bem o que ocorre – embora ainda possa ocorrer. A TV comunitária tem uma série de distorções, está infiltrada de interesses de igrejas, políticos e picaretas, mas não está liquidada como projeto. Na verdade, nem começou a explorar as suas potencialidades.

Mas há uma certa supervalorização da idéia de colocar a cultura popular na televisão, supondo que existem magníficas manifestações de cultura que a televisão não cobre e que está se perdendo um rico manancial. Tenho uma certa reserva em relação ao potencial que essas manifestações populares têm para atrair público. Acho que elas devem estar na televisão, mas não me iludo de acreditar que as pessoas vão preferir uma congada, mesmo transmitida ao vivo, por mais interessante que seja, à velha novela de todos os dias.

A televisão comunitária poderia cumprir essa função de dar visibilidade àquela cultura que hoje é invisível na TV, e em parte cumpre. Quem se dá ao trabalho de assistir a uma programação do Canal Comunitário, que está na rede a cabo, sabe que tem coisas bastante interessantes, apesar de um monte de equívocos. São coisas efetivamente ligadas a manifestações populares e que estão sendo veiculadas. Só não me iludo em relação à amplitude que esses programas possam ter.

Numa era em que a televisão tende a ter, ou já tem, uma centena de canais, será inevitável uma televisão sempre segmentada, que vá atender com conteúdos específicos a nichos específicos de público. As manifestações culturais populares entram também nesse âmbito.

É UMA FUNÇÃO NECESSÁRIA DA TELEVISÃO PÚBLICA VIABILIZAR FORMATOS DIFERENTES, PROJETOS CULTURAIS DIFERENTES.

Mas a discussão que está por trás disso é que as pessoas estão falando em termos de protagonismo. Não é simplesmente a exibição. Dou a congada como exemplo, mas o que está em questão é, digamos, uma televisão popular efetivamente feita por segmentos da população. Uma TV que permita que as pessoas se apropriem da linguagem. A televisão comunitária existente avançou bastante nesse aspecto e pode avançar ainda mais. Mas acho que não se deve alimentar grandes expectativas de que isso vá ser a panacéia, a grande mudança da televisão, e que esse tipo de conteúdo vá mudar substancialmente a TV e vá derrotar o padrão comercial existente. Isso simplesmente não vai acontecer.

É uma função necessária da televisão pública viabilizar formatos diferentes, projetos culturais diferentes. Isso hoje é muito mais fácil de fazer, e muito mais viável, na televisão pública do que nas TVs comerciais, em razão dos enormes compromissos que estas assumem com anunciantes, o que limita a sua disposição de correr riscos. Mas convém não alimentar muitas expectativas a respeito do poder transformador que a TV pública teria. Sem recursos financeiros, e confusa quanto ao seu real papel no sistema de televisão do país, ela tem ousado muito pouco e experimentado quase nada.

De qualquer forma, uma televisão concebida sob outro padrão, outro formato, outra visão, outra perspectiva, distinta da televisão comercial de entretenimento, encontra cada vez mais espaço. Mas nem por isso derrota o grande paradigma, porque este tem muito mais capital envolvido. Para fazer televisão, para fazer boa televisão, é preciso dinheiro também, e muito dinheiro, cada vez mais. Esse é um problema fundamental, porque fazer televisão de boa qualidade sem dinheiro, num país com a oferta de televisão que temos, é difícil.

Na televisão popular, comunitária, é muito mais interessante o processo do que o produto. O que interessa é as pessoas experimentarem a linguagem audiovisual e fazerem programas que retratem a sua realidade, num exercício de auto conhecimento, auto consciência – e não achar que, se veiculasse seus programas massivamente, caso isso fosse possível, o Brasil inteiro ficaria extasiado.

Mais além da TV comunitária e pública, há a questão da televisão regional ou da regionalização da televisão. Isso significa regionalização de produção na TV. Estamos precisando disso para equilibrar o modelo de televisão brasileira, bastante forte nas redes nacionais e fraquíssima na programação regional.

MAS O SOTAQUE MAIS DISCRIMINADO DO BRASIL É O CAIPIRA, EXPRESSÃO DE UMA MANCHA CULTURAL QUE VAI DO INTERIOR DE SÃO PAULO ATÉ RONDÔNIA. AS PESSOAS NÃO PODEM SE EXPRESSAR COM O SOTAQUE CAIPIRA NA TELEVISÃO, É UM TABU ENORME, NÃO É CONSIDERADO NORMAL.

Nos anos 50, a televisão era estritamente local e só passou a ser nacional, progressivamente, a partir dos anos 60, quando surgiu o videoteipe. Aí era possível copiar os programas em fitas e mandá-los a outras emissoras do Brasil. Depois, quando o Sistema Brasileiro de Telecomunicações, implantado pela Embratel, permitiu as transmissões nacionais ao vivo, no final dos anos 70, Rio e São Paulo começaram a mandar televisão para o Brasil inteiro. As televisões regionais foram minguando, acabando. Artistas, jornalistas e técnicos do Brasil inteiro migraram para o Sudeste, vieram para São Paulo e para o Rio de Janeiro, e a televisão regional definhou.

Hoje, há pouquíssima produção Brasil afora. Não falta regionalização no sentido do conteúdo, porque, nessa perspectiva, o painel do país que a televisão apresenta é razoavelmente amplo e rico. A Globo e as outras emissoras afirmam que é injusto dizer que a TV não mostra o Brasil. É injusto mesmo, porque a TV mostra o Brasil. Se vê de tudo, tem Centro-Oeste, tem Nordeste – toda hora tem Nordeste! – , tem Amazônia, tem Rio Grande do Sul. Os sotaques aparecem com freqüência razoável, talvez aquém do que deveriam, mas com uma relativa freqüência.

Persistem alguns preconceitos profundos em relação aos sotaques, nas emissoras do Rio de Janeiro e São Paulo. No jornalismo, o único sotaque que admitem é o gaúcho, porque os gaúchos são respeitados como produtores de bom jornalismo. Dessa forma, é mais fácil para o jornalista do Sul conseguir acesso à rede nacional, o que infelizmente não vale para o Norte e o Nordeste, por causa da tradição e do preconceito que tem de ser vencido – e será vencido, com o tempo. Mas o sotaque mais discriminado do Brasil é o caipira, expressão de uma mancha cultural que vai do interior de São Paulo até Rondônia. As pessoas não podem se expressar com o sotaque caipira na televisão, é um tabu enorme, não é considerado normal.

O fortalecimento da televisão regional é importante para que se tenha uma TV mais próxima da comunidade, que dialogue mais fortemente com as cidades, os distritos, e que faça com que as manifestações culturais dessas comunidades sejam compartilhadas por um número maior de pessoas da própria região.

Com produção regular em todas as regiões do país, progressivamente vai se fortalecer e se diversificar a própria televisão nacional. Porque haverá uma boa produção, de boa qualidade, feita no Brasil inteiro. Assim sendo, será muito mais fácil as redes absorverem essas produções. Quando as redes dizem hoje que regionalizar é complicado porque existem desníveis enormes de capacidade e qualidade de produção, isso é verdade.

Na TV Cultura, há algum tempo, tentamos implantar um programa com essa filosofia, fazer uma produção mais diversificada, regionalizada, e verificamos que, realmente, existem desníveis enormes na capacidade produtiva dos estados. Mas não se pode pretender que a televisão feita no Tocantins ou no Piauí tenha o mesmo apuro técnico que a feita no Rio de Janeiro ou em São Paulo, onde está a sede da indústria há 50 anos. Temos de investir na diversificação da produção, para que, daqui a alguns anos, talvez décadas, possamos ter uma televisão mais equilibrada e igualmente competente em todos os lugares do Brasil, atendendo suas comunidades locais e gerando conteúdo que possa ser de interesse do país inteiro.

> **A CHANCE DE MAIS RENOVAÇÃO NA TELEVISÃO ESTÁ EXATAMENTE NA POSSIBILIDADE DE AMPLIAÇÃO DA PRODUÇÃO INDEPENDENTE DENTRO DELA, PORQUE A LÓGICA DA INDÚSTRIA NÃO É PELA INOVAÇÃO, É PELA PRESERVAÇÃO.**

Sem dúvida, há uma demanda por diversidade na televisão, e demanda por programação regional. É no Brasil inteiro e em tudo que é lugar. Mas atender a essa demanda implica uma mudança profunda no sistema de televisão vigente, com impacto operacional e conseqüências econômicas muito sérias para as empresas envolvidas. Isso tem de ser discutido com cuidado, porque não se quer quebrar a televisão brasileira, o que se quer é melhorar e fazer com que ela evolua. Mas, se não houver cuidado, efetivamente ela quebra, porque o modelo está totalmente construído na base da centralização.

A chance de mais renovação na televisão está exatamente na possibilidade de ampliação da produção independente dentro dela, porque a lógica da indústria não é pela inovação, é pela preservação. Uma vez encontrada uma boa fórmula, a tendência é a sua manutenção. É por isso que estamos há 40 anos com telenovela diária, porque é a coisa mais infernalmente eficiente para gerar renda a uma emissora de TV. Não inventaram nada melhor do que a telenovela para fazer com que os telespectadores estejam lá todos os dias e a emissora possa garantir ao anunciante que tantos milhões de pessoas verão o produto dele.

Se alguém conseguir inventar um outro produto com a mesma eficácia comercial, a televisão rapidamente vai mudar. Mas não é a televisão de hoje que vai investir nessa mudança. A TV experimenta muito pouco e quanto maior a emissora, maior o tamanho da operação, maior o risco, e mais difícil fica esse processo. Portanto, a chance de oxigenação é a produção independente. Só que a televisão atual não quer ouvir falar disso, porque é antieconômico para o seu modelo de negócio, porque vai ter de pagar mais.

Por isso é que estamos lutando. As redes têm de ser obrigadas a comprar a produção independente, porque assim vão ter de se adaptar a essa situação. A convivência de programas próprios das emissoras com produtos independentes poderá gerar programações onde exista a inovação. Temos de confiar nessa possibilidade.

POR GABRIEL PRIOLLI

As questões da televisão são recorrentes, nunca terminamos de discuti-las, até porque a televisão tem problemas que se eternizam. Eu gostaria de não ter de discutir regionalização de televisão ou produção independente. Mas é impossível deixar de fazer isso: quando os assuntos se eternizam, os problemas não são resolvidos.

Eu gostaria de ter uma televisão mais inteligente. Mas só vamos ter uma televisão de alta qualidade, de fato, quando tivermos um telespectador de alta qualidade, um povo educado com padrões de gosto muito exigentes. Então vamos ter uma televisão que atenda a esse público, que converse com seu público. Diversidade é o que está faltando.

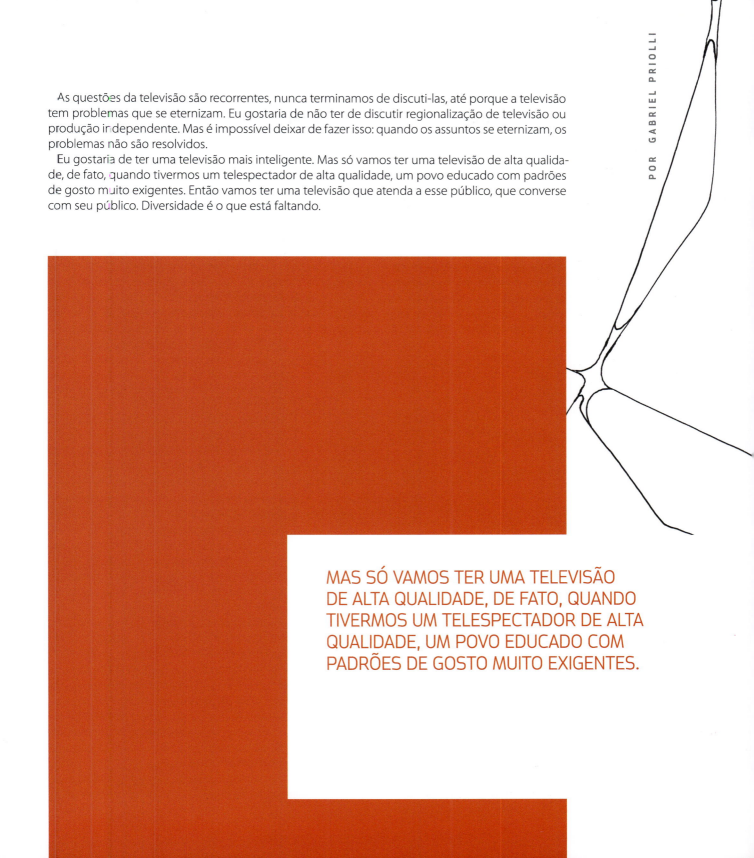

MAS SÓ VAMOS TER UMA TELEVISÃO DE ALTA QUALIDADE, DE FATO, QUANDO TIVERMOS UM TELESPECTADOR DE ALTA QUALIDADE, UM POVO EDUCADO COM PADRÕES DE GOSTO MUITO EXIGENTES.

ESCOLHA A DEDO

ESTAMOS NO LIMIAR DA IMPLANTAÇÃO DAS PLATAFORMAS DIGITAIS DE TRANSMISSÃO E RECEPÇÃO, QUE É ALGO QUE TORNARÁ POSSÍVEL A CRIAÇÃO DE PARADIGMAS MUITO MAIS PRÓXIMOS DAS PESSOAS.

Não entrei na televisão por acaso. Sempre quis fazer televisão, desde criança, mas não conseguia. Tentei até fazer cinema como um mecanismo de ir para a televisão. Um belo dia, em 1983, estavam construindo a TV Manchete e alguém me chamou para ser justamente editor de cultura.

Mas o que queria dizer editor de cultura? Fui e descobri que editor de cultura em 83 era o cara que coordenava o que a televisão ia dar na agenda cultural. Chegava uma quantidade muito grande de informação sobre shows que iam acontecer, palestras que iam dar, filmes que iam estrear, e ele selecionava as que interessavam. Fui dirigir um programa chamado *Panorama*, que ia ao ar antes do telejornal das 8. O *Panorama* apresentava na verdade a agenda cultural: estreava o show do Caetano, ia cobrir. Cobria o lançamento de um livro. Se houvesse 50 caras inaugurando exposição de quadros, selecionava um e pronto.

Desde os anos 80 no resto do mundo, e desde o início dos anos 90 no Brasil, houve uma revolução nos mecanismos de distribuição de sinais, com a implantação da TV por assinatura. Hoje existem mais de 200 canais, e houve a promessa de segmentação. Na minha visão, o que acabou sendo entregue ao consumidor, ao assinante, não foi segmentação, e sim pulverização.

> O QUE ESTÁ SENDO OFERECIDO [COM A TV POR ASSINATURA] AO ESPECTADOR AGORA É MENOS UMA SEGMENTAÇÃO DE PROPOSTAS, DE ASSUNTOS, DE MANEIRAS DE APRESENTAR, E MUITO MAIS UMA PULVERIZAÇÃO [...]

Hoje não conseguimos nem mais lembrar do que acontecia quando só havia televisão aberta, quando se sabia onde estava cada canal, qual a programação de cada um. O que está sendo oferecido ao espectador agora é menos uma segmentação de propostas, de assuntos, de maneiras de apresentar, e muito mais uma pulverização: são oito ou dez canais infantis; dez ou 12 canais de filmes, oito ou dez canais de esporte e assim sucessivamente, e todos parecidos entre si.

Outra mudança de paradigma é a da produção e recepção cultural. A informação se torna cada vez mais específica, emitida por um número maior de emissores, e cada vez circunscrita a um número menor de receptores. Considero isso um fato absolutamente extraordinário.

Por exemplo, é muito possível que eu esteja altamente familiarizado com quatro ou cinco diretores de cinema que são completamente desconhecidos de muita gente. Por sua vez outras pessoas devem ter familiaridade com manifestações musicais que, para mim, parecem verdadeiras piadas.

Percebo isso cada vez mais, e é muito bom. Significa que não existe mais aquela maneira de disseminar a informação cultural de um ponto centralizador, que decide quem vai ser o beneficiado entre os 20 assessores de imprensa que chegaram ali depois do filtro de 200 outros assessores de imprensa. Ou, pelo menos, essa forma de agir está com os dias contados.

Até porque uma das fontes importantes desse tipo de informação cultural, que é a do crítico especializado, também está em crise. Ficou muito difícil encontrar nas páginas dos jornais textos críticos.

POR NELSON HOINEFF

Ao ler detidamente algumas das críticas de cinema de *O Globo*, recentemente, a expressão mais inteligente que encontrei foi "o filme é legal paca". Essa era a referência que o crítico fazia em um dos três jornais mais importantes do país. No mesmo jornal encontrei outra, afirmando que "Woody Allen é um cineasta irrelevante".

A partir do nível dessas críticas cinematográficas, vale perguntar se um leitor jovem poderá, lendo esse tipo de crítica, despertar para si não só o gosto pelo cinema, mas também o entendimento do cinema. Quando garoto, lia os textos do Moniz Viana, crítico do *Correio da Manhã* e talvez o mais influente do Brasil. E, com o Moniz Viana, lia também outros críticos, como Paulo Emílio Salles Gomes, Alex Viany e José Lino Grünewald. A minha paixão pessoal pelo cinema não nasceu com os filmes, e sim com os textos de Moniz Viana, nasceu a partir das críticas.

Esse tipo de crítica não existe mais, e o papel formador da mídia se transformou radicalmente. Cada um de nós está sujeito a um consumo cultural cada vez mais especializado, individualizado e que se torna cada vez mais relevante dentro do pequeno circuito que elegemos para conversar sobre isso. Estamos no limiar da implantação das plataformas digitais de transmissão e recepção, que é algo que tornará possível a criação de paradigmas muito mais próximos das pessoas.

Nas emissoras e em redes é a forma de empacotamento da informação que é quase a natureza da própria televisão. Esse empacotamento parte da organização da linguagem da televisão. Quando falamos de televisão, hoje, não estamos falando de um programa em particular nem de um somatório de programas. Estamos falando da grade, da forma de empacotamento dessa programação. Quando mudamos esse paradigma, mudamos também a maneira de produzir e ofertar, de consumir a produção televisiva.

Aí reside a mudança de paradigma que mais nos interessa nesse momento, imediatamente seguido pela construção de um conteúdo específico para TV digital que, insisto, nem remotamente lembrará o que existe hoje. Não é simplesmente uma ampliação, aumentar de sete canais para 70 e com isso ter uma demanda dez vezes maior de programação.

Teremos uma mudança radical na construção desse conteúdo, e o exemplo está aí na nossa cara: quando se deixa de usar a internet em um ambiente discado, e se passa para banda larga, a velocidade aumenta, é óbvio. Mas não é só isso: é gerado todo um novo universo, uma possibilidade de construção de conteúdo que seria completamente impossível num ambiente discado. Esses conteúdos, que não podiam existir antes e agora existem, são completamente irredutíveis às plataformas anteriores.

Neste momento trava-se um debate sobre a questão da pluralização da produção televisiva, a questão de estabelecimento seja de cotas de tela para a produção independente, seja de formas de encorajamento da diversificação, da pluralização da produção televisiva. Um dos

CADA UM DE NÓS ESTÁ SUJEITO A UM CONSUMO CULTURAL CADA VEZ MAIS ESPECIALIZADO, INDIVIDUALIZADO E QUE SE TORNA CADA VEZ MAIS RELEVANTE DENTRO DO PEQUENO CIRCUITO QUE ELEGEMOS PARA CONVERSAR SOBRE ISSO.

pontos em que a Globo se apóia é que ela tem um altíssimo índice de nacionalização de produção. É verdade: é uma rede que produz, se não estou errado, 1.280 horas anuais de dramaturgia. Isso é muito mais, quase 20 vezes mais, que toda a produção cinematográfica brasileira. O problema é que é bom que exista a Globo, mas o panorama está desbalanceado sem outras formas de produção.

A questão da regionalização é muito mais séria e muito mais delicada do que a gente imagina. Já vi um grande repórter ser demitido no Recife, na minha frente. Foi demitido porque tinha sotaque pernambucano. Passei alguns dias em Fortaleza vendo os noticiários e todos os âncoras dos noticiários locais falavam paulistês ou carioquês. Os repórteres não, falavam cearense.

Há alguns anos eu dirigia na Bandeirantes um programa chamado *Realidade*, diário e ao vivo. Visitando as praças, deparei com algo interessante. Havia, como há em todas as estruturas de rede, os repórteres de rede e os da praça, e reparei que estes eram muito mais criativos, inventivos e interessantes que os de rede, que eram muito mais pasteurizados. Então criei no *Realidade* um quadro que consistia em fazer com que matérias locais fossem mandadas para a rede e as colocávamos nesse programa. Lembro de uma que mostrava um jegue que tinha encalhado na praça, numa pracinha no interior do Piauí. Essa matéria foi ao ar com a narrativa local. Esse quadro foi um grande sucesso, chamado "A Cara do Brasil". Quanto mais autêntico, quanto mais brasileiro fosse o repórter, mais guetizado era. O repórter de rede tinha de ser um cara que se parecesse o máximo possível com alguém do Rio ou de São Paulo.

> ESPERA-SE QUE O CINEMA LATINO-AMERICANO FALE ESPECIFICAMENTE DE QUESTÕES SOCIAIS. POR QUE NÃO DE QUESTÕES EXISTENCIAIS? ESSAS SÃO PRERROGATIVAS DOS AMERICANOS E DOS EUROPEUS?

Nessa questão da regionalização, há uma coisa que foi retirada da cultura televisiva brasileira, que é a expressão local. A maneira de se recolocar isso poderia ser pelo viés tecnológico, depois da implantação dos mecanismos de distribuição de sinais.

Acabei de mencionar a existência de centenas de canais. Mas neles, na verdade, as coisas se repetem. Vou de novo ao Ceará, onde existe uma emissora que gosto muito de ver, que está na rede a cabo. São programas locais feitos para a TV local. Eu me pergunto por que esse canal não está numa operadora de São Paulo, onde existe uma grande comunidade nordestina. E mesmo que não houvesse essa comunidade, existiriam pessoas mais interessadas em assistir a esse canal do que a uma das múltiplas versões de um canal de esporte, ou um canal de criança.

Se essas questões não forem colocadas pelo viés tecnológico, como deveria ser? Colocá-las pelo viés legal gera uma grande complicação. O projeto de lei da deputada Jandira Feghali, que está sendo muito discutido e que propõe a colocação de um certo porcentual de programação regional, acarreta diversos problemas na constituição da rede, na forma de remuneração, pois não existem mecanismos para isso.

As manifestações de cultura regionais não podem ser vistas como coadjuvantes das manifestações mais amplas de cultura. Espera-se que o cinema latino-americano fale especificamente de questões sociais. Por que não de questões existenciais? Essas são prerrogativas dos americanos e dos europeus? Essa situação de ser coadjuvante dentro de uma manifestação cultural mais ampla é bastante desagradável e me incomoda profundamente.

É muito importante que encontremos formas de recuperar as manifestações de cultura locais dentro da televisão brasileira porque os males que essa integração nacional já causou à cultura brasileira em alguns casos são irreversíveis. A linguagem brasileira já se modificou irreversivelmente em grande medida por causa da televisão. Há três gerações, ou pelo menos duas gerações, as pessoas do interior

POR NELSON HOINEFF

do país se sentem diminuídas se falam com seu próprio sotaque, e procuram falar da maneira mais parecida com um paulista ou um carioca.

A televisão brasileira vive hoje a maior crise criativa de todos os seus 50 anos. Nunca foi tão ruim quanto é hoje. Às vezes vemos algumas coisas mais antigas e percebemos como havia um nível de comprometimento com o veículo, um nível de criação, de ambição estética. A aposta em diversidade, em pluralidade, é essencial para a sobrevida da televisão brasileira. Sem diversidade não há a menor possibilidade de se ter uma televisão melhor.

O que desejo muito é que a televisão retome seu orgulho, que se veja novamente como um veículo autônomo capaz de produzir uma sintaxe própria, capaz de produzir uma lógica própria.

A TELEVISÃO BRASILEIRA VIVE HOJE A MAIOR CRISE CRIATIVA DE TODOS OS SEUS 50 ANOS. NUNCA FOI TÃO RUIM QUANTO É HOJE.

SENSIBILIDADE CRÍTICA

É DA FUNÇÃO DA CRÍTICA CULTURAL APONTAR OS EQUÍVOCOS, OS PROBLEMAS E OS ERROS OBSERVADOS NA OBRA DE ARTE. MAS ISSO TEM DE SER FEITO COM UM MÍNIMO DE LEALDADE PARA COM OS ARTISTAS.

A crítica cultural como gênero é um tema que, se lido com um certo humor e uma certa sintonia com a gíria, pode resultar em uma reflexão, imagino que útil, sobre o uso da crítica cultural para "fazer gênero", ou seja, para o jornalista criar uma persona, um tipo, que possa lhe garantir visibilidade na dura competição cotidiana pela atenção do leitor, espectador ou ouvinte.

Fazer gênero é uma estratégia cada vez mais utilizada pela crítica cultural brasileira. A rigor, a genealogia desse "fazer gênero" remonta a uma prática habitual na imprensa panfletária francesa do século XVIII, quando os jornais privilegiavam as versões e os adjetivos em prejuízo dos fatos ocorridos. Mas aqui nos interessa analisar as origens recentes dessa atitude no Brasil, que tem em Paulo Francis seu patrono e inspirador, embora saibamos que a cópia é, por definição, uma imitação medíocre do original.

O perfil é o do polemista de plantão, o jornalista que chega à condição de articulista pela insistência em produzir comentários em que a fidelidade aos fatos é infinitamente menos importante do que achar um ângulo de abordagem original do assunto, capaz de provocar uma avalanche de e-mails e cartas à redação, indignadas ou de apoio, a esses comentários.

Ângulo original não significa fidelidade aos fatos. No afã da polêmica, atropela-se a notícia e cria-se o comentário fantasioso e sedutor. Aciona-se o complexo de inferioridade mal resolvido do brasileiro, que é o primeiro a ironizar e depreciar sua cultura. Trata-se de uma aposta na desinformação e no espetáculo e não na função de informar e comentar (e até mesmo discordar, lógico), de fatos realmente ocorridos. São versões costuradas ao sabor da tal atitude de "fazer gênero". Coisa bastante preguiçosa, aliás, porque em vez de gastar sola de sapato no trabalho de reportagem, basta sacar uma interpretação de algo, sem sair da cadeira.

> [...] FICA VALENDO TAMBÉM PARA O JORNALISMO CULTURAL AQUELA LÓGICA MERCANTIL E UTILITÁRIA PRATICADA PELO DEPARTAMENTO DE NOVELAS DA REDE GLOBO: O ROTEIRO É DECIDIDO PELA AUDIÊNCIA.

A lógica é simples e eficaz, embora cínica: quanto mais reclamações, quanto mais comentários de apoio ou de discordância um texto "de gênero" provocar, maiores as chances do seu autor demonstrar ao seu editor ou aos donos da publicação que tem ibope, que tem cacife, que tem público. Assim, fica valendo também para o jornalismo cultural aquela lógica mercantil e utilitária praticada pelo departamento de novelas da Rede Globo: o roteiro é decidido pela audiência. O roteirista vai insistir em escrever sobre clichês que garantam e ampliem essa audiência. Como diz Fernando Pedreira, "o jornalismo está sendo nivelado pelo Ibope".

Alguns clichês bastante explorados pelos polemistas de plantão: as artes visuais são elitistas; os artistas visuais não conseguem se comunicar com o público; a arte contemporânea é uma soma de horrores que cancelam o humanismo. Affonso Romano de Sant'Anna, no jornal *O Globo*, por exemplo, manteve como assunto de sua coluna, durante meses e meses, uma abordagem totalmente desinformada e preconceituosa do panorama artístico atual, produzindo uma das campanhas mais desastrosas de deseducação visual de que tenho notícia no país.

Paulo Francis chegou a dizer que os artistas plásticos brasileiros que têm prestígio no exterior são todos "uns aproveitadores cevados pelo Itamaraty". Ou seja: que só expõem no exterior porque o governo brasileiro paga a conta. Francis apontou um desses supostos aproveitadores: Cildo Meireles.

Ora, sabemos que essas são afirmações infundadas e ofensivas à qualidade da arte brasileira, que tem presença cada vez maior não só no circuito cultural das grandes mostras de arte como no próprio mercado de arte internacional. Quanto a Cildo, é flagrante a indução à polêmica. Como diz o ditado popular: não se chuta cachorro morto. Cildo é um dos artistas mais importantes do cenário artístico internacional.

Para se ter uma idéia da solidez do prestígio de Cildo, basta lembrar que ele participou da famosa mostra *Informations,* em 1970, no Museu de Arte Moderna de Nova York (MoMA), que reuniu os artistas mais representativos de uma nova estética, voltada para a experimentação radical de meios. Não me consta que o MoMA seja sensível a propinas, nem que o Ministério de Relações Exteriores do Brasil tenha entre suas funções tentar cometer ingerências em museus estrangeiros.

Cildo tem visibilidade em espaços culturais e galerias importantes da Europa e dos Estados Unidos desde os anos 70, por méritos próprios. Na *Documenta de Kassel* de 1997, apresentou uma instalação que provocou filas de interessados em vê-la. A maioria, claro, de europeus. Mas isso é demais para o complexo de inferioridade do brasileiro, não? Tinha de haver marmelada na coisa...

Essa acusação a Cildo Meireles foi repetida inúmeras vezes por Francis, em sua coluna, o que, claro, despertava uma enxurrada de cartas. Muitas, aliás, escandalizadas com o pretenso favorecimento oficial ao artista. Cildo, no entanto, não caiu nessa armadilha de Francis. Nunca polemizou com ele. Teria o direito de processá-lo por calúnia e difamação mas aí a busca por justiça e reparação da honra produziria notícias que seriam apropriadas vantajosamente pelo polemista, numa lógica novamente perversa e contrária ao estabelecimento dos fatos. O caluniador poderia virar a vítima, um jornalista perseguido e censurado pelo artista.

Certa vez me acusaram de defender o uso de punhos de renda em um tiroteio de filme de faroeste. Isso até pode ser verdade e acho bastante bem-humorada a metáfora. Afinal, o mercado de trabalho para o jornalista está cada vez mais difícil e a disputa por um lugar ao sol traz também a oportunidade de pisar a ética em nome de vantagens imediatas.

> **[...] A CRIAÇÃO ARTÍSTICA É, EM TODAS AS SUAS MODALIDADES (E NÃO FALO APENAS DAS ARTES VISUAIS), UM ATO DE CORAGEM, UMA AFIRMAÇÃO VITAL. OU SEJA, UMA ATITUDE QUE MERECE RESPEITO E DEVE SER NOTICIADA DO MODO MAIS FIEL POSSÍVEL, SEMPRE DANDO VOZ AO ARTISTA.**

Confesso que gosto de punhos de renda, especialmente quando eles significam delicadeza no trato do fato cultural, amor à verdade e respeito pela trajetória profissional de um artista. Sabemos o quanto é duro fazer cultura em um país como o Brasil. Você é diariamente provocado a desistir. Os obstáculos são muitos. As condições econômicas, escassas. As ferramentas, de difícil acesso.

Nesse contexto, a criação artística é, em todas as suas modalidades (e não falo apenas das artes visuais), um ato de coragem, uma afirmação vital. Ou seja, uma atitude que merece respeito e deve ser noticiada do modo mais fiel possível, sempre dando voz ao artista. Claro que isso não significa realizar uma cobertura cultural anódina ou laudatória.

É função da crítica cultural apontar os equívocos, os problemas e os erros observados na obra de arte. Mas isso tem de ser feito com um mínimo de lealdade para com os artistas. É preciso tomar muito cuidado com o exercício da crítica como mero exercício do poder. É preciso pensar no processo cultural que antecede e sucede aquele fato que observamos.

É preciso pensar nas conseqüências e nos reflexos do que fazemos. E nunca, nunca mesmo, bater em quem não sabe ainda se defender. Ou seja: o artista jovem tem direito de errar e precisa ser olhado com mais cuidado. O artista consagrado deve ser analisado em perspectiva de seus sucessos anteriores e cobrado em qualidade até mesmo em nome dessa trajetória já realizada. A condescendência com o consagrado é um desserviço tanto ao leitor quanto ao artista.

Penso que a crítica não deve ser afastada de seu objeto de análise. O convívio com o desenvolvimento da obra de um artista é importante para o entendimento dela. O chamado "distanciamento crítico", do meu ponto de vista, não funciona. O fato artístico, para mim, está envolvido em emoção, em convívio. Não pode ser apenas exercício cerebral ou fria dissecação de um corpo inanimado. Proximidade não significa adesismo nem ação entre amigos. O crítico precisa manter sua independência de opinião, mesmo que isso venha a ferir amizades. Afinal, se elas ficarem gravemente feridas, é porque não eram amizades e sim relações utilitárias.

> **[...] O ARTISTA JOVEM TEM DIREITO DE ERRAR E PRECISA SER OLHADO COM MAIS CUIDADO. O ARTISTA CONSAGRADO DEVE SER ANALISADO EM PERSPECTIVA DE SEUS SUCESSOS ANTERIORES [...]**

A crítica de arte, no meu ponto de vista, deve ser um exercício do conhecimento. Um conhecimento apreendido no contato com o artista e sua obra e multiplicado na interface com o público do veículo de comunicação para o qual trabalhamos. Na parte que me toca nesse conjunto – a crítica de artes visuais –, penso que a crítica só justifica sua existência se contribui para a alfabetização visual do público. Só é válida se é exercida para esclarecer as intenções e os objetivos poéticos da obra e não como mero pretexto para lustrar o próprio ego ou garantir o emprego.

Faço a defesa dos punhos de renda, sim. Trabalhar pensando a longo prazo e pensando na responsabilidade cultural da crítica talvez não garanta a notoriedade instantânea ou sequer a notoriedade. Garante apenas aquela bela sensação de dever cumprido ao final de cada dia de trabalho utilizado para entender, pensar e divulgar a cultura de nosso tempo. Uma sensação misturada com o imenso prazer de conviver e dialogar com os artistas. O prazer de presenciar os bastidores da criação e o surgimento de uma obra de arte. Não acho pouca coisa. Troco qualquer pedestal para egos pelo enorme privilégio desse testemunho e dessa proximidade com a construção da arte de meu tempo.

POR ANGÉLICA DE MORAES

TRABALHAR PENSANDO A LONGO PRAZO E PENSANDO NA RESPONSABILIDADE CULTURAL DA CRÍTICA TALVEZ NÃO GARANTA A NOTORIEDADE INSTANTÂNEA OU SEQUER A NOTORIEDADE.

O APRENDIZADO DA CRÍTICA

SEM ESPAÇO NOS GRANDES VEÍCULOS DE MÍDIA, BOA PARTE DOS CRÍTICOS DE ARTES VISUAIS PASSA A ATUAR NA CURADORIA DE INSTITUIÇÕES CULTURAIS OU NA PRODUÇÃO DE TEXTOS PARA CATÁLOGOS DE EXPOSIÇÕES.

À questão sobre se a crítica influencia o público, meu primeiro ímpeto é responder que sim. Respondo isso menos como crítica e mais como público. E diria que influencia não tanto como selo de qualidade, como "isso presta e isso não presta", mas como acompanhamento geral do pensamento, da reflexão de um determinado crítico que, na condição de público, acompanho há algum tempo.

Posso concordar com ele ou não, mas me pauto pelo acúmulo de informações sobre a maneira específica desse crítico se relacionar com seu material de trabalho. O problema é que essa relação de intimidade com o pensamento de alguém está cada vez mais rara.

E aí reside um dos muitos pontos falhos do nosso sistema. Não é por acaso que a reflexão crítica abandonou as redações. Estas já não são mais as mesmas. Não há mais troca de idéias, tempo para leitura, espaço para a criação. O enxugamento de pessoal, a redução cada vez maior da idade dos repórteres e a avalanche crescente de pautas (perde-se mais tempo dizendo não do que investindo nas pautas que realmente valem a pena) tornaram as redações locais mais parecidas com fábricas do que com a visão romântica que temos delas.

A absoluta falta de continuidade de um projeto, o predomínio da famosa "reportagem", que dá aos artistas a palavra – forçando-os a explicar racionalmente criações poéticas a título de uma isenção jornalística –, os pedidos da chefia etc. são também fatores de complicação. Salvo exceções honrosas – é o caso do cinema e talvez da música (que têm um status privilegiado por serem também um fenômeno de grandes massas) –, não há nas redações dos grandes jornais do país críticos com mais de 40 anos. E por quê?

Porque se torna impossível, com a dinâmica imposta pelo mercado, atender ao mesmo tempo aos interesses prementes do circuito e promover uma reflexão mais acurada, mais cuidadosa e que, por isso mesmo, exige um recorte mais preciso. Mesmo que esse recorte leve a escolhas excludentes e um tanto quanto injustas.

Acompanhar a crítica também é um aprendizado. Na hora em que o mercado impõe o ritmo da novidade, da moda (e até mesmo da aceleração dos revivals fazendo com que a década de 90, que mal acabou, já seja vista como algo longínquo, que já mereça ser resgatado), importa menos refletir sobre por que e como determinado autor está levantando essa questão do que descobrir ganchos e historinhas interessantes sobre determinado tema, seja o Papai Noel, seja Che Guevara.

A falta de espaço nos grandes veículos de mídia acaba deixando sem veículo uma parcela grande dos críticos. Nos últimos tempos instituições como o Paço das Artes, o Centro Cultural São Paulo e o Centro Universitário Maria Antonia abriram espaço para grupos de "jovens curadores", que já não

> O ENXUGAMENTO DE PESSOAL, A REDUÇÃO CADA VEZ MAIOR DA IDADE DOS REPÓRTERES E A AVALANCHE CRESCENTE DE PAUTAS [...] TORNARAM AS REDAÇÕES LOCAIS MAIS PARECIDAS COM FÁBRICAS [...]

são tão jovens assim. Outra saída, que é a absorção dessa mão-de-obra especializada – mas sem espaço na mídia – para produzir textos de catálogos, também gera uma situação perversa já que muitas vezes caímos naquela crítica laudatória, mercadológica.

No que se refere aos jornalistas de formação, a situação é ainda mais difícil, pois as faculdades dificilmente fornecem a bagagem cultural necessária para enfrentar esse vasto mundo da cultura. Supostamente, a "isenção" jornalística seria uma solução para isso, mas não é o caso.

Há uma série de anedotas sobre as gafes cometidas por jornalistas. Todo mundo comete gafes, mas elas seriam em menor número se houvesse nas redações tempo para preparar a pauta e um trabalho de formação-acompanhamento dos mais velhos em relação ao trabalho dos mais jovens, como oficinas de escrita que se dão na prática. Lembro-me muito bem quando comecei na profissão, em 1991, na *Gazeta Mercantil* (ainda não nas artes plásticas). Meu primeiro texto foi uma materiazinha pequena, de umas 20 linhas, que foi comentada pessoalmente por três dos principais editores do jornal. Hoje, editores mal sabem o nome de seus repórteres estreantes.

Sei que minhas ponderações não têm nada de otimismo e que traçam um quadro bastante desanimador. Mas só posso dizer que, enquanto não tivermos clara consciência do processo de deterioração das relações de produção e reflexão artística, mais se reforçarão os laços mercantis e mais tênues se tornarão os elos entre as várias instâncias culturais deste país.

Apenas para concluir, de forma a reiterar a importância de um trabalho crítico consistente, cito uma passagem que encontrei numa obra (de causar inveja pelo seu fôlego) sobre a crítica de arte no México no século XIX:

"Um povo ou uma época sem crítica de arte é como se estivesse fora do mundo, como se ficasse para sempre perplexo diante das obras produzidas para si mesmo ou para os outros; seria um caso extremo de carência de verbo, de falta de sensibilidade, de reflexão e de imaginação. Na crítica de arte fica expresso o que se ama, o que se pensa e o que se imagina em relação às obras. E não apenas isso, mas também os ideais daquele tempo e aqueles que se projetam para o futuro."

Acho que esse trecho retirado de uma apresentação do mexicano Justo Fernández ao livro *A Crítica de Arte no México do Século XIX*, de Ida Rodriguez Prampolini, resume de maneira clara a importância central da crítica e eleva a discussão para além das questões mais comezinhas sobre a falta de espaço, a pouca cultura ou a ausência de diálogo entre os vários agentes em questão (artistas, críticos, poderosos da mídia e, finalmente, o público).

> NO QUE SE REFERE AOS JORNALISTAS DE FORMAÇÃO, A SITUAÇÃO É AINDA MAIS DIFÍCIL, POIS AS FACULDADES DIFICILMENTE FORNECEM A BAGAGEM CULTURAL NECESSÁRIA PARA ENFRENTAR ESSE VASTO MUNDO DA CULTURA.

POR MARIA HIRSZMAN

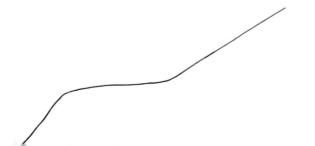

DILEMAS ON-LINE

SE A GAROTADA DE 15 A 20 ANOS PASSAR CINCO ANOS SEM VER O *NEW YORK TIMES* NA INTERNET, OU NÃO PROCURAR NOTÍCIAS NO *NEW YORK TIMES*, A GRANDE MARCA *NEW YORK TIMES* DEIXARÁ DE EXISTIR.

Eu adoro papel, mas não tenho nenhum preconceito com internet e faço jornalismo desde antes de haver internet comercial. Trabalhei no desenvolvimento do primeiro portal da internet brasileira, que jamais foi lançado. Era o portal da Rede Globo, mas duas semanas antes de ser lançado, o UOL saiu. Isso me dá uns 11 anos de internet.

Fui para jornalismo porque gosto de papel, gosto de jornal, gosto de revista, mas se alguém tem a intenção de trabalhar em jornal ou revista, lamento informar que isso vai acabar, e é por isso que digo que ando meio apocalíptico.

Mas tenho de explicar o que é esse "acabar". É constatar que nunca mais vai se vender jornal como se vendeu nos anos 40, nunca mais como se vendeu nos anos 60, nunca mais como nos anos 80 e daqui a dez anos a gente vai ver que jamais vai se vender jornal como se vendeu durante os anos 90. Já há um histórico de uns 60 anos de declínio de circulação de jornal no Ocidente.

POR QUE AS REVISTAS ESTÃO DIMINUINDO DE CIRCULAÇÃO? BEM, A CULPA É DE CADA GERAÇÃO NOVA QUE ENTRA COM MENOS GENTE COM O HÁBITO DE LER JORNAL. ESSE É UM HÁBITO QUE SE CRIA ENTRE OS 15, 25 ANOS.

Quando se coloca essa informação num gráfico se verifica que o jornal vende menos, o jornal circula menos. De vez em quando aparece um ano no qual houve aumento de circulação, mas quando se joga nas décadas o que se vê é uma reta em declínio.

A data para o fim dos jornais, se for mantida a tendência dos números no histórico de um século, é 2043. É nesse ponto que a reta vai chegar o zero. Naturalmente não vão acabar os jornais em 2043, em algum ponto no caminho haverá uma estabilização e os jornais virarão veículos de nichos.

E por que os jornais não vendem? Por que os jornais estão diminuindo de circulação? Por que as revistas estão diminuindo de circulação? Bem, a culpa é de cada geração nova que entra com menos gente com o hábito de ler jornal. Esse é um hábito que se cria entre os 15, 25 anos. A partir daí, invariavelmente, se lê aquele mesmo jornal pelo resto da vida. É muito raro mudar de veículo.

Assim como antes, a internet não é a única culpada, televisão e rádio são culpados e já existiam quando a internet era apenas traço. Mas a internet está provocando isso com muita intensidade, porque é de graça, porque proporciona uma fonte monstruosa de lugares distintos de informação.

Então, a cada nova geração, esta migra cada vez mais para ler notícia dentro do computador, o fenômeno se acelera cada vez mais, e isso não é necessariamente bom, por um motivo específico, em particular no caso brasileiro. Nós temos uma estrutura de jornalismo na internet, que inclui o Terra, inclui o NoMínimo, que é onde trabalho, inclui praticamente todos os sites de jornalismo na internet. Mas é uma estrutura viciada, porque praticamente toda a internet brasileira pertence às grandes empresas de telecomunicações.

Quando a internet comercial veio, em 1995, 1996, praticamente não havia conteúdo em português. Alguém precisava pagar para que começasse a ter gente escrevendo em português na internet. Quem tinha interesse em ver mais gente na internet? Não eram os grandes grupos de comunicação. Quem tinha interesse era quem vendia acesso. Eram e continuam sendo as empresas de telefonia, as empresas de cabo. Depois pode-se falar: "Mas tem UOL", e o UOL é da *Folha de S.Paulo*. Mas o UOL também é da Portugal Telecom. O Terra pertence à Telefônica de Espanha. O IG e o Ibest, que são os portais que financiam NoMínimo, pertencem à Brasil Telecom. E o globo.com é ligado à Telecom Itália. Basta examinar todos os portais para se ver uma concessionária pública de comunicação que é quem decide o que é publicado nos grandes portais brasileiros de informação.

Estamos num momento em que se visualiza que daqui a 10, 15 anos, a internet vai ser – e estou sendo pessimista – a principal fonte de informação, e todo mundo vai ter acesso a ela. Hoje, entretanto, a internet é dominada por um grupo que tem interesses muito específicos: são concessionários públicos, e são os donos dessa informação.

Em algum momento vamos ter de encontrar uma maneira de financiar a saída desse esquema. Não é fácil. Ser jornalista blogueiro é muito bonito, mas não paga o pão de ninguém. Para fazer bom jornalismo é preciso estar dedicado a isso 24 horas ao dia, e para isso alguém vai precisar pagar o salário. E não sabemos como fazer isso.

Enfim, estamos num momento fascinante de mudanças de paradigma e é um momento, também, muito delicado porque não está resolvido. Ainda não se sabe como vamos conseguir fazer jornalismo independente e de qualidade na internet.

Provavelmente estamos vivendo um momento equivalente apenas ao da invenção da imprensa por nosso amigo Johannes Gutenberg.

Antes da invenção da imprensa, o alcance de público que alguém conseguia ter era o máximo do alcance da sua voz. Depois da invenção da imprensa se conseguiu imprimir um bocado de papel e mandar para longe esse troço, que dura décadas, e não preciso explicar para ninguém quais são as vantagens do papel.

A internet permite que o custo de impressão em papel suma, permite que o custo de distribuição praticamente suma. É só o consumidor que tem de pagar pelo acesso, que já é bastante barato; mas os jornalistas têm esse problema de como ganhar seu salário.

Qual é o dilema atual das grandes empresas de comunicação? Praticamente em qualquer lugar do mundo, ao longo dos séculos – temos alguns jornais centenários no Brasil, e na Europa há jornais com 200 e até 300 anos – esse pessoal criou marcas que durante gerações e gerações significavam notícia.

Se por um acaso acontecer de essa turma ficar fora da internet durante dez anos, e se por acaso acontecer de uma garotada de 15 a 20 anos passar cinco anos sem ver o *New York Times* na internet, ou não criar o hábito de consultar notícia no *New York Times*, para essa turma a marca *New York Times* terá deixado de existir. E esse é um grupo que o *New York Times* jamais conseguirá recuperar. É por isso que o *New York Times* começou a lançar também um blog de crítica de cinema e outro de classificados de imóveis com boas pedidas.

> PROVAVELMENTE ESTAMOS VIVENDO UM MOMENTO EQUIVALENTE APENAS AO DA INVENÇÃO DA IMPRENSA POR NOSSO AMIGO JOHANNES GUTENBERG.

O problema é a diferença entre a empresa de comunicação e as concessionárias públicas. Para ter um jornal, o capitalista tira dinheiro do bolso, contrata jornalistas, contrata gráficos, compra uma impressora, compra caminhões. É caro, mas é assim que se faz. Já para uma concessionária pública, principalmente nessa área de telecomunicações, o que conta é a relação direta com o governo, que nem sequer nasceu da tradição das concessões públicas que já havia para rádio e televisão. Essas concessões de rádio e televisão já eram meio confusas, já eram meio atrapalhadas e continuam sendo.

Na relação do governo com os jornais na área de concessões de rádio e TV, também havia risco embutido. Uma das histórias mais notáveis de risco que um empresário teve, com todos os seus defeitos, foi a do doutor Nascimento Brito, que, mesmo concorrendo a uma concessão de televisão nos anos 80, continuou dando paulada no governo. E o que aconteceu? O governo não deu a concessão para o *Jornal do Brasil*. Havia duas concessões disponíveis: uma foi para o SBT e a outra foi para o senhor Adolpho Bloch, da finada Manchete. O *Jornal do Brasil*, que já tinha erguido um prédio enorme para a televisão, quebrou.

Bem ou mal, essa era a relação que a maioria dos velhos donos de imprensa, que não são naturalmente bons patrões, tinha com ser "dono de uma empresa jornalística". Não é assim que empresário dono de concessão de comunicações funciona. Porque são banqueiros, porque é gente que joga em bolsa, é gente que tem rabo preso com fundo de pensão público. Daí começa a existir uma promiscuidade política sem tamanho.

O drama todo está exposto: de um lado não sabemos qual modelo de sustentação da internet é o melhor e, por outro lado, o jornal impresso está acabando. E vivemos tempos interessantes, não é isso?

Entretanto, há uma certa perda de tempo em começar a fazer qualquer tipo de discussão de forma corporativista. Se qualquer coisa é inevitável, o problema é muito simples: vai acontecer, não tem como não acontecer e é bom que aconteça.

O DRAMA TODO ESTÁ EXPOSTO: DE UMA LADO NÃO SABEMOS QUAL MODELO DE SUSTENTAÇÃO DA INTERNET É O MELHOR E, POR OUTRO LADO, O JORNAL IMPRESSO ESTÁ ACABANDO.

Pode-se perguntar, por exemplo, diante da rapidez das informações na internet, como ficam as reportagens especiais, mais bem produzidas e com mais aprofundamento. Será que esse tipo de material é – ou era – mais enfocado no meio impresso?

Acho que não. Uma das especialidades do NoMínimo é justamente essa. Eu já fiz e adoro fazer reportagem, e seria uma grande pena se a única coisa que pudesse fazer na internet fosse blogar. Eu gosto muito de blogar, mas já fiquei quatro dias na fronteira do Mato Grosso com o Pará cobrindo a crise agrária.

Essa é uma proposta editorial nossa, até porque praticamente todo mundo no site no qual trabalho vem de jornal impresso, com longas carreiras. Não acreditamos que informações na internet tenham de ter dois parágrafos, e que se a coisa não está sendo clicada o suficiente por segundo tem de ser tirada do ar. Isso custa dinheiro e, por enquanto, estão pagando para nós fazermos. Não sei se vai durar muito tempo. Mas espero que o destino da internet não seja abandonar grandes reportagens, até porque, hoje, ela é o único lugar onde se pode, em países como o Brasil, fazer boa reportagem, escrita como no jornalismo literário. Esse tipo de espaço é reduzido hoje nos meios impressos.

A internet oferece ainda possibilidades de "acabamento" e edição muito diferentes das da imprensa escrita. Por exemplo, os links. Link é essa palavra engraçada que já ouvi com significados diferentes. Às vezes o link abre uma janelinha para um box da mesma matéria ou às vezes é para uma página externa. Se existe a cabeça jornalística, o redator percebe que às vezes é repórter, às vezes é editor. Mas, no final, ele tem responsabilidade jornalística pelo acabamento da matéria e isso inclui a escolha dos links. Não só a escolha dos links, mas a escolha de onde os links vão estar, porque às vezes pode-se botar uma sutil ironia numa palavra. Isso é responsabilidade editorial. A indicação de links pode ou não ser suficiente para complementar a informação.

Isso também tem a ver com a questão de se é possível fazer um bom jornalismo na internet com todo o imediatismo das notícias on-line. E o processo de fazer a checagem de informações em jornalismo on-line.

No primeiro caso, a resposta é muito simples: não se faz. Ou se produz com rapidez ou com qualidade. Antigamente, quando não tinha internet, existia uma coisa chamada agência de notícias, que chegava a todas as redações, conforme a notícia ia acontecendo: "O ministro acabou de aparecer", "O ministro vai dar entrevista coletiva". Dez minutos depois vinha pelo telex o resumo de uma pergunta e o resumo de uma resposta. No final do dia, o redator, ou o secretário de redação, ou seja lá quem fosse consolidar aquele material, já havia lido todos aqueles telex, já tinha mais ou menos uma boa noção do que acontecera, e batia um papo com o cara da sucursal de Brasília que havia acompanhado as notícias, dava uma mexida, dava uma organizada. Havia tido tempo de conversar com o senador líder da oposição, ou com qualquer outro personagem. Enfim, havia um material bastante sólido, bastante razoável, e se tinha uma boa idéia de quais eram as dúvidas para correr atrás e resolver, e redigir o que, no dia seguinte, iria sair no jornal.

Ora, quando chegou a internet, alguém teve uma idéia genial: "Vamos publicar a agência de notícias". Aí se põe no ar um produto que não tem acabamento final, pois ninguém tem tempo de avaliar se o que está indo ao ar é ou não relevante.

Em qualquer "Em Cima da Hora" ou "Segundo a Segundo" de internet – todos os portais têm um produto equivalente – 90% vai ser lixo. Uma coisa é qualidade, outra é rapidez, e as duas são incompatíveis, porque na rapidez você sempre vai ter de lidar com o fato de que às vezes a notícia está certa, e às vezes não. Se não houver tempo de checar, o risco sempre vai ser maior. Com tempo de checar ainda se erra, porém menos.

Há dois anos voltei a escrever no meio impresso também. E a minha segunda experiência depois de estar apenas na internet. Durante um ano mantive uma coluna na *Revista da Folha* e agora estou no *Caderno Link* do Estadão. Nos dois casos sempre mantive meu e-mail embaixo da coluna. É impressionante o número pífio de e-mails que eu recebia; às vezes tinha domingo ou segunda-feira no *Estadão* em que eu não recebia nenhum e-mail de comentário. Há uma frieza do veículo impresso, como se o jornal pusesse a matéria e o jornalista que a escreveu num pedestal. O leitor então não dá retorno, tem uma barreira ali. Por outro lado, no NoMínimo, eu tenho um blog, que é o primeiro weblog profissional do jornalismo brasileiro. Esse blog foi lentamente crescendo em termos de usuários nas caixas de comentário de cada post.

> **A INTERNET OFERECE AINDA POSSIBILIDADES DE "ACABAMENTO" E EDIÇÃO MUITO DIFERENTES DAS DA IMPRENSA ESCRITA. POR EXEMPLO, OS LINKS.**

O NoMínimo certamente não tem o tipo de freqüência de um grande portal. Mas toda semana há de três a quatro posts que recebem 100 comentários. Trinta comentários é um número mínimo. Por algum motivo o diálogo com os leitores é interessantíssimo e ainda não consegui descobrir a fórmula para saber qual o post que incendeia mais comentários ou não. Mas há algo interessante e eu gostaria de ter também a fórmula exata para fazer com que os comentários fossem sempre ricos, tivessem sempre opiniões interessantes. Mas a verdade é que, mesmo quando as pessoas discutem concordando ou discordando do que escrevi, sempre há respeito. Por quê? Eu não sei, não sei o que acontece. Talvez tenha sido o crescimento lento, que formou uma comunidade.

[...] EU GOSTARIA DE TER TAMBÉM A FÓRMULA EXATA PARA FAZER COM QUE OS COMENTÁRIOS FOSSEM SEMPRE RICOS, TIVESSEM SEMPRE OPINIÕES INTERESSANTES.

E talvez uma das melhores coisas na internet seja essa formação de comunidades ao redor de um lugar. Muitas vezes sinto que o blog é apenas a desculpa para aquelas pessoas estarem ali em volta, porque elas estão a fim é de conversar entre si. O blog então é meio que um provocador, um mediador de um debate. Mas independentemente de quantidade, esse debate com os leitores pode ser algo riquíssimo. O número de vezes em que fui corrigido, e corrigido humilhantemente, já é grande o suficiente para ter perdido a conta faz muito tempo. É engraçado isso, como as duas mídias, o papel e a internet, são absolutamente diferentes.

POR PEDRO DÓRIA

MUITAS VEZES SINTO QUE O BLOG É APENAS A DESCULPA PARA AQUELAS PESSOAS ESTAREM ALI EM VOLTA, PORQUE ELAS ESTÃO A FIM É DE CONVERSAR ENTRE SI.

REDE DE LINGUAGENS

NO JORNALISMO DIGITAL, NO BRASIL E NO MUNDO, INFORMAÇÃO NÃO É SÓ TEXTO, NÃO É SÓ FOTO, NÃO É SÓ ÁUDIO, NÃO É SÓ VÍDEO, NÃO É SÓ INTERATIVIDADE: É TUDO AO MESMO TEMPO AGORA.

Desde o final dos anos 90, o Portal Terra, através da TV Terra, produz e veicula conteúdo em banda larga. Algumas de suas produções fotografam o que aconteceu na internet no país durante esse período, como a primeira entrevista on-line realizada com um presidente da República no Brasil (na época, Fernando Henrique). Após um ano de negociações, FHC teve a "coragem" de entrar para a história como sendo o primeiro presidente do Brasil a ser entrevistado ao vivo pela internet. Nos Estados Unidos, Bill Clinton já tinha feito isso. Inclusive a página de transmissão de sua entrevista foi "hackeada", o que gerou o receio dos assessores de Fernando Henrique.

Logo após anunciar a data da entrevista com Fernando Henrique, o Terra e os veículos do grupo Estado (*O Estado de S. Paulo, Jornal da Tarde*, Agência Estado e Rádio Eldorado São Paulo), que realizaram a entrevista em parceria, receberam 20 mil perguntas de internautas. Foi um número muito significativo para a época, já que em 2000 o espectro de banda larga era pequeno. A saída inclusive foi liberar o sinal, na última hora, para a Rádio Eldorado, que transmitiu a entrevista ao vivo. No dia seguinte, todos os grandes jornais e principais emissoras de TV repercutiram o fato com grande destaque.

Foi uma quebra de paradigma, porque a internet, em 2000, tinha só cinco anos de Brasil e, embora já produzisse conteúdo importante, deparava com o questionamento do mercado – afinal, a internet é mídia ou não é? Mas quando o presidente da República, autoridade maior do Estado e do país, resolve dar uma entrevista pela internet, esse questionamento se liquida, e se quebra um paradigma. Considero esse fato um marco na história da internet brasileira.

> A INTERNET TROUXE O CAOS PARA AS REDAÇÕES. UM CAOS POSITIVO, POIS DEMOCRATIZOU AS INFORMAÇÕES – PARA O BEM E PARA O MAL.

O jornalismo digital mudou o conceito de comunicação, não só aqui no Brasil, mas no mundo inteiro. Introduziu o tempo real, a atualização minuto a minuto, a notícia em progresso o tempo inteiro, a mistura de linguagens. A informação não é só texto, não é só foto, não é só áudio, não é só vídeo, não é só interatividade: é tudo ao mesmo tempo agora. Essa é a grande questão que move hoje a relação da informação com o usuário.

A internet também quebrou paradigmas porque antigamente, para se produzir informação ou jornalismo, era necessário ter uma empresa montada, um grupo de comunicação tradicional, ou um jornal numa cidade etc. A internet trouxe o caos para as redações. Um caos positivo, pois democratizou as informações – para o bem e para o mal. Hoje a internet permite que uma pessoa, da sua casa, possa ser um agente emissor de informação através de comunidades, de blogs, de videoblogs ou o que seja.

Esse fenômeno também modifica a caracterização de uma grande empresa que produz jornalismo digital. O Terra produz jornalismo, mas não tem o berço esplêndido de um grupo de comunicação.

O portal sofreu preconceito por começar a construir uma credibilidade que, na época, não se entendia como legítima.

As pessoas procuravam a credibilidade da marca ou dos grandes grupos e foi uma caminhada de cinco anos para provar que sim, é possível produzir na internet informação de um novo jeito e com credibilidade, entendendo quais são as suas linguagens, entendendo o caos, valorizando o caos e utilizando e maximizando todos os recursos que a internet oferece.

A realidade da internet no Brasil é diferente da de outros países. Se tomarmos o modelo americano como modelo de jornalismo on-line, vemos que é bem diferente do que temos. Nós estamos falando de internet como plataforma de leitura, mas também existe o celular, que já é uma realidade grande lá fora e aqui ainda está engatinhando.

O mais complicado nisso é que, se por um lado são as empresas de telecomunicação que dominam o jornalismo digital no Brasil, por outro existe a tentativa de modificar as leis vigentes por parte dos grupos de comunicação, que estão perdendo o seu espaço ao ver um cenário apocalíptico acabar com seu negócio. Na verdade o que eles querem é manter a lei que regula os meios de comunicação tradicionais estendida para a internet.

Existe uma nova mídia, que precisa de uma nova discussão, que tem novos atores e novos usuários e tem de ser entendida de uma nova maneira. Então, no Brasil, o perigo não está só em uma empresa de telecomunicação controlar conteúdo. O perigo está também nos grupos de comunicação, que dominam por décadas o mercado brasileiro e estão trabalhando pesadamente para controlar a informação, o que pode ser feito de várias formas: pode ser um controle econômico ou um controle através da legislação. É necessário encontrar uma nova saída.

Nenhum país do mundo conseguiu resolver essa situação porque ela é muito complexa, porque a tecnologia corre em alta velocidade, porque a transformação é muito mais rápida do que qualquer ciclo de comunicação que já tivemos. Se considerarmos jornal, rádio e TV, verificamos que os ciclos de sedimentação que tiveram são mais longos. O ciclo da internet é muito rápido, a internet é um bebê que já provoca um furacão.

> [...] O PERIGO NÃO ESTÁ SÓ EM UMA EMPRESA DE TELECOMUNICAÇÃO CONTROLAR CONTEÚDO. O PERIGO ESTÁ TAMBÉM NOS GRUPOS DE COMUNICAÇÃO [...] TRABALHANDO PESADAMENTE PARA CONTROLAR A INFORMAÇÃO [...]

Dentro desse conceito de mudança, o mercado americano está mais maduro. Lá, a verba de publicidade dos veículos tradicionais começa a migrar para a internet de maneira acelerada e já ameaça cortar os pés dos jornais, cortar as verbas para televisão, que estão sofrendo muito com o novo concorrente. Outra mudança interessante é que, depois de uma grande resistência dos grandes veículos de comunicação, eles já começam a tentar olhar o assunto mais de perto. Por exemplo, o *New York Times* anunciou para o final de 2007 a unificação das redações do jornal tradicional e da edição on-line. No Brasil as redações são normalmente apartadas, com preconceitos e corporativismos.

Há pouco tempo aconteceu um fato mais relevante ainda. Uma empresa tradicional, a *Newsweek*, contratou um editor on-line do *Wall Street Journal* para comandar toda sua redação. É um jornalista com uma visão diferente, de multiplataforma, com a percepção de que a linguagem está alterada, e que já conhece esse novo conceito de comunicação.

Rapidez na tomada de decisões para se adaptar aos novos tempos. Hoje a realidade do jornalismo é essa. É o que o Terra tem feito, é o que outros portais fazem, é preciso ser muito bom para entregar rápido, empacotar e formatar. E já se começa a perceber uma movimentação para produzir material diferenciado, como reportagens. Sim, talvez esse processo seja mais lento, pois obviamente está conectado com achar a fórmula que pague isso. Hoje o formato que se paga é o formato da entrega rápida, é o formato da atualização de uma lista de notícias. O investimento na reportagem é feito em coberturas mais óbvias, como eleição e Copa do Mundo, não acontece no dia-a-dia, como deveria ser.

O blog é uma vírgula nisso e é muito importante. É um trabalho também insano, considerando a relação custo-benefício, mas há uma grande chance de fazer isso e o Terra já vem agindo no sentido de mudar o rumo do tempo real – dar a notícia mais rápida, mais ágil, mas também investir muito em reportagem e investigação, com grandes nomes do jornalismo nacional que estão sendo garimpados da mídia impressa e trazidos para a internet.

Eu vivo isso na pele. Tenho dez anos de experiência de trazer gente da mídia impressa e perder gente para a mídia impressa, para o bem e para o mal. As redações on-line são muito novas, o que é bom e o que é mau. Essa redação nova sabe empacotar muito bem a informação, sabe entregar rapidinho, sabe mexer no HTML, sabe encodar um vídeo, sabe botar uma imagem no Photoshop e tratar. O webjornalista faz tudo isso ao mesmo tempo, mas ele provavelmente entrou pela porta da frente da bolha de crescimento do mercado de informática, recém-saído de uma faculdade, sem ter nenhuma experiência de texto. E, obviamente, quando se dá uma tarefa para essa pessoa – entrevistar alguém, por exemplo – na maioria das vezes ele não consegue, porque não tem background, nunca cobriu buraco de rua, nem crime na favela, não cobriu Carnaval, não cobriu eleição, não cobriu passeata, não chegou na redação e levou uma bronca do editor dizendo que o texto está hor-

> [O WEBJORNALISTA] PROVAVELMENTE ENTROU PELA PORTA DA FRENTE DA BOLHA DE CRESCIMENTO DO MERCADO DE INFORMÁTICA, RECÉM-SAÍDO DE UMA FACULDADE, SEM TER NENHUMA EXPERIÊNCIA DE TEXTO.

rível e tem de reescrever tudo em dez minutos porque o jornal está fechando.

O inverso também é verdadeiro. Contratei muita gente da imprensa tradicional que teve uma enorme dificuldade de lidar com esse tempo recorde da internet, esse fechamento que nunca começa e nunca acaba.

Quando soubemos que a Lílian Wite Fibe tinha saído da Globo, a convidamos para conhecer o projeto de um produto banda larga inédito na TV brasileira. Nós nos reunimos, fechamos tudo, o Terra definiu o conceito do produto, ela trouxe a equipe inteirinha do *Jornal da Globo*, uma equipe de TV. E ela começou fazendo TV, que não tinha nada a ver com internet. Ela queria dar a cotação do dólar ao vivo e havia um gráfico do dólar em tempo real ali do lado na página dela. O grande barato da internet é poder ver quando se quer. Tem o ao vivo, que é muito importante, mas também tem o on-demand, que se pode ver na hora que se quiser. O usuário é dono do seu nariz, do seu tempo.

Assim, houve caso de gente que não se adaptou mesmo ao ritmo. Mas também tem gente que veio da mídia tradicional e que se deu muito bem. Acho que tem uma coisa de formação que tem de ser mudada e um pouco também da rotina e da recepção dessas novas empresas de mídia, que não têm tempo hoje para formar gente, é um liquidificador. A internet é mesmo um liquidificador, infelizmente. É um processo que a gente tem de mudar e tem de discutir, reavaliar.

Outro aspecto interessante é o da participação do usuário. Temos no Terra, por exemplo, muitos dos furos que vieram dessa rede de internautas. Notícias e fotos que seria impossível obter sem o computador que está ligado em cidades tão longínquas quanto se possa imaginar.

Há algum tempo aconteceu um tornado em Santa Catarina e todo mundo deu que o tornado tinha acontecido, mas ninguém tinha imagem dele. Eis que um internauta da Universidade de Santa Catarina manda um e-mail dizendo que tinha acabado de fazer umas imagens e perguntava se nos interessava recebê-las, que a universidade as cederia. Checamos e publicamos as imagens dele na internet, em meia hora estavam no ar pelo Terra. A GloboNews demorou três horas e meia para colocar as mesmas imagens no ar.

Um portal pode publicar uma foto tirada de um celular em um minuto ou dois. A participação do internauta produz uma temperatura permanente e utilizamos muito disso em todo o nosso portal. Em todos os nossos canais, a participação é surpreendente, principalmente em temas mais polêmicos, tanto em política como em esportes. O legal é que não há censura, é diferente de uma seção de cartas de um jornal tradicional. Na internet realmente se coloca o que aparece e não se tira nada, fica lá. Temos fóruns que às vezes chegam a ter 100 mil pessoas participando. É muita gente e muda a dinâmica porque a temperatura é a da relação com o repórter, com o redator, que é totalmente próxima, o que não acontece num veículo tradicional. Melhora o conteúdo, porque a voz do usuário obriga quem está ali editando a repensar, considerar sugestões imediatas e reconhecer os erros que são apontados sempre.

> **ESSA AGILIDADE DA INTERNET RECOLOCA A QUESTÃO DA TV E DO RÁDIO. [...] COM A INTERNET, O HORÁRIO NOBRE ACABA.**

Na cobertura da eleição do novo papa aconteceu muito isso. Abríamos fóruns para temas específicos e entrava um evangélico metendo o pau. O mesmo acontece quando se tem uma notícia do Lula, entra um cara que defende o PT para falar e aí eles trocam idéias entre eles. Tem muita besteira, tem muito lixo e tem coisas que são boas. Isso eu acho que é o bom desse caos. O filtro é o próprio usuário, que pode ver muita porcaria, mas vai achar que tal coisa é plausível, outra coisa não é plausível, mas está lá, o usuário está participando.

Essa agilidade da internet recoloca a questão da TV e do rádio. Nos Estados Unidos a TV já está mudando. Com a internet, o horário nobre acaba. Séries americanas produzidas para a TV têm seus episódios exibidos primeiro na internet, porque o público já reconhece o veículo como essencial.

Hoje a internet faz uma coisa muito próxima do rádio na entrega de informação, só que é muito mais completa, além de guardar a notícia. Eu posso transmitir uma entrevista ao vivo do Lula por imagem ou por áudio. Paralelamente vou blogando matérias, relacionando o que já aconteceu com aquele tema, anexando imagens...

Fazemos na internet o acompanhamento on-line de futebol. As pessoas que conhecem futebol sabem que têm de ficar ligadas no rádio. No pay-per-view da TV tem o jogo que é aberto e o resto é fechado, é preciso pagar para ter acesso. Na internet, quando o internauta entra, pode haver 12 jogos acontecendo ao mesmo tempo e, se ele der um clique para cada jogo, acompanhará todos. A audiência é extraordinária.

Fazemos isso no Terra há muito tempo e cada vez mais. No final de semana, por exemplo, fazemos acompanhamento on-line de 60 jogos, considerando jogos nacionais e jogos dos campeonatos europeus – italiano, espanhol –, sem falar na Copa 2006, a primeira transmitida pela internet no Brasil. Sei de gente que só se relaciona com o futebol através desse acompanhamento on-line. E sei de gente da redação de grandes jornais que acompanha essa narração para fechar sua matéria. As possibilidades de botar informações ao lado são infinitas. No rádio ou na televisão, recebe-se uma emissão e, para ver ou ouvir outra coisa, é preciso mudar de estação. Na internet se tem a lateralidade da informação de forma simultânea.

[...] QUANDO O INTERNAUTA ENTRA, PODE HAVER 12 JOGOS ACONTECENDO AO MESMO TEMPO E, SE ELE DER UM CLIQUE PARA CADA JOGO, ACOMPANHARÁ TODOS. A AUDIÊNCIA É EXTRAORDINÁRIA.

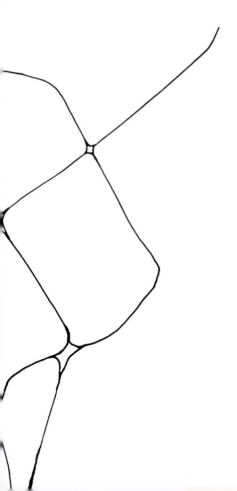

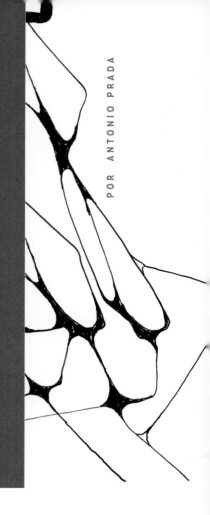

POR ANTONIO PRADA

NO RÁDIO OU NA TELEVISÃO, RECEBE-SE UMA EMISSÃO E, PARA VER OU OUVIR OUTRA COISA, É PRECISO MUDAR DE ESTAÇÃO. NA INTERNET, SE TEM A LATERALIDADE DA INFORMAÇÃO DE FORMA SIMULTÂNEA.

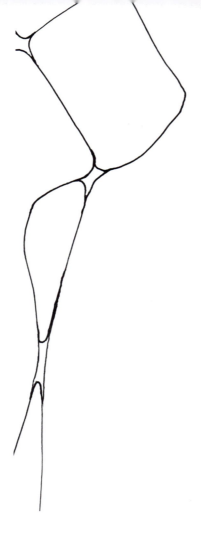

arte e tecnologia

REFLEXÕES SOBRE OS VETORES DE VELOCIDADE DE CRIAÇÃO, APROPRIAÇÃO, INTERATIVIDADE E VIRTUALIDADE NA TRANSFORMAÇÃO DO FAZER ARTÍSTICO E DE SUA DIFUSÃO

O QUE É "ARTE E TECNOLOGIA"?

INTERATIVIDADE E VIRTUALIDADE, POR EXEMPLO, NÃO SÃO CONCEITOS CRIADOS PELAS "NOVAS TECNOLOGIAS", MAS EXPANDIRAM-SE COM O DESENVOLVIMENTO DE MICROPROCESSADORES E DE SOFTWARES.

Toda forma de arte faz uso de algum tipo de tecnologia. Fotografia e cinema são exemplos óbvios, mas as artes plásticas também se valem de dispositivos tecnológicos, como pincéis, pigmentos, cinzéis etc. Mesmo as artes do corpo empregam um estudo característico de técnicas ou, antes, tecnologias próprias.

Na prática, a denominação "arte e tecnologia" faz referência à arte que se utiliza das tecnologias surgidas a partir da segunda metade do século XX. Mas essa tentativa de definição é problemática, pois tenta separar tecnologias atuais das tradicionais. Até quando uma tecnologia permanece "atual"?

Mais que a idade, importa o que a tecnologia traz à expressão artística. Interatividade e virtualidade, por exemplo, não são conceitos novos, mas expandiram-se com o desenvolvimento de microprocessadores e de softwares. Pode-se dizer o mesmo das redes de comunicação e das mídias em geral. Nesse sentido, processadores e softwares permitem que as obras respondam à pessoa que interage com elas. Estabelece-se um diálogo, uma conversação que não se limita à reação automática ou mecânica. Pelo contrário, novas formas de programação, ditas não lineares, reforçam conceitos de autonomia, de imprevisibilidade e de emergência de comportamentos. Em outras palavras, características não-previstas podem emergir do trabalho original do autor.

> NA PRÁTICA, A DENOMINAÇÃO "ARTE E TECNOLOGIA" FAZ REFERÊNCIA À ARTE QUE SE UTILIZA DAS TECNOLOGIAS SURGIDAS A PARTIR DA SEGUNDA METADE DO SÉCULO XX. MAS ESSA TENTATIVA DE DEFINIÇÃO É PROBLEMÁTICA [...]

É igualmente importante levar em consideração o repertório do observador. Para se apreciar um livro, por exemplo, é necessário certo domínio da linguagem na qual ele foi escrito. A pintura exige, no mínimo, o saber enxergar. A música, o ouvir. Em diferentes níveis, isso vale para qualquer forma de expressão artística. Para se apreciar uma obra de arte que utiliza novas tecnologias são também necessários saberes específicos, requisitos que podem causar resistência junto ao público que não os domina.

Como apreciar uma obra de vida artificial se não soubermos distingui-la de uma animação, por exemplo? A complexidade das interações em tempo real entre criaturas artificiais seria perdida, restando apenas a opção de avaliar a obra como simples animação em vídeo. Em outro nível, se ignorarmos conceitos de autonomia e emergência, a mesma obra pode parecer simples diversão interativa, desprovida de qualquer reflexão. Avaliações desse tipo – que parecem empobrecer o significado da obra, mas que na realidade demonstram falta de repertório – ocorrem com freqüência.

Entretanto, apesar das dificuldades de denominação, de repertório e da polêmica que normalmente acompanha novas formas de expressão, forma-se lentamente um consenso. O que hoje denominamos "arte e tecnologia" é, definitivamente, arte.

POR MARCOS CUZZIOL

PARA SE APRECIAR UM LIVRO, POR EXEMPLO, É NECESSÁRIO CERTO DOMÍNIO DA LINGUAGEM NA QUAL ELE FOI ESCRITO. A PINTURA EXIGE, NO MÍNIMO, O SABER ENXERGAR. A MÚSICA, O OUVIR.

INCORPORAÇÕES E MUDANÇAS

A INTERNET NÃO ACABA COM O LIVRO, NEM O CINEMA, COM O TEATRO. COM O APARECIMENTO DE UMA MÍDIA NOVA HÁ UMA ALTERAÇÃO NA MANEIRA COMO SE CONCEBEM E SE REALIZAM ESSAS MÍDIAS QUE LHE SÃO ANTERIORES.

Um dos pontos de partida para uma discussão sobre as relações entre arte e tecnologia é justamente a questão da terminologia. Optar por "criação com meios digitais" é, acima de tudo, uma escolha que abrange a amplitude das relações entre tecnologia e cultura, que não fica apenas na questão retórica.

Se cultura é o resultado da ação do homem sobre a natureza, é difícil entender algo que seja cultura e não implique tecnologia no sentido mais amplo. Daí minha veemente resistência à utilização do termo "arte e tecnologia".

É importante mapear as especificidades e particularidades das práticas culturais que desenvolvemos com nossas ações e criações em mídias digitais e perguntar primeiramente por que seria diferente. Por isso é preciso reconhecer que hoje em dia trabalhamos com ferramentas que criam ferramentas. E que lidamos com um código que é, em todos os níveis, diferente dos outros códigos com que trabalhamos até hoje, porque é um código de transmissão e depende de um veiculador e de um receptor para existir.

O que existe de mais interessante no mundo do código informático é que ele é um código executável e pode executar rotinas por si só. Por exemplo, se eu falasse "gostaria que o auditório estivesse mais gelado", não necessariamente ele ficará mais gelado, mais quente, mais escuro ou mais claro pela expressão da minha vontade ou por aquilo que pensei ou verbalizei por meio de um código de transmissão, que é o código vernacular, e sim por ser um código executável.

Isso está embutido em ações, ou seja, o meu desejo de fazer uma máquina estar em movimento não aciona esse movimento. Mas atualmente uma máquina é dotada de uma programação definida e pode executar ações por si só, o que está implícito na robótica e em todas as ações mínimas e máximas que envolvem o nosso cotidiano. E que se impõe no reconhecimento de algo que se faz em mídias digitais, de alguma maneira se diferencia daquele patrimônio cultural com o qual nós trabalhávamos até aquele momento.

> OPTAR POR "CRIAÇÃO COM MEIOS DIGITAIS" É, ACIMA DE TUDO, UMA ESCOLHA QUE ABRANGE A AMPLITUDE DAS RELAÇÕES ENTRE TECNOLOGIA E CULTURA [...]

Trabalho com uma perspectiva teórica que hoje em dia vem se chamando de ecologia midiática, que pressupõe que uma mídia nunca supera a outra. A internet não acaba com o livro, nem o cinema, com o teatro, ou a televisão, com o cinema. O que acontece é que com o aparecimento de uma mídia nova houve uma alteração profunda na maneira como se concebiam e se realizavam essas mídias que lhe são anteriores.

Diante dessa dinâmica, pode-se dizer que a internet é a mídia mais emblemática desse processo, porque ela incorpora de maneira absoluta todas as mídias que lhe são precedentes; é alterada por elas e as altera também – o que se aplica em uma situação concreta, quando estamos em casa vendo televisão a cabo e deparamos com as propagandas da Sony, por exemplo. Imediatamente pensamos: "Já vi isso em algum lugar, provavelmente em algum site. E vice-versa".

Esse processo leva à confirmação de que as mídias vão se transformando. Por isso a questão de reconhecer as especificidades das nossas criações não implica pensar que as outras mídias estão superadas; elas certamente serão transformadas pelas nossas, assim como as nossas transformam esse outro tipo de prática criativa ou tecnológica em um sentido mais restrito ou mais amplo.

À abordagem do tema "arte e tecnologia" cabe uma diferenciação entre aquilo que se considera técnica e o que se considera tecnologia. A técnica é a ferramenta no estado básico. A tecnologia é aquilo que cria conhecimento. Portanto, o uso de determinadas técnicas pode ou não implicar um repertório tecnológico, repertório este idêntico a todos os outros tipos de repertórios culturais.

Atualmente o conceito de arte tecnológica passou a ganhar um pouco mais de complexidade, dando espaço para uns novos estilos: os *tecnofóbicos*, aqueles que se sentem ameaçados pela tecnologia; os *tecnoxamânicos*, os que acreditam na criação como algo recebido por algum espírito na sua máquina, transferido para um "criador genial". É uma nova roupagem do romantismo em versão pós-moderna, que é perigosíssima porque põe em descrédito todas as questões sobre arte e tecnologia. Essa característica é conseqüência da qualidade dos programas que hoje são muito bons e fazem praticamente tudo sem necessidade da nossa participação; e os *tecnoparnasianos*, aqueles que redundam na técnica pela técnica, em um espetáculo de quanto mais plug-ins, melhor. Ou seja, quanto mais impossível o acesso ao trabalho, mais sensacional ele passa a ser.

Diante desse cenário de transformações, é importante acrescentar que, quando se pensa em mídias digitais, há que se pensar na questão do erro, que é o incontrolável da relação homem-máquina. O tema já rendeu um documentário, *Esc for Escape*, que reúne entrevistas registrando a reação das pessoas em relação às mensagens de erro. Ou seja, a mensagem de erro é um dos indicadores não só da falha da máquina, mas da falta de um controle absoluto sobre o sistema.

Também há que se notar um campo muito interessante dentro desse contexto da criação digital, que vem sendo chamado de arte generativa. São procedimentos de programação que ao se desenvolverem fazem com que o criador supostamente perca o controle sobre sua criatura, pois lança mão de um roteiro em que o algoritmo em relação a um terceiro interator vai se comportar de outra maneira. Por isso, não se trata de uma obra imutável, na medida em que depende sempre de um programa e de um interator para se realizar e se configurar de uma maneira particular que não se repete.

> **ATUALMENTE O CONCEITO DE ARTE TECNOLÓGICA PASSOU A GANHAR UM POUCO MAIS DE COMPLEXIDADE, DANDO ESPAÇO PARA UNS NOVOS ESTILOS: OS *TECNOFÓBICOS* [...] OS *TECNOXAMÂNICOS* [...] E OS *TECNOPARNASIANOS* [...]**

Um outro contexto a se estudar são as situações de rede, ligadas a celulares ou à internet. Porque toda situação de rede faz com que o andamento do processo se comporte de maneiras diferentes a cada visita. Tudo depende de onde se acessa, da qualidade do monitor, da condição do provedor – elementos que vão influir na recepção. A diversidade de variáveis proporciona que o trabalho lide o tempo todo com a condição do imponderável, fator que corrompe o roteiro.

Nesse universo das criações em tecnologia é interessante frisar o surgimento de um elemento a mais, que é o "para além da natureza", como se registrou no Projeto Genoma, que não por acaso é uma descoberta tão emblemática. Porque pela primeira vez nós pudemos nos enxergar como um mapa informacional, ou seja, passamos a lidar com o para além da natureza.

Diante de tantas possibilidades que o processo de criação em meios digitais proporciona, um ponto em particular sempre volta a ser questionado: a interatividade com o público. A polêmica inicia-se porque nem sempre a interatividade é a questão mais importante das questões relacionadas aos trabalhos com mídias digitais.

Essa questão da interatividade, muitas vezes, é tecnoparnasianismo puro; em outras palavras, a redundância na técnica pela técnica, um espetáculo alimentado pelos tecnoparnasianos.

A interatividade passa a ser muito instigante a partir do momento em que ela pode ser reavaliada por variáveis particulares da rede, pois a priori um livro é um elemento interativo, se considerarmos que a sua parcela de interatividade reside no ato de o leitor virar a página. O que se distancia da idéia de que interatividade é apenas apertar um botão.

[...] INCORPOREI UMA IDÉIA BASTANTE ANTIGA DE ARISTÓTELES, A DE QUE O HOMEM É UM SER POLÍTICO, DA RUA, DA PÓLIS, E NÃO DE ESCRITÓRIO – O QUE ME PERMITIU ESTAR NO BOLSO DAS PESSOAS [...]

Um outro fator que vem permeando a atuação das pessoas que, como eu, se dedicam às criações em meios digitais é a relação com o tempo. Daí minha mobilização em realizar trabalhos que me sintonizem com questões da contemporaneidade, que talvez museus e galerias não tenham condições de abraçar, exatamente pela questão das estratégias do compartilhamento, ou seja, estratégias que contemplam a possibilidade de serem reutilizadas.

Essa ligação com o tempo está direcionada à ficção institucional e ao questionamento da historicidade dessas instituições e de até que ponto elas ainda têm uma legitimidade filosófica epistemológica para continuarem a modelar esse tipo de criação e fazer com que ela caiba dentro de instituições que foram criadas para outras finalidades.

Por isso é que grande parte do meu trabalho conta não só com realizações on-line, mas também com algumas intervenções urbanas. Uma delas, o *Esc for Escape*, consistia no envio de mensagens de erro. Essas mensagens eram publicadas em painéis eletrônicos, na grade de programação publicitária, não como obra de arte e sim como propaganda – o que resultou na possibilidade de se trabalhar no âmbito dessa confusão, que é a perda de fronteiras entre o lugar da arte publicitária e a comunicação.

Outro ponto particularmente positivo nesse trabalho foi o uso do celular, por meio do qual incorporei uma idéia bastante antiga de Aristóteles, a de que o homem é um ser político, da rua, da pólis, e não de escritório – o que me permitiu estar no bolso das pessoas e, de certa forma, não obrigá-las a estar na frente do computador. Vejo essa crescente utilização de usuários de celular como o grau mais radical de incorporação da cultura na rede no cotidiano. Isso me fascina, pois acaba confirmando que na situação de anonimato existe uma série de questões que podem ser abordadas no tocante à criação artística.

A escolha do celular me encantou também porque, desde a chegada da indústria do celular, uma das questões presentes era que ele iria se expandir numa velocidade muito maior do que a internet fixa ou qualquer outra tecnologia, por ser uma tecnologia muito barata e que não demanda infra-estrutura. Essa previsão pode ser constatada em países como o Brasil e a China, que tanto cresceram nessa área e são recordistas em número de celulares, porque não tinham linhas fixas instaladas, o

POR GISELLE BEIGUELMAN

que é caríssimo. O celular, ao pular a etapa da instalação de linhas fixas, me levou a crer que seria algo rapidamente popular.

Juntei esses dados a uma pergunta constante das pessoas: "Como eu faço pra acessar seu trabalho?", e passei a trabalhar com as intervenções de telefones celulares em painel eletrônico. Os aparelhos ficaram cada vez melhores. Passaram a ser mais que simples telefones, servem para falar, tirar fotos, ou seja, são um controle remoto urbano que permite fazer uma série de outras operações.

Essa foi, também, uma maneira de contrariar a dita complexidade dos celulares, pois cada vez mais isso me parece ser o grau mais radical de incorporação da cultura de rede no cotidiano, o fazer pelo anonimato.

ESSA FOI, TAMBÉM, UMA MANEIRA DE CONTRARIAR A DITA COMPLEXIDADE DOS CELULARES, POIS CADA VEZ MAIS ISSO ME PARECE SER O GRAU MAIS RADICAL DE INCORPORAÇÃO DA CULTURA DE REDE NO COTIDIANO, O FAZER PELO ANONIMATO.

ARTE, TECNOLOGIA E POESIA

TORNA-SE MUITO DIFÍCIL FALAR DE "ARTE" E "TECNOLOGIA" COMO PAR DE CONCEITOS DIALÓGICOS, UMA VEZ QUE O PRIMEIRO ESTARIA POR DEFINIÇÃO INCLUÍDO NO SEGUNDO, OU MELHOR, OPERANDO NO SEU INTERIOR.

A expressão "arte e tecnologia" vem sendo utilizada para circunscrever a área de atuação de instituições, que começaram a surgir principalmente a partir dos anos 80, com o intuito de contornar a dificuldade que o meio tradicional da arte tinha de absorver uma produção artística que fazia uso crescente de recursos tecnológicos e conceitos científicos.

Esse esforço remonta a um gesto inaugural de Frank Malina (1912-1981), engenheiro e artista checo-americano, pioneiro da astronáutica e da arte cinética, que, em 1968, em Paris, fundou a *Leonardo – Revista de Artes, Ciências e Tecnologia*, para estabelecer um canal de comunicação para os artistas que atuavam na convergência dessas áreas.

A tríade proposta por Malina em sua publicação permite uma visão bem mais abrangente e complexa do tema do que o par conceitual em questão. Mas o fato de "ciência" e "tecnologia" serem quase sinônimos no linguajar comum provavelmente influiu para que "arte e tecnologia" preponderasse, propagando-se como junção de dois princípios complementares ou antagônicos, conforme o "humor" da leitura.

Contudo, se nos debruçarmos sobre a etimologia de ambas as palavras, teremos logo a sensação de que estamos falando de "seis" e "meia dúzia"...

Ars, de onde se origina "arte", é a tradução latina do termo grego *tékhne*, usado para descrever qualquer habilidade adquirida, em contraposição à capacidade instintiva (*phýsis*) ou ao mero acaso (*týkhe*).

O arqueólogo e etnólogo francês André Leroi-Gourhan (1911-1986), cujas idéias originais fecundam a reflexão contemporânea sobre tecnologia, a definia como a capacidade do homem de exteriorizar seus processos internos: do graveto, que prolonga os dedos, até a linguagem escrita, que fixa a memória. A tecnologia representaria para o homem, em última análise, a liberação de seu corpo; a ponto de fazer Leroi-Gouhran se perguntar o que aconteceria quando todos os processos estivessem exteriorizados...

Seu conterrâneo, o filósofo Bernard Stiegler (1952-), seguindo a mesma linha de raciocínio, relaciona a tecnologia à memória. O ser humano, segundo ele, se caracterizaria por três tipos de memória que se sobrepõem um a outro: a memória genética (dos genes – herdada), a memória epigenética (do sistema nervoso central – adquirida pelo indivíduo) e a memória epifilogenética (tecnológica – acumulada pela coletividade), que armazena as memórias epigenéticas individuais, garantindo a transcendência sobre a morte. Todas as tecnologias, incluindo as linguagens, seriam, para Stiegler, suportes de memória – o que comprovaria o mito grego que afirmava ser Mnemósine (memória) a mãe de todas as Musas.

POR ANDRÉ VALLIAS

Sob essa perspectiva, torna-se muito difícil falar de "arte" e "tecnologia" como par de conceitos dialógicos, uma vez que o primeiro estaria por definição incluído no segundo, ou melhor, operando no seu interior. A tecnologia seria a "clausura operacional" da arte. Teríamos de pensar o que seria a "arte" na "tecnologia".

Por outro lado, quando temos em mente um espaço dedicado à "arte e tecnologia", por exemplo, não usamos o conceito num sentido tão amplo assim: nos referimos às chamadas "novas tecnologias".

Uma tela pintada a óleo não deixa de ser um artefato tão tecnológico quanto a projeção 3D de um computador de última geração. No entanto, estranharemos se encontrarmos algo do gênero numa exposição como *Emoção Art.ficial*.

É inevitável nos perguntarmos o que faz com que as "novas tecnologias" mereçam a distinção de tal adjetivo.

Uma resposta, que provavelmente soará trivial, diria que as "novas tecnologias" são simplesmente novas pelo fato de serem percebidas como tais por uma coletividade. Ou seja, por não terem ainda se sedimentado na memória epifilogenética. Representam um desafio à epi-

REAGIMOS COM SENTIMENTOS CONTRADITÓRIOS DIANTE DAS TECNOLOGIAS QUE AINDA NÃO ABSORVEMOS, QUE OSCILAM ENTRE ATRAÇÃO E REPULSA, EUFORIA E DEPRESSÃO.

gênese dos indivíduos. Por isso percebemos o computador como "tecnologia" e não a mesa sobre a qual ele se apóia.

Reagimos com sentimentos contraditórios diante das tecnologias que ainda não absorvemos, que oscilam entre atração e repulsa, euforia e depressão. Tal estado de ânimo acompanha toda a trajetória humana: da apropriação do fogo, no paleolítico, à disseminação das máquinas, na revolução industrial; do mito de Prometeu ao Frankenstein de Mary Shelley.

O que torna o momento atual tão específico, a meu ver, é a intensidade e a rapidez com que os processos tecnológicos vêm se avolumando e subvertendo padrões de comportamento e modelos de conhecimento.

Estamos perto de criar máquinas com capacidade epigenética, de programar a estrutura molecular da matéria e de poder alterar nossa própria memória genética. E não há sinal de que essas águas vão se acalmar tão cedo; muito pelo contrário, as ondas se sucedem em intervalos cada vez menores, dissolvendo distinções tradicionais entre sujeito e objeto, espírito e matéria, homem e máquina, cultura e natureza, para citar algumas.

O que significaria, então, fazer arte num cenário tão vertiginoso? A meu ver, reinstaurar no imaginário o gesto que nos torna "fazedores" de tecnologia e não suas vítimas.

Eis o nosso "eterno roteiro".

*

Quando comecei a usar o computador, em 1988, já atuava havia alguns anos numa "área cinzenta" da criação poética: a chamada "poesia visual".

Usava então a técnica serigráfica para imprimir poemas que se valiam de sua condição espacial – forma e cor – para reverberar na trama do código verbal.

O termo "poesia visual" me parecia insatisfatório por duas razões: escamoteava a visualidade inerente a qualquer poesia, escrita ou oral, e era usado pelo mundo literário para relegar o poema assim rotulado a um limbo tão distante da literatura quanto das artes plásticas, como se fosse um filho bastardo das duas.

Usei o computador, primeiramente, para editoração eletrônica. Em seguida, explorei softwares de visualização 3D e sistemas de autoração multimídia.

O computador foi importante não tanto pelos recursos quase inesgotáveis – às vezes, até paralisantes para a criatividade – que oferecia, mas por ter modificado minha concepção de poesia, quando me dei conta de que estava trabalhando numa plataforma que não fazia distinção entre letras, números, formas e sons. Tudo era uma escritura de zeros e uns.

Surgiu aí a idéia de organizar com Friedrich W. Block, em Annaberg-Buchholz (Alemanha), a primeira mostra internacional de poesia feita em computador: *p0es1e – digitale dichtkunst*.

Escolhi a expressão *dichtkunst* – aglutinação de *dichtung* (poesia) e *kunst* (arte), que em português daria algo como "poesarte" – para destacar a natureza insólita dos poemas que apresentávamos na mostra.

O catálogo era introduzido por este pequeno prólogo:

Digitus. Os poemas aqui mostrados devem sua criação a dedos que brincam, a dedos que se movem sobre teclados, a dedos que selecionam. Apertando teclas, deflagram números, letras, sons, pontos, palavras, melodias, textos, superfícies e corpos.

> ## O COMPUTADOR FOI IMPORTANTE NÃO TANTO PELOS RECURSOS QUASE INESGOTÁVEIS – ÀS VEZES, ATÉ PARALISANTES PARA A CRIATIVIDADE – QUE OFERECIA, MAS POR TER MODIFICADO MINHA CONCEPÇÃO DE POESIA [...]

Dígito. Armazenados numa trama numérica impenetrável e indiferenciável para seres humanos. Carentes de original ou manuscrito, sempre acessíveis, modificáveis, transmissíveis, os dados apagam as fronteiras entre números, letras, sons, pontos, palavras, melodias, textos, superfícies e corpos.

Digital. Os poetas, aqui apresentados, deixaram-se seduzir, diante de monitores, por seus dedos. Os frutos dessa sedução surgem aqui sob a forma de gráficos, impressões, hipertextos, instalações sonoras, hologramas e animações.

*

No final, Friedrich W. Block e eu prestamos homenagem ao filósofo checo-brasileiro Vilém Flusser (1920-1991), cujas reflexões tão instigantes sobre o "universo das imagens técnicas" me motivaram a comprar o primeiro computador.

A criação no ambiente digital me fez abandonar os limites tradicionais que separam a linguagem dita verbal da visual e sonora. Passei a enxergar o poema como "diagrama aberto": uma constelação híbrida e móvel de códigos sob o signo da diversidade e reciprocidade.

É esse o conceito que alimenta todo meu fazer poético: do *Nous n'Avons pas Compris Descartes*, de 1991, gesto programático de libertação da página de papel, ao *ORATORIO*, de 2003, grande alegoria topológica ("oxímoro ciberpoético", na expressão do físico e poeta Roland Azeredo Campos) sobre a cidade do Rio de Janeiro. E nos demais poemas que se encontram disponíveis no site www.andrevallias.com.

Estou cada vez mais convencido de que "poesia" (do grego *poíesis* = ação de fazer algo) é a única palavra capaz de dar conta da dimensão, complexidade e fluidez da criação artístico-científica no universo em expansão das novas tecnologias.

Estamos fadados à poesia.

POR ANDRÉ VALLIAS

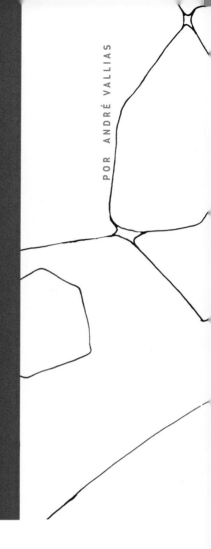

ESTOU CADA VEZ MAIS CONVENCIDO DE QUE "POESIA" (DO GREGO *POÍESIS* = AÇÃO DE FAZER ALGO) É A ÚNICA PALAVRA CAPAZ DE DAR CONTA DA DIMENSÃO, COMPLEXIDADE E FLUIDEZ DA CRIAÇÃO ARTÍSTICO-CIENTÍFICA NO UNIVERSO EM EXPANSÃO DAS NOVAS TECNOLOGIAS. ESTAMOS FADADOS À POESIA.

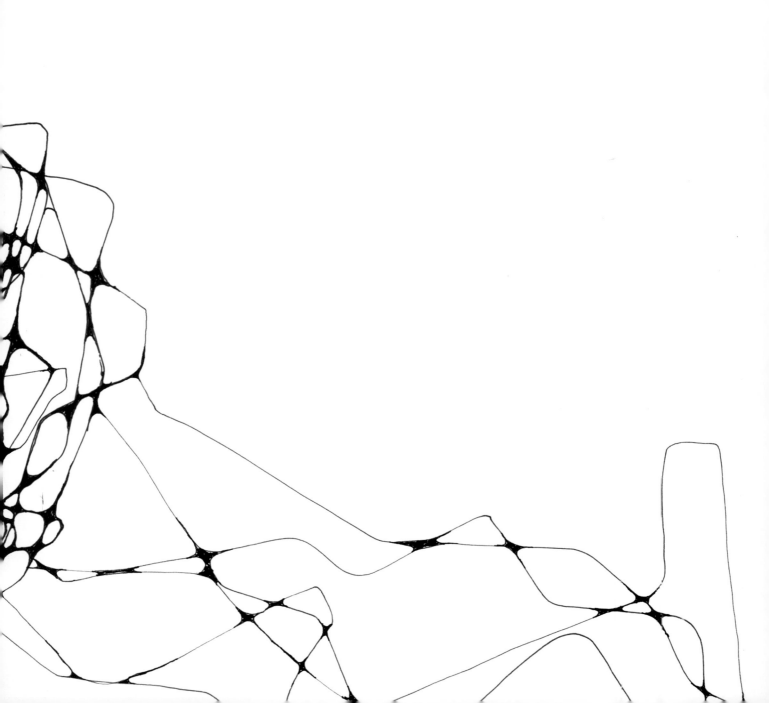

INTRODUÇÃO

O personagem principal deste capítulo é a primeira edição do Rumos Jornalismo Cultural, criado para pensar junto com profissionais, professores universitários, pesquisadores e estudantes sobre o trabalho da mídia com relação à cultura e apoiar novos talentos em jornalismo cultural.

O programa começou a ser estruturado em meados de 2003, com a elaboração da sua política e, posteriormente, do edital de seleção e pré-produção dos debates e eventos em vários estados brasileiros e que ocupariam a agenda do programa em 2004. Diversidade Cultural Brasileira foi o tema escolhido como pauta inicial para os trabalhos inscritos. A participação na seleção ficou restrita a estudantes que estivessem cursando, no início de 2004, o 4º, 5º ou 6º semestre de jornalismo. Esse parâmetro foi adotado uma vez que a intenção do Itaú Cultural era que o estudante já tivesse percorrido uma trajetória no curso e que, se contemplado, ainda estivesse cursando jornalismo ao final do programa, em dezembro de 2005.

A primeira edição do Rumos Jornalismo Cultural recebeu 108 trabalhos de 19 estados, 33 cidades e 55 instituições de ensino. No final foram selecionados 12 trabalhos de oito estados e nove cidades. Os estudantes contemplados foram 15, uma vez que algumas reportagens foram realizadas em dupla, o que era permitido pelo edital. No decorrer do processo, um dos selecionados, por razões pessoais, desistiu. Nos textos que se seguem o leitor pode acompanhar os pareceres dos membros da comissão de seleção sobre os trabalhos recebidos pelo programa e a maneira como se desenvolveu o Laboratório Multimídia de Jornalismo Cultural, além da avaliação que os estudantes fizeram de todo o programa.

> **A PRIMEIRA EDIÇÃO DO RUMOS JORNALISMO CULTURAL RECEBEU 108 TRABALHOS DE 19 ESTADOS, 33 CIDADES E 55 INSTITUIÇÕES DE ENSINO.**

Os selecionados reuniram-se pela primeira vez em dezembro de 2004, em São Paulo, no Seminário Internacional Rumos Jornalismo Cultural, com curadoria da jornalista Liana Milanez. Nessa ocasião, além de se conhecerem pessoalmente, participaram de uma programação cultural especialmente preparada.

Em 2005, durante dez meses, os selecionados participaram do Laboratório de Jornalismo Cultural, experiência relatada em artigos subseqüentes.

Concluído o laboratório, e para finalizar essa edição do Rumos Jornalismo Cultural, foi organizado o Colóquio Rumos Jornalismo Cultural, com curadoria do jornalista e antropólogo Felipe Lindoso, em dezembro de 2005, quando o Itaú Cultural reuniu os selecionados mais uma vez, encerrando o encontro com um trabalho de avaliação do programa, cuja síntese encerra este capítulo.

OS PARECERES

A comissão que selecionou os trabalhos da primeira edição do Rumos Jornalismo Cultural foi formada por cinco jornalistas: Gilmar de Carvalho, Israel do Vale, Kiko Ferreira, Gabriel Priolli e Claudiney Ferreira, coordenador do programa, que atuou como representante da instituição.

A escolha dos membros da comissão de seleção considerou dois parâmetros: formação acadêmica e mercado de trabalho. Dessa forma, Gilmar de Carvalho é convidado em razão de sua experiência na vida acadêmica e profissional em periódicos do Nordeste, sua região. Kiko Ferreira tem atuação destacada na imprensa cultural, principalmente em Minas Gerais, onde atua em TV, rádio e veículos de mídia impressa. Gabriel Priolli, paulista pioneiro na imprensa na reflexão sobre a televisão, tem uma trajetória como professor universitário e na direção de TVs comerciais, educativas e universitárias. A vivência como jornalista de cultura em São Paulo e em Minas Gerais, e sua atenção com as novas mídias, da internet ao celular, estimula o convite a Israel do Vale, que acaba por colaborar também na pré-seleção de 50 dos 108 trabalhos inscritos. No final de 2004, Israel do Vale aceita o convite do Itaú Cultural para ser o editor-professor do Laboratório Multimídia de Jornalismo Cultural que a instituição estava concebendo naquele momento, experiência que está descrita no artigo "A Vidraça, o Espelho e a Arte de Tatear", integrante deste livro.

Nas páginas seguintes o leitor acompanha os pareceres de cada membro da comissão julgadora.

Quando convidado para participar da comissão de seleção do primeiro Rumos Jornalismo Cultural, percebi que tinha sido um privilegiado.

Teria condições de estar sintonizado com o que pensam, fazem, vêem e sentem estudantes de jornalismo de todo o país.

Como professor de jornalismo, poderia ver os textos do ponto de vista da construção de sentido, dos novos paradigmas da codificação jornalística e, principalmente, da visão de mundo da nova geração.

O resultado foi surpreendente. À medida que abria o pacote, sucediam-se textos instigantes, manifestações da tradição vista por gente jovem, antenada com novas tecnologias e sabedora de que a cultura é dinâmica, de que as tradições existem para serem transgredidas e que o novo se constrói a partir dessa matéria que vem de muito antes e chega até hoje.

A lógica das manifestações pautadas pela Indústria Cultural diz muito das expectativas, anseios e compromissos das novas gerações. Há uma urgência pelas mudanças, mas uma compreensão de que "não se apressa o curso do rio".

Os textos revelaram um Brasil rico em sua diversidade, com manifestações que se "contaminam" em vários níveis. Assim, a herança portuguesa (que trazia embutidos oito séculos de civilização moura) se mistura com o legado indígena e com a contribuição africana.

Claro que esse processo nem sempre foi "cordial", mas marcado pela violência e pelas ideologias.

O que interessa é esse leque que está aí. Popular e erudito são meros rótulos, cada vez mais esvaziados, nesses tempos de cultura de massas.

O material examinado foi de primeira qualidade. E nunca será demais elogiar a importância e o senso de oportunidade da iniciativa.

Tudo o que foi lido apontou para um jornalismo cultural que será menos afeito a modismos, menos centrado nos centros hegemônicos e que contribuirá para revelar várias faces de um Brasil que se constrói, que supera adversidades e que "pluga" a tradição para atingir a contemporaneidade.

GILMAR DE CARVALHO

Participar da seleção de estudantes de jornalismo para a oficina do projeto Rumos foi como reviver uma reunião de pauta da revista *Palavra*, a revista fora-do-eixo feita em Minas.

Lá, não era amigo do rei, mas cuidava da editoria de música, e pude, ao longo de dois anos, sentir nas pautas e contatos a tão cantada diversidade cultural do país.

Os brasis são muitos. E, normalmente, maltratados ou ignorados pelo jornalismo cultural preguiçoso feito pelo famigerado eixo Rio-São Paulo.

A leitura dos textos enviados pelos estudantes proporcionou uma semana de viagens instantâneas e algumas descobertas. Do cateretê do arroz de Brejo Grande, em Sergipe, ao fandango de Cananéia, a viagem de uma semana teve as manchas de protesto do grupo Vaca Amarela, de Blumenau, os vídeos dos xavantes em Mato Grosso, os filhos de japoneses de Londrina, o quilombo de Brotas, os novos bandolins e cavaquinhos cariocas. Trouxe olhares sobre fenômenos mais conhecidos, como os grafiteiros do Rio, os artistas de rua de São Paulo, a música que fervilha nas favelas de Belo Horizonte, os filhotes do mangue beat e os tambores dos Arturos.

Tudo contado por jovens em busca de pluralidade e autenticidade, num trabalho fora do eixo, como a *Palavra*.

Tecnicamente, o que senti falta foi de estilo. Com exceção de dois ou três textos que buscaram ângulos inusitados ou tentativas de atrevimento, o material tende para um fazer quase automático, reflexo do ensino tecnicista de boa parte das faculdades e da falta de experiência no cotidiano das redações.

Com a oficina, os selecionados começarão a conviver com profissionais de alto nível, num núcleo inicial de trabalho que, quem sabe, pode virar a semente de um novo veículo, atraente e plural como o momento cultural do país.

KIKO FERREIRA

O trabalho de seleção dos candidatos ao projeto Rumos Jornalismo Cultural foi bastante revelador do estágio atual da jovem produção jornalística brasileira, e do grau de ambição que os jornalistas iniciantes demonstram em relação ao seu trabalho. Certamente escolhemos os melhores candidatos entre os que se inscreveram, mas nenhum dos trabalhos apresentados ultrapassou os limites do apenas bom, para atingir a excelência ou a transcendência que se espera dos grandes textos.

O que faltou, a meu ver, foi mais ousadia e inquietação criativa. Temas muito interessantes foram tratados de forma convencional, na linguagem estandardizada que se encontra em quase todos os jornais e revistas, e que se usa para falar de literatura ou de fabricação de salsichas, indistintamente. Textos sem brilho, sem estilo, sem preocupação de singularidade. Sem o prazer do texto, enfim – aquela obsessão de contar as coisas como nunca foram contadas, que motiva os bons escritores e fascina os leitores.

O jornalismo cultural precisa de jornalistas que façam arte e cultura no âmbito de seu próprio ofício. Que produzam reportagens, entrevistas, críticas, resenhas, ensaios, comentários e o que for, mas sempre com a meta de fazê-lo com o maior rigor técnico, o maior apuro formal e o mais sincero desejo de produzir algo tão bom como as melhores obras artísticas. Se o projeto Rumos Jornalismo Cultural contribuir para produzir profissionais assim, terá feito muito mais que um bom trabalho. Terá dado uma contribuição inestimável ao país.

GABRIEL PRIOLLI

O primeiro ponto em relevo entre os textos enviados para o processo de seleção desta edição pioneira do programa Rumos, focada no jornalismo cultural, é a interpretação dominante que se fez de diversidade cultural, tema-base que daria norte aos textos.

Curioso notar que, em pelo menos metade dos concorrentes, a cultura popular tenha sido escolhida como mote inicial – indicador, em negativo, da carência de atenção para o assunto nos ditos cadernos culturais, no ramerrão servil e resignado destes dias, que lê cultura como produto ou evento, a despeito da amplitude que o termo possa oferecer.

Se a média das reportagens que nos chegaram assinala certa falta de traquejo com o linguajar ou pouca propensão para a busca de caminhos ousados, isso se dá, em boa medida, por limitações naturais do processo seletivo – que restringia a participação a estudantes entre o 4º e o 6º períodos, ou seja, em processo de aprimoramento do senso crítico, da formação intelectual e da visão profissional.

Esse estado de "pouco à vontade" para enfrentar determinados assuntos e a tendência para o enquadramento em modelos estabelecidos apontam para outro sintoma do que se poderia chamar de deficiências da "superestrutura": são poucas (pouquíssimas) as universidades que dedicam uma cadeira (ou, ao menos, atenção especial) ao jornalismo cultural, mesmo em nível de pós-graduação, e ser a esperar demais (embora fosse desejável) que disciplinas como história da arte (ou congêneres) dessem conta, sozinhas, de uma formação cultural sólida.

É esta, justamente, a grande contribuição que o Itaú Cultural tenta oferecer ao criar o Rumos Jornalismo Cultural: uma oportunidade de despertar interesse de antemão em estudantes que muitas vezes concluem o curso sem saber em que área vão atuar, assim como de oferecer chance de alargar horizontes, ainda no fim da manhã do aprendizado universitário.

O grande esforço deste curso não é o de abrir, aos selecionados, as portas do mercado de trabalho, simplesmente. É, antes disso, o de abrir-lhes os olhos para que possam entender em que lógica o relógio do mercado funciona – para, a partir daí, propor outros olhares e leituras, rumo a um jornalismo cultural menos viciado (acomodado, pouco imaginativo, concentrador) que o que se tem hoje.

Nossos "pupilos" têm vocação para isso.

ISRAEL DO VALE

Como representante da instituição na comissão que selecionou os trabalhos contemplados no primeiro Rumos Jornalismo Cultural, em lugar de comentar as reportagens, uma vez que todos os elogios e críticas tratados pela comissão estão, sem exceção, bem delineados e expostos nos quatro textos anteriores, gostaria de fazer uma breve observação sobre o próprio trabalho da comissão, que segundo nossa avaliação, foi rápido, preciso e estimulante, em razão das leituras anteriores que todos fizemos das reportagens concorrentes e pela semelhança dos times selecionados que nossas listas expuseram. Faço essa observação pois na organização do evento reservamos um longo período para as discussões fechadas da comissão. Considerávamos que os debates em torno dos 50 trabalhos pré-selecionados demandariam um tempo significativo dos cinco membros da comissão. Afinal, cada cabeça uma sentença. Ledo engano: em poucas horas a comissão já havia assinado as fichas dos contemplados. Nossas leituras foram semelhantes, segundo, e isso é importante, os critérios de seleção expressos no edital do programa – clareza da proposta, objetividade, redação, criatividade, desenvolvimento da pauta e qualidade das informações. Uma ou outra matéria nos dividiu, mas a releitura dos trabalhos, acompanhada das opiniões do "advogado de defesa", fez com que os veredictos fossem consensuais. Algumas discussões foram duras, mas o clima foi de civilidade, fruto da atenção que profissionais experientes e de trajetórias tão diversas dedicaram ao programa. Para registro histórico do programa, considero importante deixar essas informações assim, preto no branco.

CLAUDINEY FERREIRA

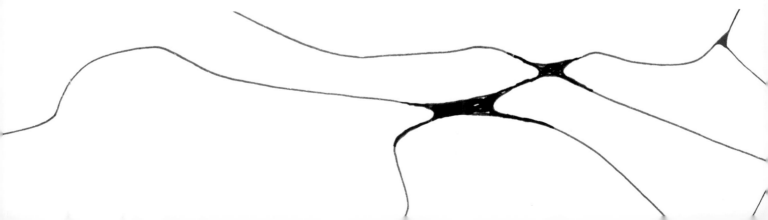

A VIDRAÇA, O ESPELHO E A ARTE DE TATEAR

O RELACIONAMENTO DE DEZ MESES COM ESTUDANTES QUE OPTARAM POR UMA ÁREA POUCO EXPLORADA PELOS CURSOS DE JORNALISMO E DESDENHADA PELOS PRÓPRIOS VEÍCULOS FOI UMA EXPERIÊNCIA INÉDITA E PROVOCANTE.

A experiência do Laboratório Multimídia de Jornalismo Cultural, acolhida pelo programa Rumos Jornalismo Cultural, reflete os desafios, limites e riscos de toda iniciativa inovadora. Ao longo de dez meses, 14 estudantes de comunicação social de oito estados brasileiros reuniram-se remotamente, pela internet, duas vezes por semana, para diagnosticar, criticar e experimentar novas possibilidades na cobertura daquilo que os veículos de papel e tinta sacramentaram como artes e espetáculos – expresso, não raro, no seu codinome genérico mais banal (e inexato), o de "variedades".

Raramente abordado na academia, o jornalismo cultural só merece desdém comparável das primeiras páginas dos veículos de circulação nacional – com festejáveis momentos de contramão como o da Universidade Federal de Santa Maria (UFSM), no Rio Grande do Sul.

Nem por isso seria sensato supor que o laboratório tivesse possibilidade ou pretensão de assumir o papel de salvador da pátria, no tempo e no formato em que foi erigido, como provedor autônomo e auto-suficiente de conteúdos que se ressentem da atenção e do rigor científico supostamente encontrados na universidade.

Antes disso, a sistemática adotada (com base numa "cesta básica" de títulos indispensáveis da literatura sócio-histórico-cultural) pretendia dar o mote e o tom iniciais e, a partir daí, compartilhar decisões e reencaminhar o curso das coisas sempre que preciso. E assim foi feito.

Se tinha alguma ambição, era a de evitar o erro básico da manipulação (e, pior, consagração) de fórmulas ou render-se à lógica dos podes e não-podes dos manuais de redação – ferramentas úteis, sem dúvida, que no calor dos prazos exíguos e do "tecnicismo" das redações tornaram-se bulas fáceis e esquemáticas, responsáveis por um quinhão considerável da "formularização" e da falta de imaginação da cobertura-padrão dos tempos que correm.

> O JORNALISMO CULTURAL [...] VIVE UM MOMENTO DE IMPASSE DESDE, PELO MENOS, ANTEONTEM, EMBORA ALGUNS "ENTUSIASTAS" PREFIRAM SUBLIMÁ-LO.

O jornalismo cultural [mas não só] vive um momento de impasse desde, pelo menos, anteontem, embora alguns "entusiastas" prefiram sublimá-lo. E ele decorre de fatores variados, sobretudo das mudanças tecnológicas e dos contínuos sobressaltos econômicos que se abateram sobre as empresas de comunicação [mas não só], dos anos 80 para cá.

São esses, talvez, os pilares fundamentais da mudança de perfil do profissional que detém hoje as rédeas da tarefa insana que é esparramar informação inédita, dia após dia, pelas bancas de jornal – e, embora a empreitada tenha nascido "multimídia" na intenção, a nossa opção inicial foi a de nos concentrarmos na análise da mídia impressa, não só por ser ela a "mãe de todas" as (des)venturas e (des)caminhos do jornalismo cultural, mas pelo fato de que rádio e TV, convenhamos, no mais das vezes fazem "publicidade cultural" (e, moto-contínuo, atuam na seara infértil da "monocultura de oca$ião").

O fator desestabilizador de maior impacto, contudo, ainda não foi suficientemente digerido: a mudança de lógica (na linguagem, sim, mas também na escala de valores e status) trazida pelas mídias digitais.

Para ser sumário e retomar logo ali as veredas do nosso laboratório, basta deixar uma questão no ar: se o que distinguia o "profissional de comunicação" dos demais seres pensantes/comunicantes era sua habilidade de identificar assuntos de interesse coletivo e empacotar isso de maneira sedutora em forma de texto (escrito ou falado), além (ou principalmente) do acesso privilegiado aos meios de difusão (cada vez mais apartados do ilusório porto seguro do diploma), o que dará lastro ao ofício na próxima esquina?

No tiroteio da segmentação e da verticalização crescentes, quem as vive de dentro tende a ter a informação mais qualificada. E o ambiente é dos mais favoráveis: qualquer detentor de um celular ou artífice de um blog pode ser emissor de informação (em forma de texto, foto ou vídeo), ainda que para redes seletas, de abrangência, ação e interesses definidos.

Mas não, não se iludam. Nem este articulista nem o nosso laboratório se arrogariam o direito de sacar respostas orelhudas da cartola. Nosso papel fundamental, aqui e acolá, foi (e é) o de problematizar e de nos posicionarmos, isso sim, como abelhudos – no mínimo para que os estabelecidos de plantão ("overcolunistas" à frente) sejam relativizados e, quem sabe, tirem o cachimbo da empáfia do canto da boca e descruzem os pés de cima das mesas.

> QUE JORNALISMO (CAOLHO?) É ESSE QUE COLOCA OS PRODUTOS, OS NÚMEROS DA AUDIÊNCIA E/OU VENDA E AS FOFOCAS (E NÃO AS PESSOAS E AS IDÉIAS) EM PRIMEIRO PLANO, E DESCONHECE O QUE SE PASSA ALÉM DO ALCANCE DAS VISTAS [...]

A contribuição do Itaú Cultural para isso vem, portanto, em boníssima hora. Coloca em questão, por meio do Rumos Jornalismo Cultural e seu laboratório, perguntas cruciais (tão evidentes quanto pouco enfrentadas): que jornalismo é esse que se faz nos cadernos de cultura, tão redundante e incapaz de surpreender, em que (pelo menos) dois terços dos assuntos repetem-se (com o mesmo tratamento...) diuturnamente nos diferentes (e tão parecidos) veículos?

Que jornalismo (caolho?) é esse que coloca os produtos, os números da audiência e/ou venda e as fofocas (e não as pessoas e as idéias) em primeiro plano, e desconhece o que se passa além do alcance das vistas [salve o release!] e dos ouvidos – especialmente agora, no turbilhão de novos conteúdos artísticos que se alastra pela internet? Que jornalismo (mistificador?) é esse que se vale dos [ou "inventa", batendo no peito em espasmos de orgulho] artistas e tendências para descartá-los em seguida, em busca de outros e outros?

A quem serve e o que nos acrescenta esse tipo de comunicação atrelada à indústria e apartada do interesse social, da boa (in)formação e da diversidade cultural? De que nos vale, afinal, o jornalismo de opinião sem análise? E onde, raios!, foi parar a reportagem na área de cultura? [criança sem dormir – qualquer informação será bem recompensada!]

O Itaú Cultural toma para si a tarefa (espinhosa e corajosa, certamente, para quem está ao alcance das estilingadas da mídia) de trazer à tona uma discussão e uma reflexão que, no contexto atual, dificilmente viriam de empresas de comunicação ou universidades.

O Rumos Jornalismo Cultural surge, portanto, como a terceira margem desse rio caudaloso e revolto, farto de temas candentes (políticas públicas na área, potencial da cultura como vetor da economia), tão merecedores de manchetes nas editorias ditas sérias, mas ignorados pelo preconceito/despreparo das equipes, no reino das futilidades públicas.

ARTIGO RARO NOS BANCOS DA GRADUAÇÃO E DAS REDAÇÕES, A AUTOCRÍTICA FOI EXERCITADA/ ESTIMULADA COM TANTO (OU MAIS) FERVOR QUE A CRÍTICA. E A ÚNICA CONVICÇÃO CULTIVADA ERA A DE QUE SEMPRE (SEMPRE!!!) É POSSÍVEL FAZER MELHOR – MESMO ATADOS ÀS AMARRAS DA AMPULHETA.

Uma terceira margem posicionada na contracorrente do jornalismo de entretenimento, aquele que supõe [hummm...] bastar-se a si. Ou que, em nome dos exercícios de estilo/ego [o engraçadinho, o descolado, o mal-humorado de butique, o culto/citador, o pretensamente pop], da compreensão ampla, geral e irrestrita [como?] e dos sabichões que definem o que "interessa a mais gente" [será mesmo que, como na (zoo)lógica da televisão comercial, é possível falar "o tempo todo para todo mundo"?], se ajusta pelo rodapé. Uma terceira margem que faça uso da imaginação e, se não for abuso, de algum senso de ridículo – artigo em falta em certos cadernos e redações..

Mas dito assim, "em oposição a", isso tudo pode soar mais arrogante e metido a besta que o necessário. Isole-se, "plis", a crítica esparsa do sumo deste laboratório, se possível for. Pois o fato é que, nele, as escolhas foram sempre as mais simples e despretensiosas, embora isso não signifique que tenham sido as mais fáceis: entre a certeza e a dúvida, a segunda; entre ser pedra ou vidraça, esta última.

Artigo raro nos bancos da graduação e das redações, a autocrítica foi exercitada/estimulada com tanto (ou mais) fervor que a crítica. E a única convicção cultivada era a de que sempre (sempre!!!) é possível fazer melhor – mesmo atados às amarras da ampulheta.

RUMARIA RUMOROSA

O ponto de partida para a seleção foi um edital que convidava alunos de jornalismo a escrever uma ou mais reportagens em torno do tema Diversidade Cultural – assunto em voga internacionalmente, embora, no varejo, mais um ilustre desconhecido dos cadernos de cultura.

Ao todo, 108 reportagens de universitários de todas as regiões do país que responderam ao convite foram inscritas, individualmente ou em dupla. Foram submetidas a uma pré-seleção e, posteriormente, à avaliação conjunta de uma comissão formada por jornalistas e acadêmicos experimentados, originários de três estados.

Com isso chegamos à estaca zero. O passo adiante foi reunir (pela primeira de duas vezes em um ano, presencialmente) todos os selecionados (nossa "rumaria" de "rumorosos", como passamos a chamá-los carinhosamente) para uma imersão em São Paulo. E lá se foram longas rodadas de conversas, visitas a instituições culturais, redações e uma internação no Seminário Internacional Rumos Jornalismo Cultural, uma preciosa pincelada do cenário no Brasil e exterior, com profissionais da Espanha, Argentina, Colômbia e Estados Unidos.

O evento foi um excelente ponto de partida, termômetro de um momento incômodo de maneira geral, especialmente entre os profissionais mais experientes – gente de renome, às vezes ocupando algum cargo de chefia, que nem por isso mostrou-se menos impotente para sair do riscado do que se supõe seja a cobertura adequada. Um cenário pouco reconfortante, de imperativos conjunturais e uma lógica que seqüestra o bom senso e faz do jornalista mais inquieto mero refém – adesistas, preguiçosos e deslumbrados à parte (e eles não são poucos...).

Aos persistentes, a saída é a porta dos fundos da brecha. Ímpeto, curiosidade e perspicácia (ou, como diriam os jogadores de futebol, "força, disposição e garra"), afinal, ainda são o melhor antídoto contra o tacape (e, é preciso admitir, o profissionalismo) da indústria do entretenimento – embora esse seja um termo vago e inapreensível demais para servir o tempo todo como muleta aos que reafirmam modelos e só têm olhos para "celebridades", no império de artistas sem obra que faz rodízio pela mídia.

O CURSO DAS COISAS

O primeiro dilema na construção do laboratório emergiu na escolha do software que seria usado. Vencidas algumas rodadas de avaliação de ferramentas e suporte tecnológico disponíveis, a opção foi por adotar o TelEduc, programa desenvolvido pela Unicamp, já utilizado antes pelo Itaú Cultural num curso de capacitação para professores.

Foi um desafio duplamente novo para mim. A idéia de dar aulas regularmente e por um longo período e de fazer isso por meio de recursos de educação a distância impôs uma lógica de trabalho diferenciada para um rato de redação com quase duas décadas de vivência estritamente prática, noves fora os vôos ocasionais pelo universo das palestras e debates.

O próximo passo era dar corpo ao laboratório. E isso foi feito a partir de uma "cesta básica" de livros, parte da premiação de cada selecionado. O cardápio foi escolhido pelo mesmo concílio que elegeu os melhores trabalhos, e reuniu publicações de matiz variado, num balé de autores como Sérgio Buarque de Holanda, Nei Lopes, Gilberto Freyre, Harold Bloom, Massimo Canevacci, Luís Antônio Giron, Zuza Homem de Mello, em torno de temas como identidade cultural, sincretismo, tradição, políticas públicas para o livro e a leitura, imbricações entre arte e tecnologia, entre outros.

> ÍMPETO, CURIOSIDADE E PERSPICÁCIA (OU, COMO DIRIAM OS JOGADORES DE FUTEBOL, "FORÇA, DISPOSIÇÃO E GARRA"), AFINAL, AINDA SÃO O MELHOR ANTÍDOTO CONTRA O TACAPE (E, É PRECISO ADMITIR, O PROFISSIONALISMO) DA INDÚSTRIA DO ENTRETENIMENTO [...]

Não havia compromisso de escarafuncharmos todos os livros ou de nos atermos ao temário inicial. Concluímos no percurso, por exemplo, que um Hermano Vianna (*O Mistério do Samba*), deixado de fora da lista inaugural, seria o melhor dos guias na discussão do tema do mês. E a rumaria (ou, nos momentos de maior ansiedade, angústia, desconcentração e polêmica, rumorosos), flexível e interessada, sacou do próprio bolso para adquiri-lo.

AS COISAS DO CURSO

O laboratório foi estruturado em módulos. A cada mês um dos livros era escolhido e servia de mote para todas as atividades, a começar da discussão dele próprio. A partir daí, reuniões de pauta (foco privilegiado no recorte local do tema ou, pelo avesso, na abordagem mais abrangente e vertical possível) definiam convidados para a entrevista (ou, talvez melhor, e-sabatina) coletiva da vez. Ao final e ao cabo, empreendiam-se longas rodadas de discussão (a artilharia crítica/autocrítica) de parte dos textos, em rodízio de autores.

Veio daí, talvez, o principal momento de tensionamento metodológico do percurso, por assim dizer. É claro que todos os rumeiros gostariam que seus textos fossem lidos, avaliados e comentados pelo editor/orientador – vulgo eu, que no percurso me posicionei mais como um moderador/facilitador do processo e das discussões, propondo temas e caminhos, questionando opções tomadas e afirmações taxativas, apontando brechas, fragilidades, inexatidões.

A dinâmica adotada e o tempo disponível dificultavam a avaliação individual permanente. E o método escolhido para lidar com isso foi fazê-los ver que o que estava em primeiro plano na análise eram as opções que foram feitas, e não o repórter. Ou, em miúdos, que quando se faz a crítica coletiva de um texto, fala-se indiretamente de e para todos.

> O VEIO PRINCIPAL ERA O DA REPORTAGEM. MAS A CADA MÊS PRODUZIAM-SE TAMBÉM, COLETIVAMENTE, VERBETES SOBRE CONCEITOS CRUCIAIS E/OU PERSONAGENS DO UNIVERSO CULTURAL E JORNALÍSTICO [...]

Na média, três reportagens eram discutidas a cada nova safra, em rodízio de autores. As demais recebiam comentários ocasionais, diretamente para o "imeiou" do repórter no TelEduc e caíam no fogo cruzado instituído pelos participantes.

O veio principal era o da reportagem. Mas a cada mês produziam-se também, coletivamente, verbetes sobre conceitos cruciais e/ou personagens do universo cultural e jornalístico – o que, sonhávamos, poderia um dia dar corpo a uma espécie de Almanaque de Jornalismo Cultural.

A VIDA LÁ FORA

Um problema de ordem pessoal impactou o andamento do laboratório. O acúmulo de atribuições exteriores e a mudança de São Paulo para Minas Gerais (para assumir uma empreitada hercúlea que engoliria todo e qualquer tempo livre) restringiu enormemente minha disponibilidade, solapando, ainda em fins do primeiro semestre de 2005, os dois dias adicionais (mesmo que parciais) dedicados semanalmente ao planejamento, à preparação das discussões e ao monitoramento das atividades.

A contribuição de Babi Borghese (coordenadora do programa pelo Itaú Cultural, que já nos acompanhava nos encontros desde os primórdios, sempre com pitacos valiosos) passou a ser decisiva a partir de então. Era ela quem ordenava (ops!) a balbúrdia inicial, orquestrava o colegiado para decisões plurais, segurava as pontas nos eventuais atrasos [cheguei a pilotar alguns encontros dos lugares mais disparatados possíveis, de Ouro Preto a Salvador; de Araçuaí, no Vale do Jequitinhonha mineiro, a Paris].

Em certos momentos, a generosidade da rumaria foi determinante para acomodar impossibilidades, remanejando de um dia para outro alguma tarefa da semana, nas duas horas em que nos e-ntrelaçávamos, às quartas e sábados.

As dificuldades em conjugar as atividades múltiplas do laboratório com "a vida á fora" não eram um "privilégio" meu, evidentemente. Quase todos os rumeiros precisaram ausentar-se em determinado momento – alguns mais que outros e dentro de certos níveis de tolerância. Isso se acentuou no segundo semestre, em decorrência de um fator previsível que nos escapou por entre os dedos: a exigência, no edital, de que os alunos estivessem na segunda metade do curso, fase naturalmente angustiante e turbulenta, de sobrecarga, com boa parte das forças voltadas para o funil do TCC, o trabalho de conclusão de curso.

Se, de um lado, a condução virtual do laboratório oferecia flexibilidade, de outro nos trazia limitações evidentes, recorrentes no modelo de educação a distância – termo que, francamente, não sei se se aplica adequadamente ao que foi nosso laboratório.

POR TOD[OS] NÓS

O dilema básico do modelo, indelével nos encontros iniciais, foi a dificuldade de carrear atenção. O intensivão na Paulicéia, ao vivo e em cores, estabeleceu uma excelente relação de cumplicidade e pertencimento entre todos. Quando isso foi transposto para o cabo (ou, em alguns casos, sofríveis, para a linha discada), a tendência de dispersão potencializou-se.

Somem-se a isso, na largada, as dificuldades naturais para dominar algumas ferramentas e entender o conjunto da obra, e o caos (momentâneo, que seja) estava estabelecido. A saída foi pactuar certas etiquetas de convivência na selva do bat-e-papo no atacado. Com o tempo, isso foi absorvido sem traumas.

Do ponto de vista do orientador, um dos nós mais angustiantes foi, certamente, o bombardeio de perguntas simultâneas do recurso mais usado, uma espécie de sala de chat vip. No caso de um neófito, como era eu então, a digestão demorava aquela meia hora a mais.

A contraface foi um certo "estado de carência e abandono" entre os não (cor)respondidos, por mais involuntário que tivesse sido. Nada que um pouco de sangue-frio, paciência e certa afeição pela barra de rolagem (no sobe-desce infinito que se impõe) não resolvessem, claro. O que se tornaria mal menor em algo como dois, três meses mais tarde.

Há um tópico vital, entusiasmante, nesse processo. E ele me parece um grande ganho em relação à média dos cursos presenciais: a capacidade de estabelecer cumplicidade e solidariedade, de permitir que todos enxerguem os avanços uns dos outros, panoramicamente. Um certo contágio se espraia a partir daí: um sentimento coletivo bom, de busca de superação, que decorre do orgulho de viver aquilo tudo juntos.

Os rumeiros foram, sempre, muito generosos entre si. O que não eximiu o percurso de ocasionais discordâncias, polêmicas e quebra-paus. Problema nenhum. Mesmo isso acabava sendo saudável. O questionamento força a autocrítica, afinal – e uma das nossas maiores ambições, desde a saída, era essa.

> [...] SER VIDRAÇA, "EM PÚBLICO", ANTES DE ASSUMIR A CONDIÇÃO DE PEDRA NUMA DAS REDAÇÕES DESTE MUNDO DE MEU DEUS É, DE FATO, PEDAGÓGICO.

Evidente que ninguém gosta de ser criticado. E ser vidraça, "em público", antes de assumir a condição de pedra numa das redações deste mundo de meu deus é, de fato, pedagógico. Ou, em "autocritiquês", nunca é demais fazer da vidraça um espelho antes de escolher o tamanho da pedra.

IDÉIAS AO VENTO

A expectativa de estender o escopo do laboratório a variados formatos e linguagens (ecos do que se suporia multimídia) esbarrou, basicamente, na expectativa não-cumprida de uma cumplicidade maior das universidades de onde os alunos eram originários. Nem todas teriam condições de, por exemplo, disponibilizar equipamento para uma possível abordagem televisiva – embora algumas, como a Universidade Tiradentes (Unit), de Aracaju (SE), tenham se mostrado disponíveis.

As limitações técnicas do nosso software para lidar com vídeo, por exemplo, e a infra-estrutura de que dispunham os alunos para despejar conteúdos audiovisuais na rede nos fizeram retroceder. Seria mais apropriado investir nas possibilidades radiofônicas, é certo. Mas resolvemos centrar fogo no que nos pareceu a possibilidade mais estimulante dentre todas, inclusive pela capacidade de cruzar recursos variados: a própria internet. O módulo final do laboratório incorporou, como tarefa extra, a produção de um blog, numa fase em que o "faça você mesmo" se alastrava pelos provedores e era cada vez mais simples montar a barraca no espaço virtual. E isso fez com que nos debruçássemos, forçosamente, sobre a investigação de sites e, claro, blogs bacanas – que nos servissem como parâmetro de possibilidades (e, iupiii!, limites esgarçados), mas permitissem insinuar os caminhos mais adequados (se alguém precisa disso) para cada tema.

> O MÓDULO FINAL DO LABORATÓRIO INCORPOROU, COMO TAREFA EXTRA, A PRODUÇÃO DE UM BLOG, NUMA FASE EM QUE O "FAÇA VOCÊ MESMO" SE ALASTRAVA PELOS PROVEDORES E ERA CADA VEZ MAIS SIMPLES MONTAR A BARRACA NO ESPAÇO VIRTUAL.

A lista de assuntos e nomes mais instigantes foi colocada em pauta e cada rumeiro adotou um rebento, com foco determinado dos quadrinhos à observação crítica dos meios de comunicação, da fotografia à animação, do celular como mídia à poesia. Seria, a um só tempo, o inventário possível de idéias colhidas ao vento, no decurso do laboratório, e a possível consolidação de algo mais duradouro, acima e além do território de giz e das datas de validade delimitados pelo laboratório.

Quatro dos 14 rebentos tiveram fôlego para persistir e completaram um ano no ar em novembro de 2006. O que, somado à acolhida recebida pela rumaria no mercado de trabalho, compõe a herança simbólica inicial de um projeto ambicioso. Mas o grande desafio estará sempre posto: a capacidade de cada um de não se acomodar, de intervir na lógica cristalizada e de mostrar que, sim, é possível fazer diferente. E, quem sabe, melhor.

POR ISRAEL DO VALE

[...] O GRANDE DESAFIO ESTARÁ SEMPRE POSTO: A CAPACIDADE DE CADA UM DE NÃO SE ACOMODAR, DE INTERVIR NA LÓGICA CRISTALIZADA E DE MOSTRAR QUE, SIM, É POSSÍVEL FAZER DIFERENTE. E, QUEM SABE, MELHOR.

DISCUSSÕES VIRTUAIS

UMA BREVE HISTÓRIA DO LABORATÓRIO ON-LINE QUE REUNIU O GRUPO DE SELECIONADOS DO PROGRAMA PARA UMA SÉRIE DE DISCUSSÕES E PRODUÇÕES DE TRABALHOS JORNALÍSTICOS.

Tarde de sábado em São Luís do Maranhão, 38°C. Em Santa Maria, Rio Grande do Sul, 19°. Tempestade na capital de Goiás. Seca em Lagarto, interior de Sergipe. Clima ameno em Londrina, Paraná. 14h55... 14h56... Cada um em sua cidade, os selecionados Rumos vão "chegando", acessando seus computadores de casa, do trabalho, do cibercafé da praia. 15h: começa mais uma "aula" do Laboratório Multimídia de Jornalismo Cultural. O editor, Israel do Vale, pode estar em Belo Horizonte, São Paulo, Vale do Jequitinhonha, ou até mesmo em Paris, de onde coordenou no dia 20 de agosto, uma discussão sobre a cobertura de um festival de música que ocorreu naquela época em São Paulo.

De 23 de fevereiro a 22 de dezembro de 2005, duas vezes por semana, duas horas por encontro, a "sala de aula" de 16 pessoas – os 14 selecionados, o editor Israel do vale e Babi Borghese, representante do Itaú Cultural – foi o TelEduc, software livre criado pelo Núcleo de Informática Aplicada à Educação, da Universidade Estadual de Campinas (Nied/Unicamp). O programa de e-learning armazenou as informações de forma organizada, permitindo o registro de todo o processo para os anais da história. De maneira geral, salvo uns paus aqui e acolá, essa ferramenta de trabalho agüentou o tranco com bravura.

A INTENÇÃO ERA MOTIVAR O FUTURO JORNALISTA A REFLETIR SOBRE QUESTÕES COMO IDENTIDADE NACIONAL, DIVERSIDADE, SINCRETISMO, LEITURA, MÍDIAS ELETRÔNICAS...

O PROCESSO

A cada mês era escolhido um livro da "cesta básica" a ser lido, a partir de um tema selecionado que reverberaria em pautas para as reportagens da vez – sugeridas e discutidas por todos, mas produzidas individualmente, analisadas pelo grupo e reeditadas. Em razão dos selecionados estarem espalhados pelo país, as pautas tiveram um forte direcionamento regional, embora fosse fundamental usar referências nacionais como parâmetro. A regra que não permitia exceções era: as reportagens teriam de estar calcadas no contexto das discussões virtuais em "sala de aula".

Os temas abordados estavam fora do mainstream do jornalismo aprendido na academia e do praticado na redação. A intenção era motivar o futuro jornalista a refletir sobre questões como identidade nacional, diversidade, sincretismo, leitura, mídias eletrônicas... Os encontros virtuais tinham como parâmetro também o exercício de lidar com conflitos profissionais cotidianos como conteúdo x falta de espaço, reportagem x agenda, apuração x fechamento.

Do tema do mês também saíam os verbetes para o que se denominou Enciclopédia Viva, cuja intenção era clarear, amadurecer, aprofundar e questionar conceitos trabalhados no decorrer do curso. Esse foi um trabalho desenvolvido pelos selecionados.

A ESTRUTURA

Ao conectar-se ao TelEduc, o participante do laboratório enxergava logo uma Agenda que descrevia as próximas atividades e seus respectivos prazos. Dela, navegava-se por ferramentas diversas, como o Correio, que proporcionava troca de e-mails, em grupo ou particulares; o Mural, lugar dedicado a referências bibliográficas e jornalísticas, penduradas por todos; Atividades, com a definição de todas as ações mensais; o Fórum, que reunia as pautas, vastamente comentadas e aperfeiçoadas por todos, e também abrigava as reportagens enviadas; o Portfólio, pastas individuais para acomodar os textos finalizados; e o Bate-papo, palco das aulas, ao vivo e em cores de e para todo o Brasil, onde o editor conduzia a conversa – dilemas eram discutidos, problemas, solucionados, escolhas, definidas, linhas editoriais, orientadas. Ou não. Às vezes, deixar questões em aberto fazia parte do desafio...

A DINÂMICA

Vamos tomar como exemplo o primeiro mês de atividades para explicar a dinâmica de trabalho do laboratório. Em fevereiro de 2005 foi adotado como assunto para discussão Leitura e Literatura. Os verbetes levantados para começar a enciclopédia foram Linguagem, Verdade, Realidade e Subjetividade. Os títulos lidos na ocasião foram *Como e por que Ler*, de Harold Bloom, e *O Brasil Pode Ser um País de Leitores?*, de Felipe Lindoso, que foi, aliás, quem inaugurou a seção Coletivas, aula especial que trazia a participação de um especialista no tema em questão para ser entrevistado pelos meninos. E assim foi mês a mês, com temas como Sincretismo, Identidade Nacional, Arte e Tecnologia etc.

A certa altura do campeonato, agregaram-se à "cesta básica" produções de dois outros convidados das Coletivas. O vídeo *Na Rota dos Orixás*, de Renato Barbieri, e o livro de Hermano Vianna *O Mistério do Samba*, este último adquirido pelos próprios rumeiros, por livre e espontânea vontade. E optou-se por acrescentar aos verbetes da enciclopédia minibiografias de grandes nomes do jornalismo cultural do Brasil.

Em junho, duas oportunidades de exercícios de produção in loco de reportagens foram realizadas: Esfera Literária, promovida pelo Instituto de Artes do Pará, fez com que o selecionado Reuben da Cunha se deslocasse de São Luís para Belém para cobrir o evento; de Santa Maria, Augusto Paim viajou a Porto Alegre para o Encontro Internacional de Contadores de Histórias, na Casa de Cultura Mário Quintana.

> [...] DILEMAS ERAM DISCUTIDOS, PROBLEMAS, SOLUCIONADOS, ESCOLHAS, DEFINIDAS, LINHAS EDITORIAIS, ORIENTADAS. OU NÃO. ÀS VEZES, DEIXAR QUESTÕES EM ABERTO FAZIA PARTE DO DESAFIO...

No segundo semestre de 2005 os selecionados sugeriram uma mudança na programação do laboratório. Antes de entrar na prevista discussão sobre as relações entre arte e tecnologia e o trabalho do jornalista de cultura na internet, o grupo de estudantes propôs (e foi aceita) a idéia de realizar-se uma cobertura – ao vivo, de São Paulo – do *Festival Cultura, a Nova Música do Brasil*, da TV Cultura de São Paulo. Quem estava na capital paulista foi ao evento; os de fora da Paulicéia exercitavam sua verve crítica tratando da transmissão pela TV. Passado o festival, que demandou dois meses inteiros de trabalho fora do cronograma, a rotina voltou com o tema Arte e Tecnologia, seguido de Novos Meios.

FIM DE CURSO

As discussões afluíram naturalmente para o que acabou sendo o último exercício do laboratório. Cada rumeiro criou um blog sobre a área de expressão artística de sua preferência. Assim nasceram o ArTorpedo, sobre convergência das mídias para a telefonia celular; Cabruuum, sobre quadrinhos; Anima-se, sobre cinema de animação; Fellini e o Rinoceronte, sobre cinema de ficção; Ilha da Memória, sobre documentário; Calíope, sobre prosa; Barulhos, sobre poesia; Canto do Cino, sobre arte contemporânea; PhotografArt, sobre fotografia; Cena Cênica, sobre artes cênicas; Melô Brasil, sobre melodrama; Ora Boa, sobre música; Mascando Clichê, sobre jornalismo cultural; e Pra Cultivar, sobre políticas culturais.

Em novembro de 2006, ArTorpedo, Cabruuum, Calíope e Mascando Clichê comemoraram um ano na blogosfera (ver endereços no capítulo Nomes, Endereços e Leituras: Agendas). Para o jornalista que não dispensa números em sua matéria, 28% do laboratório ainda vive. E 100% da rumaria se considera mais preparada para a vida em redação.

> AS DISCUSSÕES AFLUÍRAM NATURALMENTE PARA O QUE ACABOU SENDO O ÚLTIMO EXERCÍCIO DO LABORATÓRIO. CADA RUMEIRO CRIOU UM BLOG SOBRE A ÁREA DE EXPRESSÃO ARTÍSTICA DE SUA PREFERÊNCIA.

[...] 28% DO LABORATÓRIO AINDA VIVE. E 100% DA RUMARIA SE CONSIDERA MAIS PREPARADA PARA A VIDA EM REDAÇÃO.

O RUMOS EM QUESTÃO

EM DEZEMBRO DE 2005, OS SELECIONADOS SE REUNIRAM PARA FAZER UMA AVALIAÇÃO DAS ATIVIDADES PROPOSTAS, COMENTAR O TRABALHO E REVER SUAS PERSPECTIVAS PROFISSIONAIS.

A avaliação feita pelos 14 selecionados do programa reflete a própria diversidade de suas origens geográficas e, ao mesmo tempo, as similitudes decorrentes de se encontrarem na mesma etapa do curso de jornalismo. Os estudantes provinham de quatro universidades federais, duas estaduais e quatro particulares, de oito estados diferentes.

A exigência de que estivessem – no momento da inscrição – no máximo no 6º semestre do curso de jornalismo fez que quase todos os participantes, no final do Rumos Jornalismo Cultural, estivessem envolvidos com os respectivos TCCs. Vale lembrar que essa regra do edital foi firmada para que o contemplado ainda estivesse cursando jornalismo ao final do programa.

Vários dos participantes já trabalhavam antes da seleção. A maioria como "estagiários" – de fato exercendo atividade profissional em período parcial – mas também em trabalhos de monitoria junto aos respectivos cursos. Um deles já era profissional formado em outra área, trabalhando para manter-se e pagar o curso de jornalismo.

> HOUVE [...] MANIFESTAÇÕES POSITIVAS POSTERIORES, PRINCIPALMENTE DE PROFESSORES DOS SELECIONADOS. HOUVE UM CASO EM QUE O CURSO DE JORNALISMO DESENVOLVEU ATIVIDADES ESPECÍFICAS MOTIVADAS PELO PROGRAMA.

A exigência expressa no edital de convocação do Rumos de que a seleção fosse feita com base em reportagens produzidas a partir do tema Diversidade Cultural Brasileira teve um efeito singular: todas as matérias enviadas pelos futuros selecionados tratavam de assuntos fora do ramerrame habitual dos cadernos de cultura, como lançamentos de livros, exposições, espetáculos etc.

As faculdades nas quais estudavam tiveram, na melhor das hipóteses, uma recepção passiva diante da oferta do Itaú Cultural de convocar o programa Rumos Jornalismo Cultural.

Em vários casos, essa indiferença institucional permaneceu durante o desenvolver do programa. Houve, entretanto, manifestações positivas posteriores, principalmente de professores dos selecionados. Houve um caso em que o curso de jornalismo desenvolveu atividades específicas motivadas pelo programa.

Esse grupo de 14 jovens atravessou um processo dividido, grosso modo, em três etapas. O primeiro momento foi o de convívio durante o Seminário Internacional Rumos Jornalismo Cultural; o segundo, o do desenvolvimento do laboratório; e, finalmente, o terceiro foi aquele em que todos os participantes se encontraram novamente em São Paulo quando da realização do Colóquio Rumos Jornalismo Cultural.

No primeiro e último momentos os participantes estavam juntos em São Paulo, com as passagens e a estada pagas pelo Instituto Itaú Cultural. Durante o laboratório, o encontro se dava por meios eletrônicos.

PRIMEIROS CONTATOS

Os futuros selecionados souberam da iniciativa a partir de vários meios. Alguns deles já conheciam o site e as atividades do Itaú Cultural e lá souberam do programa. Outros foram avisados – via e-mail ou pessoalmente – por colegas e amigos, inclusive através das ubíquas comunidades de Orkut. Nenhum, entretanto, foi estimulado a se inscrever a partir de iniciativas do próprio curso.

Para o processo de seleção, alguns candidatos aprofundaram temas que já tinham começado a elaborar por interesse próprio. Outros desenvolveram suas pautas a partir das especificações do edital.

Importante é destacar que, para a maioria, o curso de jornalismo e a própria perspectiva profissional estavam vivendo momentos de crise: as características de "adestramento" voltado exclusivamente para o mercado de trabalho de alguns cursos, a falta de profundidade das discussões. "O Rumos foi a salvação do meu curso de jornalismo. Não agüentava mais a universidade", diz um deles.

Na quase totalidade dos casos, não havia uma disciplina específica de jornalismo cultural nos cursos freqüentados pelos rumeiros. Nem todos, aliás, tinham tomado uma decisão definitiva sobre seu eventual futuro interesse em permanecer atuando na área do jornalismo cultural.

O LABORATÓRIO MULTIMÍDIA

A exigência de participar das duas sessões semanais do laboratório e cumprir as tarefas designadas foi atendida por todos no decorrer do período.

A avaliação dos rumeiros sobre o desenvolvimento do laboratório foi coincidente em vários aspectos:

– positiva diante do método de estabelecer as discussões e pautas a partir da leitura dos livros da "cesta básica";

– ainda assim, houve reclamações sobre o escasso tempo destinado à leitura e discussão de alguns livros;

– exigência generalizada de que, em futuras edições do laboratório, houvesse mais de um docente, ou um sistema de monitores para responder de forma mais rápida e abrangente às solicitações dos participantes; como não se previa uma participação em tempo integral de Israel do Vale, em alguns momentos os rumeiros se ressentiram disso;

> **[...] HOUVE RECLAMAÇÕES SOBRE O ESCASSO TEMPO DESTINADO À LEITURA E DISCUSSÃO DE ALGUNS LIVROS.**

– reclamação sobre a pequena quantidade de textos produzidos pelos rumeiros que efetivamente foi publicada no site do Itaú Cultural;

– foram recorrentes também as queixas sobre o TelEduc. Ainda que o programa, no geral, tenha funcionado bem, algumas ferramentas eram inexistentes ou de difícil uso. A queixa mais importante dizia respeito à complexibilidade de anexar arquivos de vídeo e som.

Na verdade, o que se revela no conjunto das observações é a necessidade que os rumeiros tinham de uma atenção quase que personalizada. Não conseguiam isso na universidade e, de certa maneira, tinham a expectativa de que assim fosse no laboratório. Mas sua dinâmica supunha um acompanhamento mais geral do grupo, ainda que com um alto grau de atenção individual. Mas, como observou Israel do Vale em seu texto, as observações feitas valiam para todos os participantes.

A não-publicação de uma quantidade maior de textos decorreu de uma impossibilidade prática.

As possíveis soluções para essa pauta serão estudadas em uma futura nova edição do Rumos Jornalismo Cultural.

A dinâmica do laboratório recuperou, de certa forma, antigos modos de fazer das redações de jornais: um editor que lê e corrige os textos, manda refazê-los e pode, inclusive, derrubar sua publicação. Na vida real, como todos logo constataram, nem tudo que é produzido é publicado e nem mesmo aproveitado parcialmente.

> A DINÂMICA DO LABORATÓRIO RECUPEROU, DE CERTA FORMA, ANTIGOS MODOS DE FAZER DAS REDAÇÕES DE JORNAIS: UM EDITOR QUE LÊ E CORRIGE OS TEXTOS, MANDA REFAZÊ-LOS E PODE, INCLUSIVE, DERRUBAR SUA PUBLICAÇÃO.

DOIS ENCONTROS

Tanto o Seminário Internacional quanto o Colóquio Rumos Jornalismo Cultural foram apreciados positivamente de modo unânime. O contato direto com expoentes do jornalismo cultura, tanto no âmbito nacional quanto no internaciona, permitiu a todos uma percepção matizada da prática profissional. Também permitiu desmistificar a aura que alguns rumeiros tinham – até de modo inconsciente – criado em torno de alguns nomes.

As oficinas realizadas durante o seminário, da mesma maneira, aprofundaram certos pontos cruciais da prática do jornalismo cultural, que se revelaram úteis na elaboração das pautas no decorrer do laboratório e apontam para os problemas a serem encontrados na vida profissional.

O CONTATO DIRETO COM EXPOENTES DO JORNALISMO CULTURAL, TANTO NO ÂMBITO NACIONAL QUANTO NO INTERNACIONAL, PERMITIU A TODOS UMA PERCEPÇÃO MATIZADA DA PRÁTICA PROFISSIONAL. TAMBÉM PERMITIU DESMISTIFICAR A AURA QUE ALGUNS RUMEIROS TINHAM – ATÉ DE MODO INCONSCIENTE – CRIADO EM TORNO DE ALGUNS NOMES.

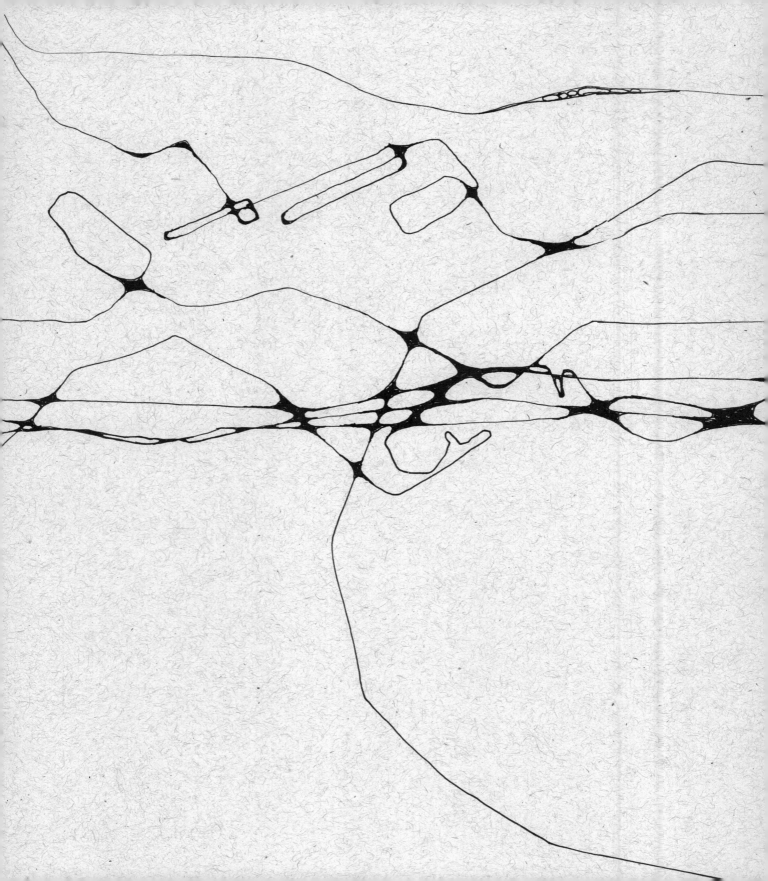

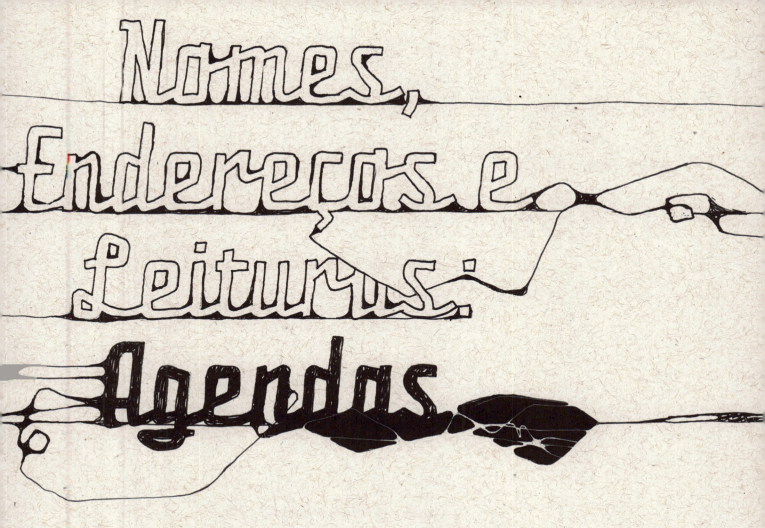

Nomes, Endereços e Leituras: Agendas

MODO DE FAZER

O Itaú Cultural convidou alguns dos colaboradores da edição 2004-2005 do programa Rumos Jornalismo Cultural a enviar suas indicações de livros, periódicos, sites, blogs e instituições que consideram interessantes para a formação e para o trabalho cotidiano de um jornalista de cultura. Trata-se apenas de sugestões de ferramentas de trabalho e não de uma lista de referências definitiva e insuperáve.

À lista de livros sugerida pelos especialistas, acrescentou-se a "cesta básica" de títulos oferecidos aos selecionados como parte da premiação da primeira edição do Rumos Jornalismo Cultural. À lista de endereços na internet, acrescentaram-se os quatro blogs resultantes do laboratório ainda em atividade na internet: ArTorpedo, Cabruuum, Calíope e Mascando Clichê.

Alberto Villas, André Vallias, Antonio Prada, Cremilda Medina, Daniel Piza, Francisco Karam, Gabriel Priolli, Gilmar de Carvalho, Guilherme Kujawski, José Castello, Juarez Fonseca, Kiko Ferreira, Liana Milanez, Maria Hirszman, Robinson Borges, Rogério Pereira, Sergio Vilas Boas e Teixeira Coelho foram os profissionais que participaram desta seleção. Estas são as suas sugestões.

121 LIVROS

SÃO INDICADOS COM UM ASTERISCO (*), NA RELAÇÃO DE TÍTULOS QUE SE SEGUE, OS LIVROS QUE INTEGRARAM A "CESTA BÁSICA" CONCEDIDA AOS SELECIONADOS PARA O PROGRAMA RUMOS JORNALISMO CULTURAL.

1. 1001 NOITES NO CINEMA
Pauline Kael (1919 - 2001)
A ex-colaboradora do *New York Times* reúne neste livro resenhas escritas ao longo de três décadas, período em que ela garantiu sua posição de crítica cinematográfica mais respeitada dos Estados Unidos.

2. ABC DA LITERATURA
Ezra Pound (1885 - 1972)
Ensaio do poeta americano publicado em 1934 que apresenta uma série de classificações em busca do que chama de "os elementos puros em literatura". Ao analisar o trabalho de escritores, por exemplo, o autor relaciona seis categorias: inventores, mestres, diluidores, bons escritores sem maiores qualidades, beletristas e lançadores de moda.

3. ABUSADO
Caco Barcellos (1950 -)
Reportagem investigativa sobre a entrada da facção criminosa Comando Vermelho (CV) na favela Santa Marta, Rio de Janeiro, e a formação de uma geração de traficantes. O livro-reportagem revela código de ética e *modus operandi* dos criminosos cariocas.

4. ANTÍGONA
Sófocles (496 a.C. - 406 a.C.)
Uma das peças sobreviventes do dramaturgo ateniense, essa tragédia é considerada um dos clássicos fundamentais da literatura universal. Nela, Antígona luta sozinha contra um tirano e seus exércitos e abala o governo.

5. APOCALÍPTICOS E INTEGRADOS
Umberto Eco (1932 -)
Para o ensaísta e ficcionista italiano, há dois tipos de reações diante da cultura de massa: as dos apocalípticos, que consideram que a massificação da produção e do consumo constitui a perda da essência da criação artística; e a dos integrados, que afirmam que há uma força criadora na massificação da cultura.

6. APOLOGIA DE SÓCRATES
Platão (427 a.C. - 347 a.C.)
Considerada uma obra-prima do filósofo grego, a publicação relata a defesa de Sócrates perante a assembléia ateniense que o condenou à morte por ingestão de cicuta.

7. ARCO-ÍRIS DA GRAVIDADE, O
Thomas Pynchon (1937 -)
Lançado em 1973, a obra do recluso escritor americano apresenta uma narrativa picaresca ambientada na Europa devastada no final da Segunda Guerra e nos primeiros momentos do pós-guerra.

8. ARTE INTERNACIONAL BRASILEIRA
Tadeu Chiarelli (1956 -)
Coletânea de textos sobre arte brasileira, publicados anteriormente em catálogos, revistas e jornais no país e no exterior. Neles, o autor discute a produção de alguns dos principais artistas dos períodos moderno e contemporâneo.

9. ARTE PARA QUÊ? – A PREO-CUPAÇÃO SOCIAL NA ARTE BRASILEIRA – 1930–1970
Aracy Amaral (1930 -)
A apurada e minuciosa pesquisa da curadora e ensaísta brasileira fizeram desta uma obra referencial quando o assunto é arte e suas complexas relações com as questões sociais e políticas.

10. ARTE TELEMÁTICA - DOS INTERCÂMBIOS PONTUAIS AOS AMBIENTES VIRTUAIS MULTIUSUÁRIO*
Gilbertto Prado (1954 -)
Editado pelo Itaú Cultural, este trabalho do artista multimídia brasileiro apresenta um panorama da arte telemática dos anos 70 até o início do século XXI. Busca, também, entender e explorar os avanços tecnológicos e suas conseqüências para as artes visuais.

11. ARTECIÊNCIA: AFLUÊNCIA DE SIGNOS CO-MOVENTES
Roland de Azeredo Campos (1955 -)
O físico e ensaísta brasileiro per-corre o que considera como "es-paços de convergência científico-poético-músico-pictóricos".

12. ARTE MODERNA
Giulio Carlo Argan (1909 - 1992)
Considerado um clássico da história da arte, a obra do historiador e teórico da arte italiana e ex-prefeito de Roma apresenta cerca de 750 ilustrações acompanhadas de textos que discutem o sentido da arte na história.

13. ÁRVORE DO CONHECIMEN-TO, A – AS BASES BIOLÓGICAS DA COMPREENSÃO HUMANA
Humberto R. Maturana (1928 -) e Francisco J. Varela (1946 - 2001)
Os pesquisadores chilenos defendem nesta obra a idéia de que o mundo não é pré-dado ao ser humano, mas que é construído ao longo de sua interação com ele.

14. BEIJO DE LAMOURETTE, O: MÍDIA, CULTURA E REVOLUÇÃO
Robert Darnton (1939 -)
Esta obra do historiador americano trata da história dos meios de comunicação e procura demonstrar como o passado opera subterraneamente no presente, alicerçando e por vezes solapando a própria inserção das pessoas no mundo.

15. BRASIL PODE SER UM PAÍS DE LEITORES?, O *
Felipe Lindoso (1949 -)
Produzido pelo antropólogo e jornalista brasileiro, o ensaio apresenta um histórico da indústria editorial no Brasil e analisa o conjunto de ações que fazem (ou fariam) do livro um produto de consumo que se diferencia quanto aos resultados que traz para os indivíduos e para o país.

16. CALE-SE
Caio Túlio Costa (1954 -)
Livro-reportagem produzido pelo jornalista e professor, pioneiro no trabalho de ouvidoria no jornalismo brasileiro. Lançada em 2003, a obra narra a história de um período que se inicia com a morte do estudante Alexandre Vannucchi Leme, em 17 de março de 1973, e termina com um show de Gilberto Gil (em que o artista canta a canção *Cálice*) realizado na Universidade de São Paulo (USP) em 26 de maio de 1973, durante o qual a morte é denunciada.

17. O CAPITAL
Karl Marx (1818 - 1883)
Considerada a obra máxima do filósofo alemão, este longo ensaio que lhe custou 20 anos de trabalho apresenta as principais diretrizes do pensamento econômico marxista.

18. CARTAS A UM JOVEM POETA
Rainer Maria Rilke (1875 - 1926)
Resposta do autor nascido em Praga a um jovem aspirante que lhe escreve uma carta pedindo conselhos. O poeta aborda, em prosa, temas como a criação artística, a necessidade de escrever, Deus, o sexo e o relacionamento entre os homens.

19. CEM ANOS DE SOLIDÃO
Gabriel García Márquez (1928 -)
Publicado em 1967, o livro é um clássico do realismo fantástico latino-americano. Conta a história dos Buendía – a "estirpe de solitários" para a qual não seria dada "uma segunda oportunidade sobre a terra". Obra-prima do escritor colombiano vencedor do Nobel de Literatura de 1982.

20. CHATÔ, O REI DO BRASIL
Fernando Morais (1942 -)
Biografia do fundador dos Diários Associados, do Masp e da TV Tupi, Assis Chateaubriand, homem que, nascido na Paraíba e analfabeto até os 10 anos de idade, construiu um império das comunicações e foi pioneiro na instalação da televisão no país.

21. CIDADES INVISÍVEIS
Ítalo Calvino (1923 - 1985)
Nesta sua obra o autor italiano apresenta um diálogo imaginário entre o conquistador oriental Ku-

Klai Khan e o viajante veneziano Marco Pólo. Khan é chefe de um império tão grande, que desconhece a maioria das cidades sob o seu domínio, e pede a Pólo que descreva tais cidades.

22. COMO E POR QUE LER *
Harold Bloom (1930 -   )
Conforme o próprio nome diz, o livro se propõe a explicar por que se deve ler, dando lições sobre como realizar a leitura de obras literárias dos mais diversos gêneros. Como exemplo, o crítico americano utiliza textos de alguns autores importantes da literatura mundial e busca iluminar pontos que merecem ser destacados e compreendidos nas obras.

23. COMUNICAÇÃO E INDÚSTRIA CULTURAL
Gabriel Cohn (org.)
Publicado no final dos anos 70, o livro de ensaios organizado pelo pesquisador brasileiro analisa o papel dos meios de comunicação na sociedade contemporânea e as várias manifestações da opinão pública, da propaganda e da "cultura de massa".

24. CONHECIMENTO COMUM, O
Michel Maffesoli (1944 -   )
O intelectual francês reivindica uma sociologia romântica, ao abordar o cotidiano por meio de um pensamento em oposição à postura determinista da sociologia positivista.

25. CONTROLE DE OPINIÃO PÚBLICA – UM ENSAIO SOBRE A VERDADE CONVENIENTE
Nilson Lage (1936 -   )
O professor brasileiro de jornalismo e lingüística revela os mecanismos de construção dos fatos, por onde trafegam interesses, intenções e ideologias sujeitos à indústria de teorias e verdades convenientes.

26. CRIME E CASTIGO
Fiodor M. Dostoievski (1821 - 1881)
Raskólnikov é um frágil jovem estudante russo que, "esmagado pela miséria", realiza um crime de morte, um ato que justifica com a tese de que grandes homens, ele inclusive, foram assassinos absolvidos pela história. É considerada a mais importante obra do escritor russo.

27. CRÍTICA DE LA SEDUCCIÓN MEDIÁTICA
José Luís Sánchez Noriega (1957 -   )
Nesta obra, o pesquisador espanhol aborda como a informação gerada pelos meios de comunicação de massa influencia a opinião pública. Estudo rigoroso sobre o perfil ideológico dos meios de comunicação social e sua influência na cultura.

28. CRÔNICA DE UMA MORTE ANUNCIADA

Gabriel García Márquez (1928 -)
Acusado por Ângela Vicário de tê-la desonrado, o jovem Santiago Nasar é morto a facadas pelos irmãos dela, os gêmeos Pedro e Pablo. Toda a localidade fica sabendo com antecedência da vingança, mas nada salva Santiago de seu trágico destino, anunciado logo à primeira linha do romance.

29. CULTURA

Raymond Williams (1921 - 1988)
Neste livro, o crítico marxista britânico reflete sobre a sociologia da cultura. As instituições culturais, os meios de produção e os processos de reprodução da cultura, assim como sua organização, são algumas das questões analisadas.

30. CULTURA BRASILEIRA E IDENTIDADE NACIONAL

Renato Ortiz (1947 -)
O pesquisador brasileiro busca mostrar que não existe uma identidade autêntica, mas uma pluralidade de identidades, construídas por diferentes grupos sociais em diferentes momentos históricos.

31. CULTURA E DEMOCRACIA

Marilena Chauí (1941 -)
A filósofa brasileira mostra como foi construído o mito fundador do país desde sua descoberta em 1500 até o início do século XXI, e como ele é um fator de coesão e coerção sociais.

32. CULTURAS HÍBRIDAS: ESTRATÉGIAS PARA ENTRAR E SAIR DA MODERNIDADE

Néstor García Canclini (1939 -)
O autor argentino faz uma reflexão sobre o fenômeno da hibridação cultural nos países latino-americanos, procurando compreender o intenso diálogo entre a cultura erudita, a popular e a de massas, e sua inserção no cenário mundial.

33. CULTURA E POLÍTICA

Roberto Schwarz (1939 -)
Coletânea de ensaios na qual o crítico brasileiro discute as relações entre cultura e política, o peso do influxo externo, a possível contribuição do intelectual estrangeiro e a história do Brasil, entre outros pontos.

34. CULTURAS POPULARES NO CAPITALISMO, AS

Néstor García Canclini (1939 -)
O autor parte do conceito de que a cultura é a produção de fenômenos que contribuem, mediante a representação ou a reelaboração simbólica das estruturas materiais, para a compreensão, a reprodução ou a transformação do sistema social.

35. DECADÊNCIA DO OCIDENTE, A
Oswald Spengler (1880 - 1936)
O historiador alemão profetiza neste trabalho a decomposição do Ocidente nas primeiras décadas do século XX. Os motivos para seu desencanto eram a proximidade da Primeira Grande Guerra e a "orgia do pensamento técnico", entre outros.

36. DENTRO DA BALEIA E OUTROS ENSAIOS
George Orwell (1903 - 1950)
Obra com 15 ensaios em que o escritor discute temas como o trabalho em literatura e na resenha literária, suas memórias e política.

37. DEZ DIAS QUE ABALARAM O MUNDO, OS
John Reed (1887 - 1920)
Esta narrativa jornalística é considerada um dos marcos do jornalismo literário. Nela, o jornalista americano descreve e analisa os acontecimentos que culminaram com a instauração do regime socialista na Rússia, em 1917.

38. DICIONÁRIO DA CORTE, O
Paulo Francis (1930 - 1993)
Organizado em verbetes sobre os mais variados assuntos – principalmente aqueles relacionados à cultura e à crítica de costumes –, a obra reúne alguns dos mais polêmicos e instigantes textos assinados pelo jornalista brasileiro.

39. DICIONÁRIO DO FOLCLORE BRASILEIRO *
Luís da Câmara Cascudo (1898 - 1986)
A mais importante obra de referência sobre mitos, lendas, usos, costumes, canções, práticas médicas, folguedos e superstições que passaram a integrar o *corpus* da cultura popular do Brasil.

40. DIREITO À TERNURA, O
Luís Carlos Restrepo (1954 -   )
O autor colombiano defende a volta da afetividade – há muito excluída em favor do rigor científico – como um dos componentes da ação pedagógica.

41. DOM CASMURRO
Machado de Assis (1839 - 1908)
O título é uma auto-ironia do personagem principal, o pessimista Bentinho, que se encarrega de contar suas desventuras sempre sombreadas na desconfiança em relação à fidelidade de sua amada, Capitu.

42. DOS MEIOS ÀS MEDIAÇÕES
Jesús Martin-Barbero (1937 -   )
O ensaísta espanhol radicado na Colômbia analisa o modo como o rádio e o cinema contribuíram para unificar as sociedades latino-americanas, formando a idéia moderna de nação, numa articulação dos estudos culturais com a

política e a economia.

---

43. DR. FAUSTO
Thomas Mann (1875 - 1955)
Narrada por um amigo, esta é a história do músico Adrian Leverkühn que, como o Fausto da lenda, vende a alma ao demônio em troca de viver o suficiente para realizar sua grande obra. O escritor alemão combina nesta narrativa música e política, realidade e símbolo, fato e ficção.

---

44. ENCICLOPÉDIA BRASILEIRA DA DIÁSPORA AFRICANA *
Nei Lopes (1942 -)
O pesquisador, ficcionista e compositor reúne verbetes que tratam de informações multidisciplinares sobre o universo da cultura africana e afrodescendentes. Personalidades, fatos históricos, países, religiões, fauna, flora, festas, instituições e idiomas são alguns dos assuntos abordados.

---

45. ENTRE OS FIÉIS
V. S. Naipaul (1932 -)
Entre 1979 e 1981, o autor inglês de origem indiana viajou pelo Irã, Paquistão, Malásia e Indonésia, e registrou nesta obra um retrato do islamismo no século XX.

---

46. ERA DOS EXTREMOS, A
Eric J. Hobsbawm (1917 -)
O historiador britânico nascido no Egito dá seu testemunho sobre o século XX, contando a história do que ele chama de "a era das ilusões perdidas". Para ele, o século XX foi um período curto, que vai da Primeira Guerra Mundial até a queda do muro de Berlim.

---

47. ERA DOS FESTIVAIS, A *
Zuza Homem de Mello (1933 -)
O I Festival da Record (1960) assinala o início de um dos períodos mais criativos da música popular brasileira e que seria conhecido na crônica musical como a era dos festivais. Testemunha daquela saga musical, o jornalista brasileiro narra nesta obra o que se passava nos palcos, bastidores e coxias daqueles eventos.

---

48. ERRO DE DESCARTES, O
António R. Damásio (1944 -)
O autor português, que dirige um dos principais centros de estudos neurológicos dos Estados Unidos, demonstra nesta obra como a ausência de emoção e sentimento pode destruir a racionalidade.

---

49. FAMA E ANONIMATO
Gay Talese (1932 -)
Coletânea de reportagens realizadas no início dos anos 60, quando o repórter do *New York Times*, considerado um dos precursores do jornalismo literário, saía pelas ruas de Nova York em busca de personagens, anônimos e famosos, que

imprimiam a textura da cidade e o rosto de seus habitantes.

50. FILME
Lilian Ross (1927 -)
A jornalista americana acompanha a realização de *A Glória de um Covarde*, um filme de John Huston, compondo um quadro que revela os meandros da indústria cinematográfica americana e o ambiente controvertido de Hollywood. Esta obra é considerada a primeira reportagem escrita sob a forma de romance de que se tem notícia.

51. FILME É UM FILME, UM – O CINEMA DE VANGUARDA DOS ANOS 60
José Lino Grünewald (1931 - 2000)
Os artigos reunidos neste livro – publicados na imprensa entre 1958 e 1970, considerados os anos mais agitados da história do cinema – foram selecionados e organizados pelo jornalista e biógrafo Ruy Castro, amigo e discípulo do crítico brasileiro.

52. FILMES DA MINHA VIDA, OS
François Truffaut (1932 - 1984)
Livro que reúne artigos escritos entre 1954 e 1975, no qual o realizador francês narra os principais eventos que marcaram a sua formação de cineasta e afirma que foi assistindo aos filmes que aprendeu a fazer cinema.

53. FIM DAS CERTEZAS, O – TEMPO, CAOS E AS LEIS DA NATUREZA
Ilya Prigogine (1917 - 2003)
Prêmio Nobel de Química em 1977, a autora trata das mudanças do conceito de tempo no âmbito da ciência contemporânea. Com base em considerações sobre o nascimento do tempo e sobre a matéria-energia que dele decorre, a cientista russa evoca o que chama de "uma ciência dos processos irreversíveis".

54. FOGUEIRA DAS VAIDADES, A
Tom Wolfe (1931 -)
O livro do jornalista americano narra a história de Sherman McCoy, um ambicioso corretor de Wall Street, que vê sua vida desmoronar após atropelar um rapaz negro. Ele se torna o alvo preferido do oportunismo de políticos, líderes raciais e imprensa.

55. FORMAÇÃO DA LITERATURA BRASILEIRA
Antonio Candido (1918 -)
O crítico brasileiro divide os estudos literários em dois aspectos básicos: o valor das obras em si e sua função no contexto do tempo. Baseia-se na convicção de que a literatura brasileira é tributária da portuguesa e, portanto, nossa formação partiria de um estágio já bastante evoluído da literatura matriz.

56. GALÁXIA DE GUTENBERG, A
Marshall MacLuhan (1911 - 1980)
Considerado marco da cultura clássica ocidental, o livro contextualiza o nascimento da cultura moderna. O ensaísta canadense examina a tecnologia mecânica que resultou do alfabeto e da máquina impressora – o material impresso produzido em série originou profundas transformações no homem e na sociedade, saídas do séc. XVI.

57. GUERRA E PAZ
Leon Tolstoi (1828 - 1910)
Romance épico do autor russo que se apóia em episódios ficcionais e históricos para tratar da invasão da Rússia por parte das tropas napoleônicas, provocando uma reflexão sobre a vida humana e a sua frágil existência.

58. GRANDE SERTÃO: VEREDAS
João Guimarães Rosa (1908 - 1967)
Publicado em 1956, este é o único romance do escritor mineiro. Escrito em uma linguagem única, narra as lembranças do jagunço Riobaldo em suas desventuras e cavalhadas no espaço mítico dos campos gerais. Eleito um dos 100 livros mais importantes de todos os tempos pelo Círculo do Livro da Noruega.

59. HAMLET
William Shakespeare (1564 - 1616)
Uma das peças de referência e o mais longo texto do dramaturgo inglês. Com certeza o texto mais discutido em toda a dramaturgia, escrito praticamente todo em versos, conta a história da vingança do príncipe da Dinamarca, Hamlet, contra seu tio e sua mãe, assassinos de seu pai.

60. HAMLET NO HOLODECK – O FUTURO DA NARRATIVA NO CIBERESPAÇO *
Janet H. Murray (1946 -   )
Editado no Brasil pelo Itaú Cultural em parceria com a editora da Unesp, a obra desta americana especialista em programação de sistemas e em literatura inglesa tornou-se uma referência fundamental no campo da narrativa interativa em todo o mundo.

61. HISTÓRIA DA ARTE
E. H. Gombrich (1909 - 2001)
Obra do especialista austríaco que pode ser considerada didática, tem como objetivo familiarizar o leitor com nomes, períodos e estilos artísticos que se acumulam ao longo dos tempos, da pré-história aos dias de hoje.

62. HISTÓRIA DA IMPRENSA NO BRASIL *
Nelson Werneck Sodré (1911 - 1999)
Pesquisa referencial para profis-

sionais e estudantes de jornalismo, o livro deste intelectual marxista e militar brasileiro – deu baixa do Exército quando era general-de-brigada – relata a história da imprensa brasileira do início do século XIX até os anos 1990.

63. HISTÓRIA DA LITERATURA OCIDENTAL
Otto Maria Carpeaux (1900 - 1978)
Este intelectual austríaco, radicado no Brasil de 1940 até sua morte, busca neste seu trabalho ser ao mesmo tempo historiador e crítico ao tentar responder simultaneamente a preocupações dificilmente compatíveis: a compreensão sociológica das épocas e a individualização estilística dos autores.

64. HISTÓRIA DO ESPAÇO, UMA: DE DANTE À INTERNET
Margaret Wertheim (1958 -   )
A partir do texto de *A Divina Comédia*, de Dante, este livro acompanha a história das concepções ocidentais do espaço, analisando as mudanças que esse conceito sofreu ao longo dos séculos, da Idade Média até a era digital.

65. HOMEM SECRETO, O – A HISTÓRIA DO GARGANTA PROFUNDA
Carl Bernstein (1944 -   )
e Bob Woodward (1943 -   )
Livro-reportagem da dupla de jornalistas do *Washington Post* responsável pela divulgação do

caso Watergate, que trata da revelação, após 33 anos, da identidade do homem que desmascarou aqueles episódios que levaram à renúncia de Richard Nixon.

66. HOMEM SEM QUALIDADES, O
Robert Musil (1880 - 1942)
Este romance-ensaio mostra a decadência dos valores vigentes até o início do século XX, marcando a perda de posição da Europa na decisão dos rumos políticos e econômicos mundiais.

67. HOMO LUDENS - O JOGO COMO ELEMENTO DA CULTURA
Johan Huizinga (1872 - 1945)
O historiador holandês, um dos fundadores da "história das mentalidades", toma neste livro a noção de jogo enquanto fenômeno cultural e não biológico, psicológico ou antropológico, e o associa metodicamente a outras noções fundamentais como linguagem, competição, direito, guerra, conhecimento e poesia para construir seu pensamento, além de analisar as formas lúdicas que algumas dessas práticas podem ter.

68. INTÉRPRETES DO BRASIL *
Silviano Santiago (1936 -   )
Editada em papel-bíblia pela Nova Aguilar, a coleção reúne obras de dez intelectuais brasileiros que pensaram criticamente o país: *O Abolicionismo* (Joaquim

Nabuco), *Os Sertões* (Euclides da Cunha), *A América Latina* (Manuel Bonfim), *Populações Meridionais do Brasil* (Oliveira Viana), *Vida e Morte do Bandeirante* (Alcântara Machado), *Retrato do Brasil* (Paulo Prado), *Casa-Grande & Senzala*, *Sobrados e Mucambos* e *Ordem e Progresso* (Gilberto Freyre), *Raízes do Brasil* (Sérgio Buarque de Holanda), *Formação do Brasil* Contemporâneo (Caio Prado Júnior) e *A Revolução Burguesa* no Brasil (Florestan Fernandes).

---

69. INTRODUÇÃO A UMA CIÊNCIA PÓS-MODERNA
Boaventura de Souza Santos (1940 -   )

O sociólogo e historiador português discute neste livro os impasses epistemológicos da ciência moderna, criticando-a sistematicamente e contrapondo seus princípios de especialização e técnica a uma visão criticamente positiva do senso comum.

---

70. JORNALISMO CULTURAL
Daniel Piza (1970 -   )

O jornalista e ensaísta brasileiro traça, nesta obra, um panorama histórico para mostrar que o espaço jornalístico destinado à cultura perdeu a consistência, ousadia e influência que lhe eram outorgados com a presença militante de grandes pensadores.

---

71. JORNALISMO E LITERATURA
Antonio Olinto (1919 -   )

O romancista e crítico, que por anos manteve uma importante coluna de crítica literária na imprensa cotidiana, mostra o jornalismo como um gênero literário com leis e características próprias. Para ele, jornalismo é um tipo de literatura produzida sob pressão do tempo e do espaço.

---

72. LEITURAS DE NÓS: CIBERESPAÇO E LITERATURA *
Alckmar Luiz dos Santos (1959 -   )

Este livro busca entender os caminhos da criação poética em computadores e redes, com base em um mapeamento dos hipertextos, dos programas e das páginas que veiculam poemas e criações literárias ou pseudoliterárias na internet, levando em conta a efemeridade dessas manifestações.

---

73. LITERATURA, CINEMA E TELEVISÃO *
Tânia Pellegrini, Randal Johnson, Ismail Xavier, Hélio Seixas Guimarães e Flávio Aguiar

Resultado de cinco minicursos sobre os "contágios" entre formas de manifestação artística, o livro reúne textos que refletem sobre a relação entre o cinema, a televisão e a literatura, apontando como o contato e influências recíprocas entre diferentes linguagens geram transformações e inovações em cada uma.

74. LITERATURA COMO MISSÃO – TENSÕES SOCIAIS E CRIAÇÃO CULTURAL NA PRIMEIRA REPÚBLICA
Nicolau Sevcenko (1952 -   )
Provando que é possível ler a história simultaneamente ao ato de ler literatura, o autor cria um panorama da história, ciência e cultura no Brasil da belle époque, construído a partir das obras de dois autores representativos do período: Euclides da Cunha (1866-1909) e Lima Barreto (1881-1922).

75. LITERATURA E MÚSICA *
Solange Ribeiro de Oliveira, Carlos Rennó, Paulo de Oliveira Freire, Maria Alice Amorim e Janaina Rocha
Especialistas falam sobre a afinidade entre música e literatura. Enxergando essas duas linguagens como "artes afins", discutem a musicalidade do texto e a elaboração literária de composições musicais, percorrendo desde grandes nomes da cultura brasileira até os anônimos das culturas tradicionais e urbanas.

76. LIVRO DOS INSULTOS, O
H. L. Mencken (1880 - 1956)
O volume reúne algumas polêmicas explosivas do famoso e libertário jornalista americano das décadas de 20 e 30, expondo suas idéias sobre a política, a moral, a religião, a cultura e a estupidez humana.

77. OBRA CRÍTICA 3
Julio Cortázar (1914 - 1984)
Argentino de origem belga que morou grande parte de sua vida em Paris, onde morreu, o autor foi romancista de vanguarda e ensaísta, e produziu um conjunto considerável de textos críticos de altíssimo valor, que deixam claras as noções e os valores determinantes na gênese de sua obra.

78. MADE IN BRASIL – TRÊS DÉCADAS DO VÍDEO BRASILEIRO *
Arlindo Machado (org.)
Retrospectiva da videoprodução nacional, a obra propõe reflexões sobre essa linguagem dentro do contexto histórico. Temas como a intertextualidade, a natureza híbrida e expandida do meio, o diálogo com as artes visuais e com performances e seu potencial criativo futuro são algumas das idéias levantadas.

79. MARCA HUMANA, A
Philip Roth (1933 -   )
Romance em que o importante escritor norte-americano retoma seu personagem Nathan Zuckerman, agora mais como observador do seu vizinho, o professor Silk, que se apresenta como judeu assimilado, mas que na verdade tem uma origem bem mais complicada. Como em todos os romances de Roth, as implicações filosóficas são várias.

80. MÁRIO PEDROSA: ITINERÁRIO CRÍTICO
Otília Beatriz Fiori Arantes (1940 -)
A autora refaz o itinerário crítico de Mário Pedrosa, que foi o responsável pela criação do primeiro núcleo de artistas concretos no Rio de Janeiro, tendo acompanhado e estimulado a carreira dos mais influentes artistas brasileiros da segunda metade do século XX.

81. MEMÓRIAS PÓSTUMAS DE BRÁS CUBAS
Machado de Assis (1839 - 1908)
Com esta obra, o grande escritor brasileiro começa sua fase de plenitude como romancista. Apesar de não diferir tematicamente de seus livros anteriores, retratando um cenário carioca e uma burguesia rica com anseios de nobreza, nela o autor amadureceu sensivelmente, adquirindo uma precisão de linguagem e um apuro técnico incomparáveis.

82. MÍDIAS E ARTES *
Anna Barros e Lúcia Santaella (orgs.)
Breve panorama do estado da arte contemporânea, que vem explorando novas fronteiras com as mídias eletrônicas. Traz a colaboração de um grupo de artistas brasileiros que tem atuado no âmbito das tecnologias digitais e também apresenta o ponto de vista dos curadores sobre a situação da arte hoje.

83. MÍMESIS
Erich Auerbach (1892 - 1957)
Um dos grandes nomes dos estudos de literatura comparada usa, nesta obra, o conceito de *mímesis* – imitação – para mapear a gênese e o desenvolvimento da literatura ocidental. A fecundidade de sua análise lança luzes para uma leitura atualizada dos grandes textos da criação literária.

84. MINORIDADE CRÍTICA *
Luís Antônio Giron (1959 -)
Uma breve história do processo de formação da crítica de arte brasileira do início da monarquia no Brasil (1826), até o ano de 1861. O jornalista brasileiro sustenta que a crítica literária nasceu antes do romantismo, e que vários dos importantes romancistas exerceram a crítica em jornais da época, em "folhetins" – que eram mais parecidos com as colunas de hoje do que com os romances seriados.

85. MISTÉRIO DO SAMBA, O
Hermano Vianna (1960 -)
Um inusitado encontro entre Pixinguinha e Gilberto Freyre numa mesa de bar, na década de 1920, é o ponto de partida e mote deste livro que busca elucidar como o samba – música de morro discriminada pelas elites e reprimida pela polícia – transformou-se em símbolo de identidade brasileira.

86. MITO DO ETERNO RETORNO, O – INTRODUÇÃO À FILOSOFIA DA HISTÓRIA
Mircea Eliade (1907 - 1986)

O filósofo e historiador romeno distingue entre a humanidade religiosa e a não-religiosa com base na percepção do tempo como heterogêneo e homogêneo, respectivamente. Por meio desse conceito, que ele deriva de Bergson, o autor mostra como o homem moderno pensa o tempo como linear e não repetitivo, enquanto que o homem arcaico, através dos mitos, percebe o tempo como cíclico e repetível.

87. MODERNA TRADIÇÃO BRASILEIRA, A
Renato Ortiz (1947 -)

Na discussão da modernidade suscitada pelo autor, procura-se mostrar que não existe uma identidade nacional autêntica, ou unívoca, e sim uma pluralidade de identicades, construídas por ciferentes grupos sociais em diferentes momentos históricos.

88. MONTANHA MÁGICA, A
Thomas Mann (1875 - 1955)

Num sanatório na Suíça, reúnem-se indivíduos de várias raças e credos. Aí se entrelaçam problemas, inquietações, sofrimentos de toda ordem. Construído nos anos seguintés à Primeira Guerra Mundial, este romance é o mais completo painel de uma Europa enferma, à procura de uma unidade.

89. MUNDIALIZAÇÃO E CULTURA
Renato Ortiz (1947 -)

Na virada do século, percebemo-nos "cidadãos do mundo" – não no antigo sentido, de pessoas viajadas, mas sim das que compartilham um mesmo cotidiano. A globalização é vista, neste ensaio do sociólogo brasileiro, como um processo complexo e contraditório, que afeta a vida das pessoas em diferentes níveis.

90. NAS MALHAS DA LETRA
Silviano Santiago (1936 -)

Livro com 16 ensaios do professor, ficcionista e crítico brasileiro que analisa a produção literária brasileira no pós-64, os modernistas, as relações entre a Europa e as Américas, além de refletir sobre a produção da crítica literária no país.

91. NORMA OCULTA, A: LÍNGUA & PODER NA SOCIEDADE BRASILEIRA
Marcos Bagno (1961 -)

O lingüista e pesquisador aprofunda o estudo das relações entre língua e poder no Brasil e avança para a afirmação de que o preconceito lingüístico na sociedade brasileira é, na verdade, um entranhado preconceito social. O autor propõe uma percepção mais aberta da língua falada, colocando-se contra as tendências de "ensinar a falar e escrever bem".

92. NOTÍCIAS DO PLANALTO
Mario Sérgio Conti (1954 -)
O papel da imprensa na ascensão e queda do ex-presidente Fernando Collor de Mello, relatado pelo ex-diretor de redação da *Veja*.

93. ON THE ROAD
Jack Kerouac (1922 - 1969)
O escritor americano é referência da chamada geração beat. Sal Paradise é o narrador que vive com a tia enquanto tenta escrever um livro. Ao conhecer um andarilho com quem tem muitas coisas em comum, resolve atravessar os EUA, numa jornada que é tanto uma viagem pelo interior de um país quanto de autoconhecimento.

94. PASQUIM, O – ANTOLOGIA – 1969/1971
Sergio Augusto e Jaguar (orgs.)
Assumidamente nanico, panfletário e abusado, o *Pasquim* foi um grande fenômeno editorial da imprensa brasileira. Primeiro e único volume lançado de uma série de quatro, a antologia traz entrevistas em ordem cronológica, enquanto usa os desenhos e charges de acordo com a conveniência de cada página.

95. PINTURA DA VIDA MODERNA, A
T. J. Clark (1943 -)
O livro do crítico inglês, publicado originalmente em 1984, é considerado um feito marcante para a tradição da história social da arte. O autor persegue as marcas de classe e de gênero transfiguradas pela ordenação artística, sem incorrer, porém, em analogias mecânicas ou no esquematismo que procura o reflexo da sociedade na arte.

96. PLANETA MÍDIA, O: TENDÊNCIAS DA COMUNICAÇÃO NA ERA GLOBAL
Dênis de Moraes (1954 -)
O autor – doutor em comunicação e cultura pela UFRJ – empreende a radiografia do que ele chama "o dragão capitalista", a presença do poder norte-americano no mundo após a derrocada do bloco soviético, e como se expressa nos meios de comunicação.

97. OBRA COMPLETA
João Cabral de Melo Neto (1920 - 1999)
Poesia e prosa completa de um dos principais autores da língua portuguesa do século XX. O diplomata, poeta e tradutor alia o rigor técnico a uma enorme sensibilidade, incorporando em seus poemas as raízes populares do Nordeste e também absorvendo as tradições dos países nos quais serviu, principalmente a Espanha. O volume traz ainda cronologia da vida e

obra do autor e bibliografia.

98. PONTO DE MUTAÇÃO, O – A CIÊNCIA, A SOCIEDADE E A CULTURA EMERGENTE
Fritjof Capra (1939 -)
Nesta obra o físico austríaco reflete sobre as bases da existência e da integração do pensamento e das ações humanas no contexto do desenvolvimento, na busca da equação da vida e do progresso equilibrado e sustentado.

99. POVO BRASILEIRO, O
Darcy Ribeiro (1922 - 1997)
Obra-síntese da trajetória do antropólogo, romancista, educador e político que procurou, em toda sua vida, encontrar explicações abrangentes para mostrar como os brasileiros foram fazendo a si mesmos para serem o que são.

100. PRAZER DO TEXTO, O
Roland Barthes (1915 - 1980)
O autor construiu sua carreira como semiótico, abordando diferentes formas de percepção do texto, da imagem. Neste livro caleidoscópico, quase sob a forma de um bloco de anotações, ele analisa o prazer sensual do texto, tanto para quem lê quanto para quem escreve.

101. QUASE MEMÓRIA
Carlos Heitor Cony (1926 -)
Nesta biografia romanceada, o autor trata de sua formação intelectual por meio de episódios hilários, felizes ou tristes.

102. RAINHA VITÓRIA
Lytton Strachey (1880 - 1932)
Utilizando elementos de ficção e uma narrativa romanceada, o autor – uma das estrelas do grupo de Bloomsbury – apresenta os 64 anos de reinado da conservadora Vitória e a vida da rainha desde a infância.

103. O SAGRADO E O PROFANO – A ESSÊNCIA DAS RELIGIÕES
Mircea Eliade (1907 - 1986)
Mantendo-se no terreno da história e da filosofia das religiões, neste livro o autor argumenta que "a manifestação do sagrado funda ontologicamente o mundo". O homem tradicional vivia dentro do sagrado ou próximo aos objetos sagrados, que possuíam um valor existencial especial para ele.

104. SEIS PROPOSTAS PARA O PRÓXIMO MILÊNIO *
Ítalo Calvino (1923 - 1985)
Coletânea de conferências que deveriam ser pronunciadas na Universidade de Harvard pelo pensador e romancista italiano nascido em Cuba – o que acabou não acontecendo devido à morte

do escritor. Em cada um deles é abordado um valor literário que o terceiro milênio, na opinião do autor, não poderia desprezar.

105. SINCRETISMOS – UMA EXPLORAÇÃO DAS HIBRIDAÇÕES CULTURAIS *
Massimo Canevacci (1942 -)
O olhar antropológico do autor se debruça nas reflexões sobre o mundo atual, que está em constante mudança de conceitos, coisas e sujeitos, influenciada pela diáspora de etnias tão diferentes que se espalharam pelo mundo e colocaram em comunicação diferentes realidades. O hibridismo cultural é um traço distintivo do pensamento do autor.

106. SANGUE FRIO, A
Truman Capote (1924 - 1984)
Considerada uma das publicações precursoras do jornalismo literário, é fruto de intensa investigação, feita ao longo de meses. O livro conta a história da brutal chacina da família Clutter e dos autores do crime, executados em 1965.

107. SOM E O SENTIDO, O
José Miguel Wisnik (1948 -)
O pesquisador, professor, músico e crítico costuma afirmar que este é "um livro para músicos e não músicos", pois fala "do uso humano do som e da história desse uso". Abrangente em sua proposta, a publicação aborda desde a origem do som até o significado das diferentes "vozes, silêncios, barulhos, acordes, tocatas e fugas" de diferentes sociedades e tempos.

108. SIMPÓSIO, O
Platão (427 a.C. - 347 a.C.)
Texto do filósofo grego que se fixou nas culturas ocidentais sob o título de *O Banquete*, apresenta realismo e vivacidade raramente encontrados nos outros diálogos platônicos. É um discurso acerca de Eros, o amor nas suas plurais significações de natureza e de valor, colocado entre os diálogos éticos do autor.

109. TAL BRASIL, QUAL ROMANCE?
Flora Süssekind (1955 -)
A autora procura explicações para a estabilidade do naturalismo na história literária, no romance naturalista, na novela social da década de 30 ou nos romances-reportagem dos anos 70.

110. TAO DA FÍSICA, O
Fritjof Capra (1939 -)
O físico austríaco, embora reconheça a distinção entre as metodologias da física moderna e do misticismo oriental, procura enfatizar que ambos chegam a conclusões harmônicas: as partes componentes da natureza não podem ser consideradas como elementos independentes ou to-

madas como sistemas isolados de forças externas.

111. TEATRO DAS IDÉIAS, O
Bernard Shaw (1856 - 1950)
Reunião dos textos críticos mais significativos de escritor e crítico irlandês, que no final do século XIX abalou o cenário intelectual londrino com suas resenhas e ensaios. O livro traz ainda cartas a amigos e atrizes e dois de seus mais importantes prefácios para peças.

112. TRISTES TRÓPICOS
Claude Lévi-Strauss (1908 -   )
As reflexões do pensador francês a partir de sua viagem ao Brasil, onde participou do núcleo inicial da USP e desenvolveu extensas pesquisas etnográficas, constituem uma das bases do pensamento estruturalista de um dos antropólogos mais importantes do século.

113. TUDO É BRASIL *
Lauro Cavalcanti (org.)
Doze textos que estabelecem reflexões sobre artes plásticas, psicanálise, cinema, economia, literatura, televisão, antropologia, música, design, ciência política e dança no Brasil dos últimos 50 anos, aprofundando a discussão proposta pelo organizador, também curador da exposição homônima, realizada por uma parceria entre o Itaú Cultural e o Paço Imperial do Rio de Janeiro.

114. ULISSES
James Joyce (1882 - 1941)
Livremente inspirado na *Odisséia*, do grego Homero, este livro foi escrito quando o autor irlandês vivia em Paris. Considerado sua obra-prima por criar formas inusitadas de expressão e uma nova linguagem, o romance tornou-se um dos marcos da prosa contemporânea.

115. ÚLTIMO LEITOR, O
Ricardo Piglia (1941 -   )
Nos seis ensaios que compõem esta publicação, o crítico literário, romancista e professor argentino identifica várias modalidades de leitura na tradição literária ocidental. Não se trata de uma história sistemática da leitura, mas de um percurso personalíssimo por situações de leitura encenadas em textos centrais ou marginais da literatura, como *D. Quixote*, *Madame Bovary* e *Ficções*, entre outros.

116. URBANISMO
Le Corbusier (1887 - 1965)
Desde sua publicação, em 1925, a obra do suíço-francês que se tornou o ícone da arquitetura moderna desencadeou polêmicas violentas. Nela, afirma que é necessário adaptar a cidade à sua época, reconstituindo sua nobreza e desenvolvendo sua eficácia.

117. AS VEIAS ABERTAS DA AMÉRICA LATINA
Eduardo Galeano (1940 -   )
Neste livro o autor, polêmico jornalista e ensaísta uruguaio, analisa os mecanismos de poder, os modos de produção e os sistemas de expropriação ao reescrever a história da América Latina, expondo 500 anos de exploração econômica e miséria social.

118. VERDADE TROPICAL
Caetano Veloso (1942 -   )
Ao mesmo tempo que descreve sua formação musical e o desenvolvimento de seu trabalho como cantor e compositor e narra períodos decisivos de sua vida pessoal, o músico baiano pontifica sobre cinema, os Beatles e os Rolling Stones, drogas e amor livre.

119. VIDA COMO PERFORMANCE, A
Kenneth Tynan (1927 - 1980)
Um dos mais importantes críticos de literatura e dramaturgia da Inglaterra (cujo depoimento foi essencial para a liberação do romance *Ulisses*, de Joyce, acusado de obsceno pela alfândega dos Estados Unidos e apreendido) mostra, neste livro, a sua faceta de "retratista" dos grandes nomes artísticos de meados do século XX.

120. VIDAS SECAS
Graciliano Ramos (1892 - 1953)
Considerada obra-prima do autor, o romance exibe o limite da incomunicabilidade e animalização do homem, por meio da história da família de retirantes que se desloca em movimento circular entre uma trégua e outra dada pela hostilidade da natureza e a crueldade social.

121. VIVA O POVO BRASILEIRO
João Ubaldo Ribeiro (1941 -   )
O autor aproveita o pretexto da invasão holandesa na Bahia, em particular na ilha de Itaparica, para trabalhar os meandros da formação do povo brasileiro, com a mestiçagem, a violência e as formas de resistência que caldeiam a história do Brasil.

FM 88 92 96

AM 53 60 8

100 104 108м

100 140 160к

37
PERIÓDICOS

1. ALIÁS
Suplemento semanal do jornal *O Estado de S. Paulo* que tem como assunto principal discussões acadêmicas em colunas de colaboradores e especialistas.
http://www.estado.com.br/editorias

2. ALMANAQUE BRASIL DE CULTURA POPULAR
Revista que publica artigos e reportagens sobre a diversidade da cultura popular brasileira, distribuída gratuitamente nos vôos nacionais e internacionais da TAM Linhas Aéreas.
http://www.almanaquebrasil.com.br/

3. APLAUSO
Revista de cultura do Rio Grande do Sul dedicada às iniciativas artísticas produzidas no estado; engloba artes visuais, cênicas, música, literatura etc.
http://www.aplauso.com.br/site/portal/default.asp

4. BABELIA
Suplemento de cultura do jornal espanhol *El País*; circula aos sábados com ensaios, artigos e matérias sobre arte e cultura mundiais.
http://www.elpais.com/suple/babelia/

5. BRAVO!
Revista mensal sobre cultura que apresenta agenda nacional, críti-cas, sugestões de compras, artigos e ensaios aprofundados sobre todas as áreas de expressão artística.
http://www.bravonline.com.br

6. CADERNO 2
Caderno de cultura do jornal *O Estado de S.Paulo*; contém matérias sobre arte, cultura, entretenimento e variedades.
http://www.estado.com.br/editorias/2006/12/14/index.xm?editoria=cad

7. CADERNOS DE LITERATURA BRASILEIRA
A coleção de revistas do Instituto Moreira Salles enfoca um escritor contemporâneo a cada edição, com ensaios, entrevistas, dados biográficos, depoimentos, imagens e tudo o que se relaciona com vida e obra do personagem em questão.
http://www.ims.com.br/

8. CAROS AMIGOS
Revista que traz, a cada edição, uma grande entrevista com personalidade de destaque em determinado campo de atividade, acompanhada de artigos e reportagens sobre o tema, além de ensaios fotográficos.
http://carosamigos.terra.com.br/

9. CARTACAPITAL
Revista semanal que aborda assuntos da atualidade relacionados a cultura, economia e política

em reportagens investigativas.
http://www.cartacapital.com.br/

10. CULT

Revista de cultura que possui como diferencial oficinas ministradas no centro de estudos da editora que a publica. Contém artigos de colaboradores especialistas em todas as áreas relacionadas a cultura e arte, principalmente literatura.
http://revistacult.uol.com.br/website/

11. ETCETERA

Revista bimestral independente ce arte e cultura; aposta basicamente em novos autores. Apresenta conteúdo de cinema, literatura, teatro, música e artes visuais.
http://www.revistaetcetera.com.br/

12. EU & FIM DE SEMANA!

Suplemento de cultura do jornal *Valor Econômico*, de circulação nacional, apresenta matérias e resenhas dos principais acontecimentos culturais do Brasil.
http://www.valoronline.com.br/valor economico/285/euefimdesemana.html

13. HISTÓRIA VIVA

Revista que apresenta ensaios e artigos sobre diversos temas históricos, entre os quais arte, religião, política e antropologia.
http://www2.uol.com.br/historiaviva/

14. JORNAL DE LETRAS, ARTES E IDÉIAS

Periódico quinzenal de Lisboa que privilegia temas como literatura, arte, teatro, cinema, dança e música, contando com a colaboração de renomados colunistas da imprensa portuguesa.
http://visaoonline.clix.pt/default. asp?CpContentId=327166

15. LEONARDO

Revista parisiense fundada em 1968 pelo artista cinético Frank Malina para servir como um canal de comunicação entre os artistas, com ênfase nos seus próprios artigos sobre a ciência e a tecnologia a favor da arte e da cultura.
http://www.leonardo.info/

16. LETRAS LIBRES

Revista literária mexicana que pretende fazer uma ponte entre as culturas e ser um instrumento de diálogo entre diversos países e continentes.
http://www.letraslibres.com/

17. L'OEIL

Publicação francesa criada nos anos 50 que apresenta centenas de ilustrações e é considerada uma das mais modernas revistas de arte da atualidade. Além de focalizar a pintura, a revista também discute o design contemporâneo.
http://www.artaloeil.com/index.html

18. LE MAGAZINE LITTÉRAIRE
Tradicional revista francesa de crítica literária; contém referências, artigos, crônicas e dossiês de livros.
http://www.magazine-litteraire.com/

19. MAIS!
Suplemento semanal do jornal *Folha de S.Paulo* que tem como assunto principal discussões acadêmicas com colunas de colaboradores especialistas.
http://www1.folha.uol.com.br/fsp/mais

20. EL MERCÚRIO
Principal jornal diário de Santiago, no Chile; apresenta suplementos de política, economia, notícias internacionais e cultura, entre outros.
http://diario.elmercurio.com/2006/12/13/_portada/index.htm

21. MOJO
Revista britânica especializada em música, reconhecida por abordar diferentes gêneros. Contém rankings de vendas e top 100 das músicas mais ouvidas no mundo; traz ainda blogs, artigos e novidades do mercado musical.
http://www.mojo4music.com/

22. LE MONDE LIVRES
Suplemento do jornal francês *Le Monde* que apresenta resenhas de livros, críticas e novidades do mundo literário.
http://www.lemonde.fr/web/sequence/0,2-3260,1-0,0.html

23. THE NATION
Revista semanal jornalística norte-americana que aborda assuntos de política, cultura e economia, além de apresentar matérias e análises de acontecimentos internacionais.
http://www.thenation.com/

24. NEW YORK TIMES REVIEW OF BOOKS
Suplemento de resenhas literárias do jornal americano *The New York Times*. Separadas por gêneros literários, as resenhas não somente orientam o consumo do leitor, mas instigam uma reflexão acerca dos livros.
http://www.nytimes.com/pages/books/.

25. THE NEW YORKER
Revista nova-iorquina que publica críticas, ensaios, reportagens investigativas e ficção. Responsável por promover a crônica como uma forma literária nos EUA em meados do século XX, tem também a reputação de possuir uma das melhores equipes de apuração e edição do mercado.
http://www.newyorker.com/

26. NOSSA HISTÓRIA

Revista que tem por eixo principal os temas históricos, contém artigos sobre religiões, guerras, antropologia e sociologia, entre outros. Os leitores podem participar enviando artigos próprios.

http://www.nossahistoria.net/

27. PROSA & VERSO

Suplemento de resenhas literárias do jornal carioca *O Globo*.

http://oglobo.globo.com/blogs/prosa/

28. RAIZ

Publicação mensal voltada ao fomento da informação e da discussão acerca das raízes e da cultura brasileiras.

http://revistaraiz.uol.com.br/portal/

29. RASCUNHO

Jornal literário curitibano de distribuição nacional, é reconhecido no Brasil pela qualidade de seu conteúdo e pelas polêmicas que fomenta entre escritores, críticos literários e consumidores de literatura.

http://rascunho.ondarpc.com.br/index.
php?ras=secao.php&modelo=5&secao=
2&lista=1&subsecao=8&ordem=0

30. RATTAPALLAX

Revista literária nova-iorquina diferenciada por compilar um CD com gravações de poemas para cada tópico abordado naquela edição.

http://www.rattapallax.com/

31. LA RECHERCHE

Revista francesa de pesquisa científica e histórica. Conta com a colaboração de especialistas, trazendo ensaios e estudos específicos sobre a ciência moderna.

http://www.larecherche.fr/

32. REVISTA DE HISTÓRIA DA BIBLIOTECA NACIONAL

Criada para tornar acessíveis ao grande público conteúdos históricos antes restritos ao meio acadêmico, a publicação mensal circula em todo o país e é escrita por historiadores, jornalistas e pesquisadores da área de ciências humanas, e também por estudantes de graduação.

http://www.revistadehistoria.com.br/

33. REVISTA MTV

Revista do canal televisivo Music Television; contém artigos sobre música e informações sobre a programação do canal, além de produtos da marca MTV.

http://mtv.terra.com.br/

34. SIMPLES

Revista de arte e cultura que apresenta reportagens e matérias sobre o mundo pop e suas expressões de linguagem como cinema, moda, música e artes plásticas.

http://www.revistasimples.com.br/

35. SUPLEMENTO LITERÁRIO DE MINAS GERAIS

Criado em 1966 pelo escritor Murilo Rubião e editado pela Imprensa Oficial mineira, foi um suplemento semanal do jornal *Minas Gerais* até 1992, tendo periodicidade mensal desde 1994. Está disponível no site da Universidade Federal de Minas Gerais.

http://www.letras.ufmg.br/websuplit/Lib/Html/WebSupLit.htm

36. TIMES LITERARY SUPPLEMENT

Suplemento de crítica literária do jornal britânico *The Times*.

http://tls.timesonline.co.uk/

37. ULYSSE

Revista francesa sobre turismo cultural; publica dicas, guias de viagem, artigos e reportagens sobre diversos países.

http://www.ulyssemag.com/

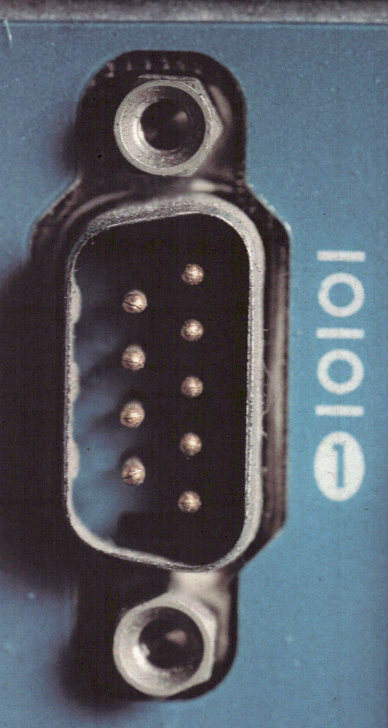

94 ENDEREÇOS NA INTERNET

SÃO INDICADOS COM UM ASTERISCO (*), NA RELAÇÃO QUE SE SEGUE, OS BLOGS QUE FORAM CRIADOS NO LABORATÓRIO MULTIMÍDIA DE JORNALISMO CULTURAL E PERMANECEM NA REDE ATÉ HOJE

1. http://www.absolutearts.com/
Portal de fontes artísticas, como portfólio de artistas, contatos, galerias, além de artigos críticos e notícias sobre arte contemporânea e história da arte.

2. http://acessolivre.capes.gov.br/
Página do governo federal que disponibiliza textos de periódicos, bases de dados referenciais, patentes, teses e dissertações, estatísticas e outras publicações de acesso gratuito na internet.

3. http://www.abarata.com.br/default.asp
Contém textos, contos e artigos sobre assuntos diversificados, com interatividade dos leitores, que podem atuar como colunistas, contribuir com idéias e participar de entrevistas.

4. http://www.aldaily.com
Trata de filosofia, literatura, tendências da linguagem, crítica, cultura, história, música e fofocas, além de oferecer links para revistas, jornais, blogs, rádios e redes de TV.

5. http://www.allmovie.com/
Site sobre filmes e DVDs. Contém artigos, críticas, releases e novidades do cinema internacional.

6. http://www.allmusic.com/
Reúne informações, resenhas críticas e vídeos da cena musical internacional, organizados por gêneros (jazz, rock, eletrônica etc).

7. http://www.artehistoria.com/
Criado por especialistas em diversas áreas, seu conteúdo está focado na história da arte, principalmente da Espanha.

8. http://www.artevista.com.br/
Com especialização em serviços para artistas e instituições culturais, informa sobre a produção de espetáculos teatrais, execução de atividades de planejamento, leis de incentivo, marketing cultural etc.

9. http://www.artforum.com
Publica reportagens, artigos e trechos da versão impressa da revista mensal americana *Artforum International Magazine*, especializada em artes em geral.

10. http://artorpedo.zip.net/index.html *
Blog sobre convergências das mídias para a telefonia celular, do jornalista sergipano Andersor Ribeiro, é fruto do laboratório do programa Rumos Jornalismo Cultural.

11. http://bd.folha.uol.com.br/
Banco de dados da *Folha de S. Paulo*, possibilita consultas ao acervo do jornal, a exemplares antigos e dados para pesquisa, mediante aprovação de orçamento enviado por e-mail.

12. http://bizz.abril.com.br/home/
Produção para a internet da revista especializada em música, fornece matérias on-line, blog e artigos de críticos especializados e colaboradores.

13. http://blog.wired.com/sterling/
Editado pelo escritor Bruce Sterling, conhecido por seus textos de ficção científica na linha ciberpunk, esta produção apresenta informações e textos reflexivos sobre tecnologia, cultura, política etc.

14. http://www.brasilcultura.com.br/
Portal com informações sobre cultura brasileira; contém notícias, artigos, entrevistas sobre música, cinema, antropologia, história e religião, entre outras áreas.

15. http://www.cabruuum.blogspot.com/ *
Resultado do laboratório do programa Rumos Jornalismo Cultural, o blog do jornalista gaúcho Augusto Paim trata de quadrinhos.

16. http://www.cafemusic.com.br
No ar pela rede desde agosto de 1996, este portal apresenta serviços de compra e venda de CDs, informações sobre músicos nacionais e internacionais, distribuidoras e gravadoras, letras de músicas etc.

17. http://caliope.zip.net/ *
Blog sobre literatura, resultante do programa Rumos Jornalismo Cultural, da jornalista e poeta paulistana Elisa Andrade Buzzo.

18. http://www.canaldaimprensa.com.br/
Revista eletrônica de crítica de mídia do curso de Comunicação Social do Centro Universitário Adventista de São Paulo (Unasp); conta com a colaboração de profissionais da imprensa.

19. http://www.canaldolivro.com.br/
Por meio de tecnologia própria (livroclipe), o site oferece soluções digitais para a criação e distribuição de animações baseadas em livros para meios eletrônicos, como internet, cinema e TV.

20. http://www.collectivate.net/currently/
Site de Trebor Scholz, artista, teórico de mídia e ativista alemão, produzido com o objetivo de publicar textos reflexivos e informações sobre arte, educação, tecno-

logia e jornalismo. Os trabalhos de terceiros são publicados sob a licença Creative Commons.

21. http://www.commarts.com/
Apresenta três produções voltadas para profissionais de criação: Communication & Arts, extensão on-line da revista de mesmo nome; Creative Hotlist, site sobre carreira e mercado de trabalho; e Design Interact, voltado a tecnologia e multimídia.

22. http://www.comunicacion-cultural.com/
Blog espanhol da revista eletrônica *Dosdoce* (http://www.dosdoce.com/), especializada em comunicação, arte e literatura. Publica postagens diárias e uma ampla lista de links sobre os assuntos.

23. http://www.continentemulticultural.com.br/
Versão eletrônica da revista mensal pernambucana *Continente Multicultural*, com matérias sobre arte e cultura, perfis de artistas, entrevistas e ensaios.

24. http://www.contracampo.com.br/
Revista eletrônica de cinema que apresenta artigos e críticas de especialistas do meio audiovisual.

25. http://www.courrierinternational.com/
Versão on-line da revista semanal francesa *Courrier International*, com informações diárias sobre cultura, política e economia mundiais.

26. http://www.criticos.ccm.br/new/home/home.asp
Revista eletrônica criada por críticos de cinema; apresenta críticas, artigos, entrevistas e as novidades da sétima arte nas telas ou em DVD.

27. http://www.cronopios.com.br/site/default.asp
Site dedicado à literatura, principalmente a brasileira e a latino-americana. Apresenta ensaios, entrevistas, textos inéditos, notícias, críticas, além de produções em podcast e vídeo.

28. http://www.cyberjournalist.net/the_weblog_blog/
O foco desta produção é o mundo dos blogs, com destaque para os que tratam de mídias. O blog integra o site Cyberjournalist.net, que aborda jornalismo e novas tecnologias de informação.

29. http://www.dicionariompb.com.br/
O *Dicionário Cravo Albin da Música Popular Brasileira*, publicado em português e inglês, permite ao interessado em música brasileira acesso

ao acervo de um dos mais importantes pesquisadores da MPB.

30. http://www.digestivocultural.com.br/
Portal de notícias e críticas culturais que apresenta análises das novidades de literatura, música, artes plásticas, internet e mídia, entre outros campos.

31. http://www.djcrossfader.com/
Publicação dedicada a profissionais e pesquisadores interessados principalmente em blues. Oferece serviços como criação de web-rádio, arquivo de músicas em MP3 etc.

32. http://www.downbeat.com/
Site da *Down Beat*, tradicional revista norte-americana sobre jazz, criada em 1935. Traz notícias, trechos de artigos e uma base de dados sobre artistas do gênero.

33. http://www.economist.com/index.html
Versão virtual da revista inglesa *The Economist*. Fonte para análise do mundo dos negócios, com opiniões sobre notícias internacionais, finanças, ciência e tecnologia, bem como uma visão geral das tendências culturais.

34. http://www.edge.org/
Site da fundação The Edge, que promove discussões sobre questões intelectuais, filosóficas, artísticas e literárias.

35. http://www.eyebeam.org/reblog
Blog comunitário sobre arte, tecnologia e cultura, que filtra informações vindas de fontes diversas, como artistas, curadores e blogueiros.

36. http://façaolfa.blogspot.com/
O Estilete – cortes finos no tecido online é o título completo deste blog sobre internet e novas tecnologias, do jornalista especializado na área Sergio Kulpas.

37. http://www.featurewell.com/
O site propicia a aquisição, para republicação, de artigos sobre cultura, política e saúde, originários de veículos como a revista *TV Guide* e o jornal *The New York Observer*.

38. http://www.fnpi.org/
Site da Fundación Nuevo Periodismo Iberoamericano, criada na Colômbia pelo jornalista e escritor Gabriel García Márquez para compartilhar experiências de repórteres latinos. Traz informações sobre atividades e professores da instituição.

39. http://www.ft.com/artsandweekend
Setor de cultura e entretenimento do site do jornal *Financial Times*, de Londres, com matérias, serviço, reportagens e colunas opinativas.

40. http://www.histoire-image.org/
Site que publica estudos, fóruns, lista de discussões e textos sobre as imagens (pinturas, fotografias, desenhos, esculturas etc.) que ajudam a contar a história da França.

41. http://www.idanca.net/
Trabalho que busca formar uma rede internacional sobre dança contemporânea brasileira, trazendo notícias, pesquisas e vídeos de apresentações. Editado pela jornalista e crítica de dança Nayse López.

42. http://www.kuro5hin.org/
Site colaborativo sobre tecnologia e cultura. Os visitantes podem se cadastrar para enviar material e participar do processo de votação que define os textos que serão publicados.

43. http://www.mapadasartes.com.br/
Guia cultural on-line que traz informações atualizadas da agenda cultural (espetáculos de teatro, cinema, exposições, restaurantes etc.), com foco nas cidades de São Paulo, Rio de Janeiro e Manaus.

44. http://mascandocliche.zip.net/*
Blog sobre a imprensa cultural brasileira do jornalista baiano radicado em Belo Horizonte Leandro Lopes, fruto do programa Rumos Jornalismo Cultural.

45. http://www.museoreinasofia.es/
Site oficial do Museu Nacional Centro de Arte Reina Sofia, de Madri, Espanha. Oferece visita virtual e acesso ao acervo, bem como a notícias, calendário de eventos, cursos etc.

46. http://www.nao-til.com.br/
Revista digital que apresenta artigos opinativos, contos, quadrinhos, roteiros, resenhas e ensaios sobre o mundo artístico e do jornalismo.

47. http://naorelha.uol.com.br/
Revista on-line sobre o meio musical brasileiro, com conteúdo audiovisual e textos, entre artigos, entrevistas com artistas links e agenda cultural.

48. http://www.newyorker.com/
Site da revista *The New Yorker*, conhecida como pioneira do jornalismo literário. Contém material exclusivo, além de artigos e reportagens da versão impressa.

49. http://www.nme.com/
Site da revista semanal britânica *NME – New Music Express*, com foco na produção musical internacional; publica resenhas de discos recém-lançados, notícias dos artistas etc.

51. http://www.nominimo.com.br/
Publicação eletrônica que conta com grandes nomes da imprensa brasileira, críticos, ensaístas e articulistas de literatura, humor, música, televisão, política, economia, futebol etc.

52. http://www.nova-e.inf.br/
Revista digital que discute idéias e conceitos sobre internet, cultura, nova economia, cibercultura, política, literatura, mídia, comportamento, filosofia e cidadania em entrevistas, artigos e matérias especiais.

53. http://www.observer.com
Versão eletrônica do jornal semanal *The New York Observer*, atualizada diariamente. Contém notícias, artigos e reportagens sobre política, finanças, mídia e cultura, entre outros assuntos.

54. http://www.ojr.org/ojr/blog/
O Online Journalism Review Reader's Blog Archive é mantido pelos estudantes de jornalismo da Southern California's Annen-

berg School, nos Estados Unidos. Posta notas e comentários sobre o fazer jornalístico americano.

55. http://www.outubro.blogspot.com/
Blog do poeta e jornalista Nei Duclós sobre artes, com destaque para a literatura; traz também esportes, política e pequenas crônicas sobre o cotidiano da ilha onde vive, Florianópolis, sob o formato de um jornal digital, *Diário da Fonte*.

56. http://www.overmundo.com.br/
Colaboradores de todo o Brasil publicam dicas, artigos e notícias sobre assuntos voltados à diversidade cultural brasileira, sob a coordenação do antropólogo carioca Hermano Vianna.

57. http://paginas.terra.com.br/arte/dubitoergosum/
O "sítio cético de literatura e espanto" é editado pelo escritor Gustavo Bernardo. Reúne textos de ficção, ceticismo e teoria da literatura, além de seções dedicadas às obras de Machado de Assis, Miguel de Cervantes e Vilém Flusser.

58. http://www.pandora.com/
Rádio on-line da Califórnia mantida pelo grupo de pesquisadores Music Genome Project com o objetivo de ampliar os horizontes musicais dos internautas, ao dis-

ponibilizar músicas do mundo inteiro gratuitamente.

59. http://www.paralelos.org
Revista digital que visa incentivar a leitura dos autores brasileiros contemporâneos. Publica textos, críticas, artigos e ensaios da e sobre a mais nova geração de escritores, especialmente do Rio de Janeiro.

60. http://www.pieldeleopardo.com/
Revista ibero-americana sobre cultura e política que tenta fazer uma ponte entre as diferentes opiniões de intelectuais da América Latina. Fundada pelo escritor chileno Jesús Sepúlveda, já teve versão impressa na Argentina.

61. http://portalliteral.terra.com.br/
Segmento de literatura do portal Terra que hospeda a revista digital *Indiossincrasia*. Conta com a colaboração de escritores e jornalistas que escrevem contos, crônicas e artigos. Oferece links para sites oficiais de seus autores.

62. http://pitchforkmedia.com/
Com formato semelhante a um blog, o site realizado por especialistas de Chicago traz informações sobre a comunidade da música internacional com ênfase na produção independente.

63. http://www.publishnews.com.br
Clipping brasileiro de notícias e releases editados sobre o mercado livreiro e editorial.

64. http://www.releituras.com
Divulga trabalhos e biografias de escritores nacionais e estrangeiros, sob a perspectiva do escritor Arnaldo Nogueira Júnior, que seleciona trechos e íntegras de obras, buscando seu lado humorístico, satírico, irônico.

65. http://www.republicart.net
Pesquisa realizada de 2002 a 2005 pelo European Institute for Progressive Culture Policies, devidamente atualizada, sobre investigação de práticas de intervencionismo e ativismo de arte pública.

66. http://www.revista-abaco.com/
Versão eletrônica da revista *Ábaco*, produzida na Espanha com a colaboração de jornalistas de línguas espanhola e portuguesa. Trata de cultura e ciências sociais por meio de informações sobre filosofia, literatura e artes em geral.

67. http://www.revista.agulha. nom.br/
Co-editada pelo cearense Floriano Martins e pelo paulista Cláudio Willer, a revista trata de cultura com enfoque na literatura e conta com correspondentes em diversos paí-

ses da América Latina, além de Portugal e Estados Unidos.

---

68. http://revistaentrelivros.uol.com.br
Apresenta reportagens, resenhas e entrevistas da versão impressa da revista literária mensal *EntreLivros*.

---

69. http://rhizome.org/
Plataforma on-line para a comunidade global de novas mídias. Seu conteúdo – produzido por artistas, críticos e curadores – auxilia na criação e preservação da arte contemporânea que se utiliza das novas tecnologias.

---

70. http://www.rizoma.net/hp15.htm
Disponibiliza artigos acadêmicos sobre arte, intervenções e alguns mais específicos sobre comunicação, lingüística e multidisciplinaridade.

---

71. http://www.saladeprensa.org/
Destinado a profissionais ibero-americanos da área de comunicação, possui artigos sobre comunicação social, jornalismo investigativo, política, economia e ensaios acadêmicos.

---

72. http://www.salon.com/
Webzine que destaca arte e entretenimento. Mostra, ainda, artigos, notícias e colunas sobre política internacional, tecnologia, negócios e comportamento.

---

73. http://www.samba-choro.com.br/
O auto-intitulado "boteco virtual do samba e do choro" é feito coletivamente por jornalistas aficionados dos dois gêneros musicais e reúne notícias, agendas e fórum de discussão sobre o assunto.

---

74. http://www.sbpjor.ufsc.br/
O site da Associação Brasileira de Pesquisadores em Jornalismo contém bibliografia, publicações digitais, notícias da entidade, congressos relacionados ao tema e lista de associados.

---

75. http://www.secrel.com.br/jpoesia
Jornal de poesia editado pelo jornalista cearense Soares Feitosa, contém informações didáticas e acesso a trabalhos de poetas de língua portuguesa, dos clássicos Camões e Castro Alves aos menos conhecidos autores da atualidade.

---

76. http://www.sixbillion.org
Apresenta jornalismo narrativo sob diversas formas: texto, audiovisual, fotografia, som, ilustração e mídia interativa.

77. http://www.spectator.co.uk/
Noticias sobre política, economia e artigos internacionais extraídas da versão impressa da revista semanal inglesa *Spectator*. A versão digital possui matérias exclusivas, blogs de seus colunistas e até um clube do vinho.

78. http://www.sptimes.com/News/webspecials
Site do jornal norte-americano *The St. Petersburg Times Special Reports*; traz artigos e reportagens sobre assuntos diversos, em textos e recursos multimídia.

79. http://www.studio360.org
Programa de web-rádio das emissoras norte-americanas Public Radio International e WNYC – New York Public Radio. Traz músicas, dicas sobre diversos assuntos, principalmente cultura, e pode ser ouvida por streaming e podcast.

80. http://www.tate.org.uk
Site oficial dos espaços culturais Tate, do Reino Unido: Tate Britain, Tate Modern, Tate Liverpool e Tate St. Ives, com dados sobre as instituições, visitação, obras de acervo, loja e setor infantil.

81. http://www.terra.com.br
Portal da internet com canais de entretenimento, cultura e informação. Mostra noticiário em suporte multimidia.

82. http://www.textovivo.com.br/
Com foco educativo, o site traz informações sobre literatura e jornalismo, com destaque para a narrativa de não-ficção. Seu objetivo é auxiliar na formação de narradores aptos a descrever fatos da realidade atual.

83. http://www.theatlantic.com
Reúne duas publicações norte-americanas: a revista *The Atlantic Monthly* e o jornal *Atlantic Unbound*, que estende a cobertura da revista sobre livros, literatura e cultura.

84. http://www.thewire.co.uk
Acervo da revista inglesa *Wire Magazine*, com textos, vídeos, imagens, sons, downloads, loja e links diversos. Reúne notícias, artigos e entrevistas com foco no mundo da música.

85. http://www.thingsmagazine.net/text/about.htm
Originalmente criado para ser o site da revista inglesa *Things Magazine*, tornou-se independente e hoje publica artigos, ensaios, pequenas crônicas e poemas. Contém blog e galeria de fotos.

86. http://www.uol.com.br/tropico

Revista digital de cultura e variedades editada pelo jornalista Alcino Leite Neto, conta com a participação de especialistas renomados que elaboram artigos, dicas, críticas e entrevistas com personalidades da área.

87. http://www2.usp.br/portugues/index.usp

Considerado o maior portal acadêmico brasileiro, é gestado pela Coordenadoria de Comunicação Social da Universidade de São Paulo (USP), com informações acadêmicas de praticamente todas as áreas do conhecimento.

88. http://www.viceland.com/

Três jovens canadenses criaram uma revista digital de humor sobre entretenimento, utilizando a linguagem do que já ficou conhecido como "gonzo jornalismo", técnica que mistura o jornalismo factual com ficção.

89. http://www.vitruvius.com.br/ac/ac.asp

Enfoca a crítica sobre arquitetura. Contém ainda notícias sobre o tema, divulgação de concursos, entrevistas e espaço para debates com o leitor.

90. http://www.we-make-money-not-art.com

Blog sobre artes visuais, design e tecnologia que enfatiza a intersecção entre essas áreas. Comandado pela belga Régine Debatty, tem colaboradores de diversos países que assinam entrevistas e artigos.

91. http://www.wikipedia.org

Enciclopédia virtual para pesquisa em diversos campos da informação. Permite livre edição e é realizada por colaboradores espontâneos de todo o mundo.

92. http://www.wired.com/

Cultura, política, meio ambiente, saúde, ciência e tecnologia são os principais assuntos dessa revista eletrônica, que contém ainda alguns blogs de seus colunistas e reportagens da versão impressa.

93. http://www.woxy.com

Web-rádio da emissora americana Woxy 97,7 FM, cujo foco é rock moderno e alternativo. Na internet, a programação tem notícias enviadas por ouvintes do mundo todo.

94. http://www.revistazunai.com.br/

Periódico virtual de poesia e debates que conta com colaboradores brasileiros e estrangeiros, com foco na produção e crítica à poesia brasileira contemporânea.

48 INSTITUIÇÕES

1. ARS ELECTRONICA
Centro de arte eletrônica sediado em Linz, na Áustria; reúne em seus festivais e mostras expoentes da *cybergeneration* – especialistas em artes interativas, computação gráfica, efeitos visuais, música digital, designers gráficos, webmasters etc.
http://www.aec.at/de/index.asp

2. ASSOCIAÇÃO CULTURAL VIDEOBRASIL
Dedicado ao fomento, difusão e mapeamento da arte eletrônica, é um centro internacional de referência e de intercâmbio entre artistas, curadores e pensadores. Realiza bienalmente o Festival Internacional de Arte Eletrônica Videobrasil.
http://www.sescsp.org.br/sesc/videobrasil/site/home/home.asp

3. BANFF CENTRE, THE
Com sede em Alberta, no Canadá, é uma instituição cultural considerada catalisadora de criatividade, realizando programação artística qualificada naquele país.
http://www.banffcentre.ca

4. BIBLIOTECA NACIONAL
Considerada pela Unesco a 8ª biblioteca nacional do mundo, é também a maior da América Latina. A instituição oferece serviços gratuitos de livre acesso à leitura, à informação e aos registros de expressão cultural e intelectual humana.
http://www.bn.br/

5. BNB
O Banco do Nordeste apóia a cultura nordestina e insere nas suas ações de desenvolvimento o estímulo à diversidade cultural da região, como fator de integração socioeconômica e como resgate das identidades locais.
http://www.bnb.gov.br/content/aplicacao/Cultura/Principal/gerados/principal_cultura.asp

6. CASA DO SABER
Centro de debates com sedes em São Paulo e no Rio de Janeiro, oferece cursos livres, palestras e oficinas de estudo nas áreas de artes plásticas, ciências sociais, cinema, filosofia, história, música e psicologia.
http://www.casadosaber.com.br/

7. CENTRE GEORGE POMPIDOU
Em Paris, França, o Centro Nacional de Arte e Cultura Georges Pompidou é uma instituição centrada na produção artística moderna e contemporânea, onde artes plásticas dividem espaço com teatro, música, cinema, literatura etc.
http://www.centrepompidou.fr/Pompidou/Accueil.nsf/tunnel?OpenForm

8. CENTRO CULTURAL BANCO DO BRASIL

Como fomentador da arte, o Banco do Brasil apresenta em seus centros culturais espalhados pelo país uma programação variada nas áreas de música, artes plásticas, cinema, literatura, dança, teatro e programas educativos.

http://www.bb.com.br/appbb/portal/bb/ctr/sp/incex.jsp

9. CENTRO CULTURAL DA CAIXA

O Conjunto Cultural da Caixa Econômica Federal – CEF é composto por teatros localizados em Brasília, Curitiba e no Rio de Janeiro; museus, em Salvador, Curitiba e São Paulo; e galerias, em São Paulo, Brasília, Curitiba, Rio de Janeiro e Salvador.

http://www.caixa.gov.br/acaixa/cultura.asp

10. CNPQ

O Conselho Nacional de Desenvolvimento Científico e Tecnológico é uma agência do Ministério da Ciência e Tecnologia destinada ao fomento da pesquisa científica e tecnológica e à formação de recursos humanos para a pesquisa no país.

http://www.cnpq.br/

11. COMPÓS

A Associação Nacional dos Programas de Pós-Graduação em Comunicação é uma sociedade civil, sem fins lucrativos, congregando os programas de pós-graduação em comunicação – mestrado e doutorado – de instituições de ensino superior públicas e privadas no Brasil.

http://www.compos.org.br

12. COORDENADORIA DE COMUNICAÇÃO SOCIAL

Órgão da Universidade de São Paulo (USP), cuja atribuição é estabelecer as diretrizes de uma política global de comunicação para a Universidade, possibilitando disponibilizar ao público os acervos da criação humana nos campos da ciência, da arte e das práticas culturais.

http://www.ccs.usp.br/

13. ESTAÇÃO DAS LETRAS

Entidade carioca que tem por objetivo difundir a literatura, além de formar e incentivar novos escritores.

http://www.estacaodasletras.com.br/

14. FAPESP

A Fundação de Amparo à Pesquisa do Estado de São Paulo promove pesquisas e programas de treinamento, visando ao desenvolvimento científico e tecnológico. http://www.fapesp.br/

15. FNDC

O Fórum Nacional pela Democratização da Informação congrega

entidades da sociedade civil para discutir problemas sobre as comunicações no país, por meio de 12 comitês regionais instalados em nove estados, e em espaços institucionais como o Comitê Consultivo do Sistema Brasileiro de TV Digital (SBTVD).

http://www.fndc.org.br/

16. FÓRUM PERMANENTE INTERDISCIPLINAR

O Fórum Permanente Interdisciplinar da Escola de Comunicações e Artes da Universidade de São Paulo (ECA/USP) promove o diálogo entre os departamentos, para desenvolver modalidades de trabalho experimentais que exercitam a quebra de fronteiras entre os cursos oferecidos na ECA.

http://www.eca.usp.br/

17. FUNDAÇÃO BIENAL DE SÃO PAULO

A entidade realiza a *Bienal Internacional de Artes de São Paulo*, considerada um dos três principais eventos do circuito artístico internacional, junto da *Bienal de Veneza* (Itália) e da *Documenta de Kassel* (Alemanha).

http://bienalsaopaulo.globo.com/

18. FUNDAÇÃO CALOUSTE GULBENKIAN

Instituição que desenvolve vasta atividade em Portugal, nos campos da arte, educação, benemerência e ciência. Sediada em Lisboa, dispõe de uma orquestra, um coro, um instituto de ciências e dois museus.

http://www.gulbenkian.pt/portal/index.html

19. FUNDAÇÃO CASA DE RUI BARBOSA

A entidade carioca promove a preservação e a pesquisa da memória e da produção literária e humanística, além de congregar iniciativas de reflexão e debate acerca da cultura brasileira.

http://www.casaruibarbosa.gov.br/

20. FUNDAÇÃO CLÓVIS SALGADO/PALÁCIO DAS ARTES

Sediada em Belo Horizonte (MG), a instituição cultural viabiliza projetos nas áreas de literatura, música popular e erudita, teatro, dança e artes plásticas.

http://www.palaciodasartes.com.br/

21. FUNDAJ

A Fundação Joaquim Nabuco, do Recife (PE), resgata e preserva a memória e promove atividades científicas e culturais, visando à compreensão e ao desenvolvimento da sociedade brasileira, prioritariamente a do Norte e a do Nordeste do país.

http://www.fundaj.gov.br/anterior.html

22. GALERIA CHOQUE CULTURAL

A galeria paulistana foi pioneira

nos trabalhos de grafiteiros, que são exibidos em forma de desenhos pintados em telas originais ou colocados em pôsteres e gravuras em silk-screen.
http://www.choquecultural.com.br/

23. GALERIA SESI

O espaço é dedicado a exposições de artes visuais, realizadas pelo Serviço Social da Indústria, em São Paulo (SP).
http://www.sesi.org.br/

24. GRAVADORA BISCOITO FINO

O selo atua com uma linha especial de conteúdo musical, editando músicas de antigos e novos compositores, gravando e distribuindo CDs.
http://www.biscoitofino.com.br/bf/index.php?idparceiro

25. IEB

O Instituto de Estudos Brasileiros da Universidade de São Paulo (IEB/USP) é um centro multidisciplinar de pesquisa e documentação sobre a história e a cultura do país. Também abriga acervos pessoais constituídos em vida por artistas e intelectuais brasileiros como Mário de Andrade.
http://www.ieb.usp.br/

26. IETV

O Instituto de Estudos de Televi-

são está localizado no Rio de Janeiro (RJ) e é uma organização dedicada ao estudo e aprimoramento da produção e da cultura televisivas. Promove mostras, publica livros, realiza seminários e debates sobre a arte, a ética, a técnica e a economia da TV.
http://www.ietv.org.br/site_novo/

27. INSTITUTO MOREIRA SALLES

Mantido pelo Unibanco, tem por finalidade a promoção e o desenvolvimento de programas culturais em cinco áreas de atuação: fotografia, literatura, cinema, artes plásticas e música brasileira. Possui unidades no Rio de Janeiro, São Paulo, Belo Horizonte e Poços de Caldas.
http://www.ims.com.br/ims/

28. INSTITUTO TOMIE OHTAKE

Instalado em São Paulo, faz parte de um complexo que integra cultura, lazer e trabalho, compreendendo dois edifícios para escritórios, um centro de convenções e um centro cultural que divulga, basicamente, arte contemporânea.
http://www.institutotomieohtake.org.br/

29. INTERCOM

A Sociedade Brasileira de Estudos Interdisciplinares da Comunicação é uma associação científica sediada em São Paulo (SP), que participa da rede nacional capitaneada pela Sociedade Brasileira para o Progresso da Ciência.

http://www.intercom.org.br/index.shtml

30. INSTITUTO ITAÚ CULTURAL

Com sede em São Paulo (SP), de onde envia programação cultural própria e gratuita para todo o Brasil e também ao exterior, atua na pesquisa, reflexão e produção de conteúdo, no mapeamento, fomento e estímulo à produção e difusão de manifestações artísticas brasileiras em diferentes áreas de expressão.

http://www.itaucultural.org.br/

31. JORNADA LITERÁRIA DE PASSO FUNDO

Considerado um dos mais conceituados e originais eventos literários do Brasil, promove debates, seminários, encontros com autores, oficinas, saraus e outras atividades, como a *Jornadinha*, para o público infantil.

http://jornadadeliteratura.upf.br/

32. MAC

O Museu de Arte Contemporânea da Universidade de São Paulo (MAC/USP) possui cerca de 8 mil obras de mestres da arte do século XX. Foi criado em 1963, quando a USP recebeu de Francisco Matarazzo Sobrinho o acervo que constituía o Museu de Arte Moderna de São Paulo.

http://www.mac.usp.br/

33. MAM/SP

O Museu de Arte Moderna de São Paulo está sediado no Parque do Ibirapuera, em São Paulo (SP); possui acervo de 4.500 obras, em sua maioria produzidas a partir de 1950. Conta com duas galerias de exposição, auditório, ateliê, loja e restaurante.

http://www.mam.org.br

34. MASP

O Museu de Arte de São Paulo tem por finalidade incentivar, divulgar e amparar as artes de um modo geral e, em especial, as artes plásticas, visando ao desenvolvimento e ao aprimoramento cultural do povo brasileiro.

http://masp.uol.com.br/

35. MINC

O Ministério da Cultura gesta os editais e as leis de incentivo à cultura, bem como divulga informações acerca dos projetos desenvolvidos pelo governo brasileiro na área cultural. Além disso, fornece informações das associações vinculadas, como a Agência Nacional do Cinema, Cinemateca Brasileira, Fundação Nacional de Arte e Instituto do Patrimônio Histórico e Nacional.

http://www.cultura.gov.br/

36. MIS

O Museu da Imagem e do Som

de São Paulo (SP) oferece programação diversificada e uma coleção heterogênea de documentos relativos à produção audiovisual brasileira.

http://www.mis.sp.gov.br/

37. MIT

O Massachusetts Institute of Technology (Instituto de Tecnologia de Massachusetts, nos Estados Unidos) promove o conhecimento das ciências, tecnologia e pesquisa em outras áreas da educação, que podem vir a contribuir para o mundo no século XXI.

http://web.mit.edu/

38. MUSEU NACIONAL DA IMPRENSA

Sediado no Porto, Portugal, o museu mantém maquinário antigo de impressão e composição para divulgar a história do setor, mostrar patrimônio, arquivar informação sobre a museologia da imprensa e artes gráficas e dar/receber notícias.

http://www.imultimedia.pt/museuvirtpress/

39. MUSEU NACIONAL DE BELAS ARTES

O acervo da instituição, sediada no Rio de Janeiro (RJ), teve origem no conjunto de obras de arte trazido por dom João VI de Portugal, em 1808.

http://www.mnba.gov.br/

40. NOMADIC MUSEUM, THE

O museu é, na verdade, uma exposição itinerante. Abriga a exposição *Ashes and Snow*, montada por um tempo determinado num local e depois desmontada para voltar a ser construída em outras partes do mundo.

http://www.ashesandsnow.org/exhibition/nomadic-museum.php

41. PAÇO IMPERIAL DO RIO DE JANEIRO

Conjunto arquitetônico histórico, atualmente é um centro de exposições e eventos que preserva a memória, ao mesmo tempo em que incorpora as inovações culturais.

http://www.pacoimperial.com.br/

42. PINACOTECA DO ESTADO DE SÃO PAULO

O museu paulista tem um perfil muito definido da arte brasileira do século XIX até a contemporânea. Seu acervo tem cerca de quatro mil peças e reúne especialmente trabalhos de artistas paulistas.

http://www.saopaulo.sp.gov.br/saopaulo/cultura/museus_pinac.htm

43. SANTANDER CULTURAL

O braço cultural do Banco Santander localiza-se em Porto Alegre (RS). Seu principal objetivo é projetar a cultura do Rio Grande do Sul e ampliar o acesso dos diversos segmentos do público à

produção cultural contemporânea nacional e internacional.
http://www.santandercultural.com.br/

44. SESC

O Serviço Social do Comércio tem várias unidades espalhadas pelo Brasil. Seu objetivo é promover qualidade de vida dos trabalhadores do comércio de bens e de serviços e da comunidade, com ações de saúde, educação, cultura, esporte e lazer.
http://www.sesc.com.br/main.asp

45. STATE HERMITAGE MUSEUM, THE

Localizado em São Petersburgo, na Rússia, o museu ocupa um complexo de seis prédios com obras de arte de aproximadamente dois séculos e meio, mostrando o desenvolvimento artístico e cultural por meio de obras universais.
http://www.hermitagemuseum.org/

46. TRANSMEDIALE

Festival de arte e cultura digital realizado anualmente em Berlim, Alemanha. Tornou-se fórum de comunicação para artistas, profissionais da área de mídia e para o público interessado em arte. O evento inclui exposições e conferências, além de outras atividades.
http://www.transmediale.de

47. TRATTORE

Empresa de representação de vendas atuante em 18 estados brasileiros; comercializa catálogos das mais de 100 gravadoras independentes do país, que não têm condições de manter equipes de venda próprias.
http://www.tratore.com.br/

48. YAMAGUCHI CENTER FOR ARTS AND MEDIA

O centro japonês com sede na cidade de Yamaguchi explora a interação entre arte e mídia. É considerado um facilitador cultural para impulsionar a criação de valores artísticos e criativos que utilizam como plataformas a mídia e a tecnologia.
http://www.ycam.jp/?lang=en

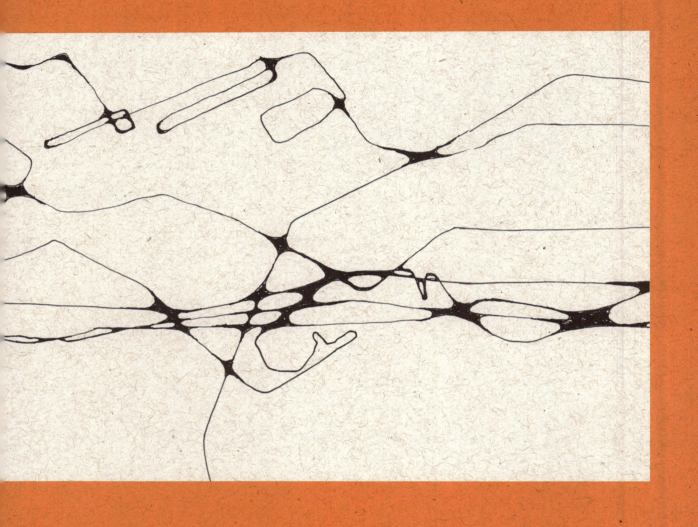

APÊNDICES

PARCEIROS

AS INSTITUIÇÕES RELACIONADAS COLABORARAM, DE UMA FORMA OU DE OUTRA, COM O DESENVOLVIMENTO DA PRIMEIRA EDIÇÃO DO PROGRAMA RUMOS JORNALISMO CULTURAL.

7º FÓRUM NACIONAL DOS PROFESSORES DE JORNALISMO (FLORIANÓPOLIS, SC)
FEDERAÇÃO NACIONAL DOS JORNALISTAS – FENAJ
HIHIGS, 707, bloco R, casa 54 – CEP 70351-71, fone: 61 3244-0650
fenaj@fenaj.org.br
http://www.fnpj.org.br

11ª JORNADA LITERÁRIA DE PASSO FUNDO (PASSO FUNDO, RS)
UNIVERSIDADE DE PASSO FUNDO – UPF
Câmpus I – Rod. BR-285 km 171 – CEP 99001-970, fone: 54 316-8368
jornada@upf.br
http://www.jornadadeliteratura.upf.br

ASSOCIAÇÃO BRASILEIRA DE ESCOLAS DE COMUNICAÇÃO SOCIAL – ABECOM (SÃO PAULO, SP)
ESCOLA DE COMUNICAÇÕES E ARTES DA UNIVERSIDADE DE SÃO PAULO – ECA/USP
Av. Prof. Lúcio Martins Rodrigues, 443, bloco 2, sala 14 – CEP 05508-900, fone: 11 3091-4369
cje@eca.usp.br
http://www.eca.usp.br/abecom

CASA DE CULTURA MÁRIO QUINTANA (PORTO ALEGRE, RS)
R. dos Andradas, 736 – CEP 90020-004, fone: 51 3221-7147
ccmq@ccmq.rs.gov.br
http://www.ccmq.rs.gov.br

CENTRO DE CRIATIVIDADE ODYLO COSTA FILHO (SÃO LUÍS, MA)
FUNDAÇÃO CULTURAL DO MARANHÃO
R. Rampa do Comércio, 200 – CEP 65010-530, fone: 98 3231-4058
ccocf@cultura.ma.gov.br
http://www.cultura.ma.gov.br

ESPAÇO CULTURAL AMAZÔNIA CELULAR (BELÉM, PA)
Trav. Rui Barbosa, 931 – CEP 66053-260
http://www.amazoniacelular.ccm.br

FUNDAÇÃO CÁSPER LÍBERO (SÃO PAULO, SP)
Av. Paulista, 900 – CEP 01310-940, fone: 11 3170-5876
jornalismo@facasper.com.br
http://www.facasper.com.br

FUNDAÇÃO CLÓVIS SALGADO – PALÁCIO DAS ARTES (BELO HORIZONTE, MG)
Av. Afonso Pena, 1537 – CEP 30130-004, fone: 31 3237-7399
marketing@fcs.mg.gov.br
http://www.palaciodasartes.com.br

INSTITUTO DE ARTES DO PARÁ – IAP (BELÉM, PA)
Pça. Justo Chermont, 236 – CEP 66035-140,
fone: 91 4006-2900

iap13@prodepa.gov.br
http://www.iap.pa.gov.br

MUSEU DE ARTE MODERNA DA BAHIA – MAM/BA (SALVADOR, BA)
Av. Contorno, s/nº – CEP 40015-230, fone: 71 3117-6130
mam@mambahia.com.br
http://www.mam.ba.gov.br

NÚCLEO DE INFORMÁTICA APLICADA À EDUCAÇÃO – NIED (CAMPINAS, SP)
UNIVERSIDADE ESTADUAL DE CAMPINAS – UNICAMP
Cidade Universitária Zeferino Vaz, s/nº, bloco V da Reitoria, 2º piso – CEP 13083-970
fone: 19 3521-7350
nied@unicamp.br
http://www.nied.unicamp.br

SEBRAE (MANAUS, AM)
R. Leonardo Malcher, 924 – CEP 69010-170, fone: 92 2121-4900
http://www.am.sebrae.com.br
www.am.sebrae.com.br

SEBRAE (RECIFE, PE)
R. Tabaiares, 360 – CEP 50750-230, fone: 81 2101-8400
http://www.pe.sebrae.com.br

SEBRAE (RIO BRANCO, AC)
R. Rio Grande do Sul, 109 – CEP 60900-420, fone: 68 3216-2100
ascom@ac.sebrae.com.br
http://www.ac.sebrae.com.br

SESC (BOA VISTA, RR)
R. Araújo Filho, 947 – CEP 69301-090, fone: 95 3621-3944
http://www.rr.sesc.com.br

SESC (PORTO VELHO, RO)
Av. Pres. Dutra, 2765 – CEP 78900-550, fone: 69 3221-2023
http://www.ro.sesc.com.br
www.ro.sesc.com.br

SESI (MACAPÁ, AP)
Av. Padre Júlio Maria Lombard, 2000 – CEP 68900-030,
fone: 96 222-0396
dirsesiap@tvsom.com.br
http://www.sesi.org.br

UNIVERSIDADE FEDERAL DE GOIÁS – UFG (GOIÂNIA, GO)
Campus Samambaia, Rod. Goiânia, Nerópolis, km 12 – CEP 74001-970, fone: 62 3521-1070
prograd@prograd.ufg.br
http://www.ufg.br

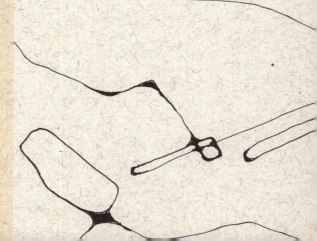

OS SELECIONADOS E SEUS CURSOS

ESTES SÃO OS CURSOS DE JORNALISMO E SEUS RESPECTIVOS ALUNOS SELECIONADOS NA PRIMEIRA EDIÇÃO DO RUMOS JORNALISMO CULTURAL.

ESCOLA DE COMUNICAÇÕES E ARTES DA UNIVERSIDADE DE SÃO PAULO – ECA/USP (SÃO PAULO, SP)
Elisa Andrade Buzzo e Júlia Tavares
Av. Prof. Lúcio Martins Rodrigues, 443 – CEP 05508-900, fone: 11 3091-4112
cje@eca.usp.br
http://www.eca.usp.br

FACULDADE CÁSPER LÍBERO (SÃO PAULO, SP)
Jayme C. Augusto e Samir Thomaz
Av. Paulista, 900 – CEP 01310-940, fone 11 3170-5876
jornalismo@facasper.com.br
http://www.facasper.com.br

FUNDAÇÃO INSTITUTO DE ENSINO PARA OSASCO – UNIFIEO (OSASCO, SP)
Patrícia Guimarães e Tonica Moura Leite
Campus Vila Yara – Av. Franz Voegelli, 300 – CEP 06020-190, fone: 11 3651-9999
foco@unifieo.br
http://www.unifieo.br

PONTIFÍCIA UNIVERSIDADE CATÓLICA – PUC-MG (BELO HORIZONTE, MG)
Ludmila Ferreira Ribeiro
Campus São Gabriel – Anel Rodoviário km 23,5 – R. Walter Ianni, 255 – CEP 31980-110, fone: 31 3319-4444

ac.sg@pucminas.br
http://www.pucminas.br

UNIVERSIDADE ESTADUAL DE LONDRINA – UEL (LONDRINA, PR)
Karine Serezuella e Tharita Franzini
Rod. Celso Garcia Cid, PR-445 – km 380 – CEP 86051-990 fone: 43 3371-4000
ouvidoria@uel.br
http://www.uel.br

UNIVERSIDADE FEDERAL DE GOIÁS – UFG (GOIÂNIA, GO)
Gleice Almeida
Campus Samambaia – Rod. Goiânia – Nerópolis, km 12 – CEP 74001-970, fone: 62 3521-1070
prograd@prograd.ufg.br
http://www.ufg.br

UNIVERSIDADE FEDERAL DE PERNAMBUCO – UFPE (RECIFE, PE)
Mirella Falcão
Av. Prof. Moraes Rego, 1235 – CEP 50670-901, fone: 81 2126-8305
dcom@ufpe.br
www.ufpe.br

UNIVERSIDADE FEDERAL DE SANTA MARIA – UFSM (SANTA MARIA, RS)
Augusto Paim
Rod. RS-509 – Faixa de Camobi km 9 – CEP 97105-900,

fone: 55 3220-8487
facos@facos.ufsm.br
www.ufsm.br

UNIVERSIDADE FEDERAL DO MARANHÃO - UFMA (SÃO LUÍS, MA)
Reuben da Cunha
Campus Bacanga – Av. dos Portugueses, s/nº – CEP 65085-580,
fone: 98 217-8414
decomun@ufma.br
www.ufma.br

UNIVERSIDADE TIRADENTES – UNIT (ARACAJU, SE)
Anderson Ribeiro e Leandro Lopes
Campus II – Av. Murilo Dantas, 300 – CEP 49032-490,
fone: 79 218-2100
social@unit.br
http://www.unit.br

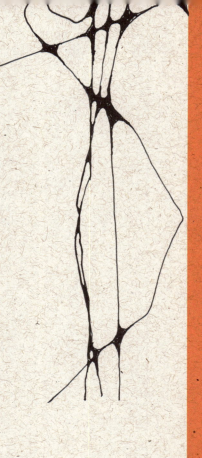

QUEM É QUEM

RUMOS JORNALISMO CULTURAL, ALÉM DOS PROFISSIONAIS DO ITAÚ CULTURAL, É TRIBUTÁRIO DE UM EXCELENTE TIME FORMADO POR JORNALISTAS, PESQUISADORES, PROFESSORES UNIVERSITÁRIOS E PELOS SELECIONADOS DA PRIMEIRA EDIÇÃO. SEUS NOMES MERECEM DESTAQUE.

Alberto Villas é jornalista, estudou em Paris, de onde colaborava para a imprensa alternativa brasileira; foi um dos criadores do Caderno 2 de *O Estado de S. Paulo*. Ingressou na televisão no final da década de 80 e atualmente é editor-chefe do *Fantástico* em São Paulo (Rede Globo).

Alcino Leite Neto é editor de Moda da *Folha de S.Paulo*, depois de editar a Ilustrada, Mais!, Domingo e de ser correspondente em Paris. Também é editor da revista eletrônica *Trópico*, dedicando-se a temas sociais, culturais e literários.

Anderson Ribeiro formou-se em jornalismo em 2005 pela Universidade Tiradentes (Unit), em Aracaju (SE), e foi selecionado para o Rumos Jornalismo Cultural com a reportagem "Arroz Nosso de Cada Dia", em parceria com Leandro Lopes. Trabalha no Centro Federal de Educação Tecnológica de Sergipe e mantém o blog ArTorpedo.

András Szantó, húngaro de nascimento radicado nos Estados Unidos, é Ph.D. em Sociologia pela Universidade de Colúmbia (Nova York), onde foi o diretor do National Arts Journalism Program. Atualmente é professor do Sotheby's Institute of Art em New York. Escreveu artigos sobre cultura, mídia e política para os jornais *The New York Times*, *The Boston Globe* e *The Los Angeles Times*, entre outras publicações.

André Vallias é poeta, designer gráfico e produtor de mídia interativa. Viveu durante sete anos na Alemanha, onde orientou suas atividades artísticas para a mídia digital. Em 2004, foi um dos criadores da revista eletrônica *Errática* (http://www.erratica.com.br) e atualmente dirige a produtora Refazenda, criando sites para os segmentos de cultura e entretenimento.

Andrés Hoyos é escritor colombiano. Trabalhou na revista *Alternativa* e no *El Manifesto*. É autor de livros como *Conviene a los Felices Permanecer en Casa* (1992), *La Tumba del Faraón* (2000) e *Vera* (2002), entre outros. Tradutor de Silvia Plath e Verlaine, atualmente é diretor da revista *El Malpensante*.

Ángeles García é licenciada em ciências da informação pela Universidad Complutense, de Madri, e dirigiu toda a sua atividade profissional ao jornal *El País*, passando por várias editorias, entre elas Madrid, País Semanal e Cultura; atualmente é editora de arte.

Angélica de Moraes é jornalista, crítica de artes visuais e curadora. Formada em jornalismo pela Pontifícia Universidade Católica do Rio Grande do Sul (PUC-RS), em Porto Alegre, cobriu nos anos 90, para o jornal *O Estado de S. Paulo*, as principais mostras internacionais de arte. Tem realizado curadorias de exposições para instituições como Pinacoteca do Estado e Museu de Arte Moderna de São Paulo.

Angelita Pereira de Lima é jornalista e mestre em educação brasileira pela Universidade Federal de Goiás (UFG), onde coordena o curso de jornalismo. Atualmente também é coordenadora local do *Programa Conexões de Saberes* e do *Sopa de Letras* (programa de rádio para crianças e adolescentes com enfoque na cultura e no estímulo à leitura).

Antonio Prada é jornalista, tendo exercido as funções de diretor de novas mídias e editor-chefe do *Diário do Grande ABC*. Há dez anos na internet, é diretor de conteúdo do portal Terra, responsável pelo editorial e pelas áreas de Banda Larga e Produtos de Conteúdo do Terra Brasil.

Arthur Xexéo é jornalista e trabalhou em vários veículos no Rio de Janeiro. Atualmente edita o Segundo Caderno de *O Globo*, em que também escreve crônicas semanais, e ainda participa, diariamente, do programa *Liberdade de Expressão*, na rádio CBN.

Augusto Paim está se formando em jornalismo pela Universidade Federal de Santa Maria (UFSM), onde ajudou a criar as disciplinas de jornalismo literário e jornalismo cultural. Selecionado para o Rumos Jornalismo Cultural com a reportagem "Santa Maria das Intervenções Urbanas", atualmente mantém o blog sobre quadrinhos Cabruuum.

Bruno Thomaz é designer gráfico formado pela Faculdade Senac e técnico em pré-impressão formado pelo Senai Theobaldo de Nigris. Atuou na área editorial nas revistas *Bravo!* e *RollingStone* e na área de eventos.

Carlos Henrique Fioravanti é jornalista. Editou a revista *Nova Escola* de 1996 a 1999. Atualmente, faz pós-graduação no Departamento de Política Científica e Tecnológica da Universidade Estadual de Campinas (Unicamp) e é editor de Ciência da revista *Pesquisa Fapesp*.

Carlos Seabra é editor multimídia, consultor em projetos de tecnologia, cultura e educação, sócio-proprietário da Sight Educação e Comunicação, diretor de tecnologia e projetos do Instituto de Pesquisas e Projetos Sociais e Tecnológicos e vice-presidente da União Brasileira de Escritores.

Cassiano Elek Machado é jornalista formado pela Pontifícia Universidade Católica de São Paulo (PUC-SP) e cientista social pela Universidade de São Paulo (USP), tendo se especializado em cultura espanhola na Universidade Complutense, de Madri. Trabalhou na *Folha de S.Paulo* e foi redator-chefe da revista *Trip*, de São Paulo. Atualmente integra a equipe da revista *Piauí*, do Rio de Janeiro.

Cremilda Medina é jornalista, pesquisadora, professora e coordenadora de comunicação social na Universidade de São Paulo (USP). É autora de uma dezena de livros sobre comunicação social e literatura de língua portuguesa, e coordenadora de vários projetos de graduação e pós-graduação.

Daniel Antonio é apresentador do programa de literatura *Livro Aberto*, da Rede Minas de Televisão, em Belo Horizonte (MG).

Daniel Piza é jornalista, tradutor e escritor. Trabalhou em vários veículos e publicou muitos livros, além de assinar o roteiro do documentário *São Paulo – Retratos do Mundo*. Atualmente é editor executivo e colunista de *O Estado de S. Paulo*.

Eduardo de Jesus é graduado em comunicação social pela Pontifícia Universidade Católica de Minas Gerais (PUC-MG), mestre em Comunicação pela Universidade Federal de Minas Gerais (UFMG) e atualmente cursa o doutorado na Escola de Comunicações e Artes da USP (ECA/USP). É professor da Faculdade de Comunicação e Artes da PUC/MG e faz parte do Conselho da Associação Cultural Videobrasil.

Elisa Andrade Buzzo formou-se em jornalismo pela Escola de Comunicações e Artes da USP (ECA/USP) em 2006. Foi selecionada para o Rumos Jornalismo Cultural com a reportagem "A poesia nossa de cada dia". Trabalhou na Radiobrás, na revista *Cult* e no *Le Monde Diplomatique*. Poeta, atualmente co-edita a revista *Mininas* e, na internet, é colunista do Digestivo Cultural e mantém o blog Calíope.

Esther Hamburger é antropóloga, professora do Departamento de Cinema, Rádio e TV da Escola de Comunicações e Artes da Universidade de São Paulo (ECA/USP), doutora pela Universidade de Chicago, crítica e pesquisadora. Colabora para o jornal *Folha de S.Paulo*, é co-editora de *Trópico* e autora de diversos artigos em periódicos especializados e coletâneas no Brasil e no exterior.

Felipe Lindoso é antropólogo, jornalista, editor, curador da área de literatura e ex-consultor da Cerlalc; autor do livro *O Brasil Pode Ser um País de Leitores?*.

Francisco Karam é jornalista e professor do curso de jornalismo da Universidade Federal de Santa Catarina (UFSC), onde foi coordenador e chefe de departamento. Autor de vários livros, integrou a Comissão Nacional de Ética da Federação Nacional dos Jornalistas e participa da Sociedade Brasileira de Pesquisadores em Jornalismo.

Gabriel Priolli é jornalista que passou por várias emissoras de TV. Na mídia impressa, cobriu televisão. Foi professor da faculdade de jornalismo da Pontifícia Universidade Católica de São Paulo (PUC/SP) e também diretor da TV PUC/SP. Atualmente preside a TV América Latina – TAL.

Gilmar de Carvalho é jornalista e professor do curso de comunicação social da Universidade Federal do Ceará (UFC), em Fortaleza. É autor de cerca de 20 livros em que evidencia a relação do jornalismo com as culturas populares.

Giselle Beiguelman é webartista e professora da pós-graduação em comunicação e semiótica da Pontifícia Universidade Católica de São Paulo (PUC/SP). Expõe regularmente no Brasil e no exterior. É editora da seção Novo Mundo da revista eletrônica *Trópico*. Coordena, com Marcus Bastos, o grupo de pesquisas net art (http://netart.incubadora.fapesp.br) e mantém o site http://www.desvirtual.com.

Gleice Almeida formou-se em jornalismo em 2006 pela Universidade Federal de Goiás (UFG), em Goiânia, e foi selecionada para o Rumos Jornalismo Cultural com a reportagem "Isolamento, Mídia e Discriminação na Auto-estima dos Kalungas". Criou o blog Melobrasil e atualmente trabalha como produtora de telejornalismo na TV Anhanguera.

Hermano Vianna é doutor em antropologia social pelo Museu Nacional da Universidade Federal do Rio de Janeiro (UFRJ). Autor dos livros *O Mundo Funk Carioca* e *O Mistério do Samba*, trabalha também para televisão (*Programa Legal, Brasil Legal, Música do Brasil, Central da Periferia*). Atualmente coordena o site http://www.overmundo.com.br.

Heródoto Barbeiro é jornalista da CBN e da TV Cultura (SP), articulista em jornais, revistas e internet,

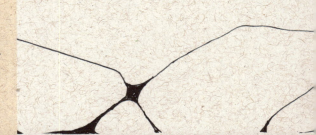

e também autor de vários livros. Colabora com a ONG Associação Amigos Taiaçupeba SAT (Mogi das Cruzes, SP), que tenta uma concessão para sua rádio comunitária e é a gestora do Centro Integrado de Sustentabilidade Um Fio de Esperança.

Homero Fonseca é autor de muitos livros e atualmente é editor da revista *Continente Multicultural*. Foi editor-chefe do *Diário de Pernambuco* e da *Folha de Pernambuco* e repórter de *O Estado de S. Paulo* e *Jornal do Brasil*, no Recife.

Humberto Werneck é jornalista e escritor. Trabalhou em diversos veículos e publicou muitos livros, como *O Desatino da Rapaziada* (1992) e o songbook *Chico Buarque Letra e Música* (1989), revisto, consideravelmente ampliado e relançado em 2006 sob o título *Tantas Palavras*.

Israel do Vale é jornalista cultural. Trabalhou em diversos veículos de São Paulo e Minas Gerais. Integrou, em 2004, a comissão de seleção do Rumos Jornalismo Cultural e, em 2005, foi o editor do laboratório dado como prêmio. Atualmente é diretor de produção e programação da Rede Minas de Televisão.

Jayme C. Augusto formou-se em Jornalismo em 2005 pela Faculdade Cásper Líbero, em São Paulo (SP), e foi selecionado para o Rumos Jornalismo Cultural com a reportagem "A Questão da Identidade Nacional nos Primeiros Filmes de Walter Salles Júnior". Criou o blog Fellini e o Rinoceronte. Graduado em medicina, quer agora poder se dedicar ao jornalismo.

Joana Rodrigues é formada em jornalismo e letras (espanhol e português). Mestre em língua e literaturas espanhola e latino-americana, ministra aulas para as turmas de jornalismo e publicidade na Universidade São Judas Tadeu, em São Paulo (SP).

José Castello é jornalista e escritor. Colaborador, entre outros, de *Valor Econômico*, *O Globo*, *O Estado de S. Paulo* e *Rascunho*. Autor de vários livros, entre eles *Inventário das Sombras* (1999), *Vinicius: O Poeta da Paixão* (1993) e *A Literatura na Poltrona/Jornalismo Literário em Tempos Instáveis* (programado para abril de 2007).

José Coelho Sobrinho é jornalista e coordenador do curso de jornalismo da Escola de Comunicações e Artes da Universidade de São Paulo (ECA/USP).

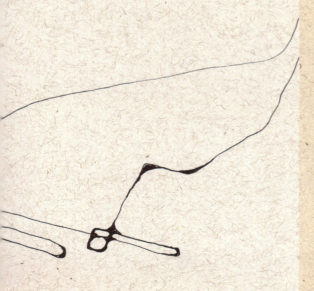

Juarez Fonseca é jornalista. Atuou em vários veículos de Porto Alegre. Foi coordenador de música da Secretaria da Cultura de Porto Alegre e membro do Conselho Estadual de Cultura do Rio Grande do Sul. Colabora para vários veículos alternativos. É também pesquisador da música brasileira, produtor de discos e autor de livros como *Ora Bolas*, sobre Mário Quintana.

Júlia Tavares formou-se em jornalismo na Escola de Comunicações e Artes da Universidade de São Paulo (ECA/USP) em 2006. Foi selecionada para o Rumos Jornalismo Cultural com a reportagem "Som da Rabeca Anuncia Novos Tons do Velho Candango". Criou o blog Canto do Olho. Atualmente trabalha no Instituto Polis, colabora com a revista de cultura *Flan* e com o site Overmundo.

Karine Serezuella formou-se em jornalismo em 2005 pela Universidade Estadual de Londrina (UEL) e foi selecionada para o Rumos Jornalismo Cultural com a reportagem "O Encontro entre o Aqui e o Lá", em parceria com Tharita Franzini. Integrou, em 2004, a equipe de pesquisa para o livro *História de Londrina em Textos e Imagens*, de Paulo César Boni. Criou o blog Anima-se.

Kiko Ferreira é diretor artístico da Rádio Inconfidência FM, em Belo Horizonte (MG). Foi produtor, diretor artístico e comentarista de cultura de jornais, revistas e emissoras de rádio e TV de Minas Gerais. Poeta e letrista, foi curador daquele estado no projeto Brasil-França.

Leandro Lopes formou-se em jornalismo em 2005 pela Universidade Tiradentes (Unit), de Aracaju (SE), de onde foi selecionado para o Rumos Jornalismo Cultural com a reportagem "Arroz Nosso de Cada Dia", em parceria com Anderson Ribeiro. Passou por diversos veículos da capital sergipana e atualmente mora em Belo Horizonte, trabalhando na Rede Minas de Televisão. Mantém o blog Mascando Clichê.

Liana Milanez é jornalista e mestre em ciências da comunicação. Trabalhou em diversos veículos de Porto Alegre (RS), onde foi diretora-fundadora da Rádio FM Cultura e presidiu a Fundação Cultural Piratini Rádio e Televisão (TVE/RS). Em São Paulo desde 1991, trabalhou na Agência Estado, na Rádio Jovem Pan e nos jornais *Folha de S.Paulo*, *Gazeta Mercantil* e *Valor Econômico*.

Luciane Pisani é designer gráfica formada pela Universidade do Estado de Minas Gerais (UEMG). Vive em São Paulo há oito anos, onde trabalhou no UOL e em revistas da Editora Abril, como *Arquitetura e Construção* e *Revista*

MTV, entre outras. Atualmente é editora de arte da revista *Bravo!*.

Ludmila Ferreira Ribeiro formou-se jornalista em 2006, pela Pontifícia Universidade Católica de Minas Gerais (PUC/MG), de Belo Horizonte, e foi selecionada para o programa Rumos Jornalismo Cultural com a reportagem "Cidade em Vão". Criou o blog Ora Boa e hoje atua com comunicação integrada, música e cultura de periferia do Brasil.

Luís Antônio Giron é jornalista que trabalhou em alguns dos principais veículos de imprensa brasileiros como editor, crítico de arte e repórter. Dedica-se ao estudo da crítica da música e do teatro brasileiros e escreve ficção, contos e ensaios, tendo publicado vários livros.

Luís Bruschtein é jornalista argentino, tendo trabalhado em vários veículos do México e da Argentina. Publicou contos e antologias, entre outros livros. Desde 1987 é pró-secretário de redação e colunista do diário *Página/12*, onde dirigiu o suplemento literário Primer Plano.

Luiz Carlos Merten é crítico de cinema e editor do Suplemento Cultura do jornal *O Estado de S. Paulo* e autor, entre outros, de *Cinema – Entre a Realidade e o Artifício* e *Um Sonho de Cinema*.

Luiz Carlos Prestes Filho é autor dos livros *Economia da Cultura — A Força da Indústria Cultural no Estado do Rio de Janeiro* e *Cadeia Produtiva da Economia da Música*. É vice-presidente da Associação Brasileira de Gestão Cultural e membro de várias organizações.

Marcelo Dantas é diplomata. Atualmente é chefe da Divisão de Acordos e Assuntos Multilaterais do Departamento Cultura do Itamaraty.

Marcelo Garcia é designer. Estudou no Art Center College of Design (Pasadena, Califórnia). Trabalhou como diretor de arte na Fabrica (Itália), sob a direção de criação do fotógrafo Oliviero Toscanni e como diretor/designer na Lobo Filmes (Brasil). Tem atuado como diretor de comerciais para clientes internacionais e publicado trabalhos em revistas do mundo todo.

Marcelo Rezende é escritor e jornalista. É autor do romance *Arno Schmidt* (Planeta, 2005) e do ensaio *Ciência do Sonho – A Imaginação sem Fim do Diretor Michel Gondry* (Alameda, 2005). Criou e dirige a coleção de ensaios Situações.

Marcelo Rollemberg é jornalista, escritor, tradutor e professor universitário. Trabalhou nos principais veículos de comunicação do país e tem 17 livros publicados. Atualmente é professor da Fundação Instituto de Ensino para Osasco (Unifieo) e diretor da Divisão de Mídias Impressas da Universidade de São Paulo.

Marcelo Tápia é editor, escritor, tradutor, ensaísta e revisor. Tem diversos livros e artigos publicados. Dirige a Editora Olavobrás, que fundou em 1987; é editor da revista on-line de literatura *Mnemozine*.

Marcos Cuzziol é engenheiro de software e desenvolvedor de games. Atualmente é gerente do taulab, o laboratório de mídias interativas do Itaú Cultural.

Maria Hirszman é crítica de arte, colaboradora do Caderno 2 de *O Estado de S.Paulo* e mestranda em história da arte na Escola de Comunicações e Arte da Universidade de São Paulo (ECA/USP).

Maurício Stycer é redator-chefe da revista *CartaCapital*, onde já foi editor de cultura. Trabalhou na revista *Época*, nos jornais *Lance!*, *Folha de S. Paulo*, *Estado de S.Paulo* e *Jornal do Brasil*. Deu aulas de jornalismo na Faculdade Cásper Líbero e nas Faculdades de Campinas (Facamp).

Mirella Falcão formou-se em jornalismo em 2006 pela Universidade Federal de Pernambuco (UFPE), em Recife, onde foi selecionada para o Rumos Jornalismo Cultural com a reportagem "O Ritmo Pulsante da Dança Pernambucana". Trabalhou na Rádio Universitária AM e no *Diário de Pernambuco*. Criou o blog Cena Cênica e, atualmente, desenvolve projeto para revista sobre cultura popular.

Nelson Hoineff é jornalista, crítico de cinema, diretor de televisão e autor de vários livros sobre o tema. É fundador e presidente do Instituto de Estudos de Televisão (IETV), membro do Conselho Consultivo da Secretaria do Audiovisual do Ministério da Cultura e do Conselho Superior de Cinema da Presidência da República.

Patrícia Guimarães formou-se jornalista em 2006 pela Fundação Instituto de Ensino para Osasco (Unifieo) e foi selecionada para o Rumos Jornalismo Cultural com a reportagem "Olhares Indígenas", em parceria com Tonica Moura Leite. Criou o blog Pra Cultivar e fez parte da equipe de produção da Rádio BandNews. Atualmente, desenvolve projetos para produtoras de rádio.

Paulo Franchetti é professor de teoria literária da Universidade Estadual de Campinas (Unicamp), onde foi um dos idealizadores do mestrado em jornalismo científico e cultural. Publicou vários livros e desde 2002 dirige a Editora da Unicamp.

Paulo Roberto Pires é jornalista, editor da Ediouro e da Agir. Professor de jornalismo na Escola de Comunicação da Universidade Federal do Rio de Janeiro (UFRJ), é autor de *Hélio Pellegrino – A Paixão Indignada* (coleção Perfis do Rio) e do romance *Do Amor Ausente*. Na revista eletrônica NoMínimo, mantém o blog musical Tocatudo.

Pedro Dória é jornalista. Autor do primeiro livro no Brasil sobre internet, atualmente é colunista do site NoMínino e do Caderno Link do jornal *O Estado de S. Paulo*.

Renato Barbieri é documentarista que iniciou carreira na produtora paulista Olhar Eletrônico. Sua extensa filmografia conquistou mais de 23 prêmios e conta com realizações como *Na Rota dos Orixás*, *Do Outro Lado da Casa*, *Moçambique* e *Terra de Quilombo – Espaços de Liberdade*, além de um longa de ficção, *As Vidas de Maria*.

Renato Modernell é escritor, jornalista e professor da Universidade Mackenzie, em São Paulo; mestre em ciências da comunicação pela Universidade de São Paulo (USP). Publicou nove livros, entre os quais *Viagem ao Pavio da Vela* e *Sonata da Última Cidade*. Recebeu vários prêmios literários no Brasil e no exterior. Mantém o site http://www.renatomodernell.com.br.

Reuben da Cunha estuda jornalismo na Universidade Federal do Maranhão (UFMA), em São Luís, e foi selecionado para o Rumos Jornalismo Cultural com a reportagem "A Palavra Clandestina". Criou o blog Barulhos e foi colunista do site Clara Online. Dedica-se também à literatura, tendo publicado contos na *Revista de Autofagia* (BH), e na revista *Cult*, com o pseudônimo Reuben Wolfwitz. Atualmente trabalha na assessoria de comunicação da universidade.

Robinson Borges é mestre em ciências da comunicação pela Escola de Comunicações e Artes da Universidade de São Paulo (ECA/USP). Formado em comunicação e em letras, trabalhou como subeditor de cultura do *Jornal da Tarde*, foi redator da *Folha de S. Paulo* e do departamento de jornalismo da Rede Record. Atualmente integra a equipe do jornal *Valor Econômico*.

Rogério Pereira é jornalista com pós-graduação em comunicação e gestão política pela Universidad Complutense, de Madri (Espanha). Entre os diversos cargos ocupados na imprensa, foi editor-chefe do jornal *Primeira Hora* e chefe de redação da *Gazeta do Povo*. Fundou e edita o jornal de literatura *Rascunho*.

Rosangela Petta é jornalista, consultora em comunicação, dramaturga e professora do curso de jornalismo da Faculdade Cásper Líbero, em São Paulo. Trabalhou em várias redações da imprensa brasileira e atualmente dá workshops sobre técnicas de roteiro cinematográfico e sobre o domínio da escrita para uma comunicação eficiente no cotidiano das empresas.

Ruy Carlos Osterman é escritor e jornalista. Tem 11 livros publicados, entre os quais o recém-lançado *Encontros com o Professor – Cultura Brasileira em Entrevista*, volume 1, com o registro das entrevistas feitas de novembro de 2004 a novembro de 2005.

Samir Thomaz formou-se em jornalismo pela Faculdade Cásper Líbero, em São Paulo (SP), em 2005, onde foi selecionado para o Rumos Jornalismo Cultural com a reportagem "A Mídia que Come pelas Bordas". Trabalha na Abril

Educação e é autor, entre outros, dos livros *Carpe Diem* e *Meu Caro H – A Convivência de um Escritor com o Vírus da Aids*.

Sérgio Minoru Fukaya é analista de sistemas que atuou na coordenação da equipe de desenvolvimento do ambiente de e-learning TelEduc do Núcleo de Informática Aplicada à Educação da Universidade Estadual de Campinas (Nied/Unicamp), em 2003. Trabalhou na arquitetura e desenvolvimento de diversos sistemas B2B em Java/J2EE e, desde 2006, é analista responsável pelos sistemas especialistas da AES Tietê e AES Uruguaiana.

Sergio Vilas Boas é jornalista, escritor e professor universitário. Autor de *Os Estrangeiros do Trem N* e *Perfis*, entre outros livros. É editor do portal TextoVivo – Narrativas da Vida Real e co-fundador da Academia Brasileira de Jornalismo Literário.

Taciana Barros é designer gráfica e também atua na área de música. Criou o projeto gráfico da *Revista MTV*, onde foi diretora de arte entre 2000 e 2006. Criou o novo projeto gráfico da revista *Bravo!*, da qual é diretora de arte.

Tânia Carvalho é jornalista, apresentadora da rádio Gaúcha AM e da TVCOM/RBS TV. Ex-correspondente da Editora Abril na Europa nos anos 60 e 70; trabalhou como atriz sob a direção de Renato Borghi e Zé Celso Martinez Corrêa.

Teixeira Coelho é ensaísta, ficcionista, docente da Escola de Comunicações e Artes da Universidade de São Paulo (ECA/USP) desde 1973, onde também é diretor do Observatório de Políticas Culturais. É autor de vários livros, entre eles o *Dicionário Crítico de Política Cultural*, *Moderno Pós-Moderno* e *O que É Indústria Cultural*.

Tharita Franzini formou-se em jornalismo em 2005 pela Universidade Estadual de Londrina (UEL) e foi selecionada para o Rumos Jornalismo Cultural com a reportagem "O Encontro entre o Aqui e o Lá", em parceria com Karine Serezuella. Criou o blog PhotographArt e atualmente atua como jornalista na Assessoria de Comunicação Social da prefeitura de Apucarana.

Tonica Moura Leite formou-se jornalista em 2006 pela Fundação Instituto de Ensino para Osasco (Unifieo), onde foi selecionada para o Rumos Jornalismo Cultural com a reportagem "Olhares Indígenas", em parceria com Patrícia Guimarães. Dedicase à produção audiovisual, tendo produzido o documentário *Mar de Dentro* e criado o blog Ilha da Memória.

Xico Sá é jornalista e escritor. Publicou *Modos de Macho & Modinhas de Fêmea* (2003), *Divina Comédia da Fama* (2004) e *Catecismo de Devoções & Pornografias* (2006). É colunista da *Folha de S. Paulo* e do site NoMínimo, além de manter os blogs O Carapuceiro e Blônicas (http://blonicas.zip.net/index.html).

Zélio Alves Pinto é jornalista, ficcionista, cartunista e artista plástico. Foi um dos fundadores do *Pasquim* e um dos criadores do Salão de Humor Gráfico de Piracicaba. É autor de *O Navegador e o Príncipe*, *O Homem Dentro do Poste* e *A Descoberta da Cornuália*, entre outros.